코란의 지혜와 신비

金容善 編著

明文堂

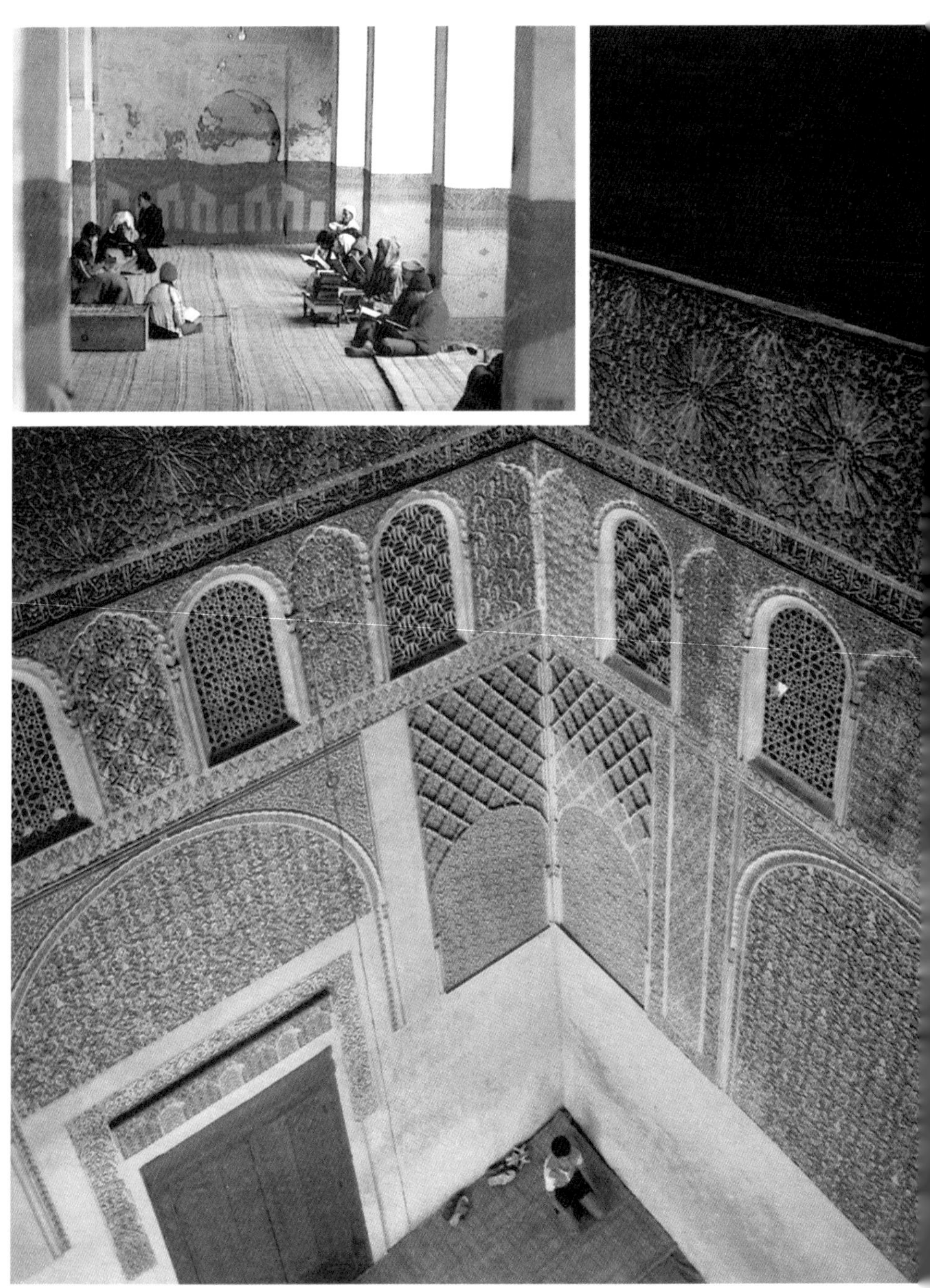

모스크의 다양한 역할 마드라사의 건축양식은 일정하지 않다. 대부분의 경우 모스크의 중앙부 넓은 공간을 끼고 방들이 있는데 이 방들은 교실로 사용되었다. 대규모의 모스크에는 사방에 방이 있었다. 선생과 학생의 기숙사는 2층에 있는데 아래층에 있는 경우에는 건물 외측에 있다〔下〕. 학생들은 이곳에서 자습도 한다〔上〕.

〔上〕 **천년전 이집트에 설립된 아즈하르 학교에서의 수업** 학생들은 선생을 중심으로 하여 바닥에 앉는다. 학생은 선생의 강의를 필기하면서 암기하는데 정해진 시간에 강의 장소에 가면 수강할 수 있었다(19세기의 그림).

〔下〕 **무서운 선생님** 코란 학교의 선생은 무섭다는 정평이 있었다. 학생은 선생 앞에서 순서에 따라《코란》의 장구(章句)를 암송했다. 코란 학교는 실질적으로 초등교육을 담당했다(19세기의 세밀화).

〔上〕 **모로코의 코란 학교** 이슬람 세계에서는 근대적 학교 교육 외에 코란 교육이 중요시 되고 있다.

〔下〕 **아즈하르 대학의 강의** 이슬람 제학(諸學)과 의학(醫學)·농학(農學) 등 13학부가 있다. 종교 교육 중심인 초등·중등·고등학교도 병설되어 있는데 사진은 근대적 교실에서 하는 신학(神學) 강의이다.

〔上〕 **선생과 학생** 코란의 암송부터 시작되는 초등교육은 남자는 남자 선생, 여자는 여자 선생에게서 배운다. 15세기의 미니어처. 대영박물관 소장.

〔下〕 **살레르노의 의학교**(醫學校) 1187년, 이븐 시나의《의학전범(醫學典範)》라틴어역이 완성되었다. 전통의학에 뇌종양·위궤양 등 독자적인 견해가 가해져서 중동에서는 오늘날까지도 영향력을 갖는다. 9세기에 이미 의학이 있었던 이탈리아 살레르노에서는 아랍의학이 연구되었다.《의학전범》삽화. 볼로냐대학 도서관 소장.

〔上〕 **아라비아 반도의 중부에 있는 미나 골짜기에 모인 순례자들** 1년에 한 번 대축제 때는 온 세계에서 1백만이 넘는 순례자들이 찾아온다.

〔下〕 **사이** 메카 대성전 안의 사파와 마르바의 언덕을 일곱 번 왕복하는 행사. 그 거리는 약 450m이다. 사이라 함은 잔걸음으로 뛴다라는 아랍어로 이 행사는 이슬람 순례 때 행한다.

〔上〕 **셀주크의 터키 전사**(戰士) 아토나리아(현재는 터키領)의 코니아에서 발견된 벽화 부조. 13세기 이스탄불 이슬람터키 미술박물관 소장.

〔下〕 **이슬람의 기병대** 15세기의 사본 장식화. 이슬람 기병대가 기독교도 기병대를 추격하고 있다. 피렌체 리칼디아나 도서관 소장.

〔上〕 **이슬람 신학교의 유적** 13세기. 아토나리아(터키) 동북쪽 시바스에 건설되었던 것이다.

〔下〕 **카라타이우드 성적**(城跡) 스페인 동북쪽에 있는 도시 사라고사 남쪽 약 30㎞에 있는 이슬람 성채. 12세기에 기독교도의 수중에 함락되었다.

머리말

이슬람은 중동, 아프리카, 중앙아시아, 동남아시아뿐만 아니라 중국 대륙에까지 걸치는 광대한 지역에 걸쳐 10여 억의 사람들이 믿고 있는 종교이며 이 지역 안에 살고있는 여러 인종과 민족의 문화를 통괄하고 있는 유기체이다.

그 유기체의 핵심이 《코란(꾸란)》이며 이슬람의 경전이기도 하다. 이슬람이란 《코란》에서 나온 어휘로 신 앞에 자기를 내던지는 절대 복종을 의미한다. 곧 신앙이며 문화이다. 넓은 지역에서 그 많은 사람들은 이슬람의 핵심인 《코란》을 신의 말씀으로 믿고 이슬람 공동체로 생활하기 1천5백년이 넘었다. 그간 이슬람은 사회조직, 법, 종교의식을 독자적으로 갖추면서 오늘까지 살아남았고 앞으로도 지속될 것이다.

그런데 이슬람은 이렇게 신앙과 생활이 일체되기 때문에 세속적인 것과 종교적인 것을 구별하는 두 영역으로 구분할 수 없는 총체이며 그 중심이 《코란》이다. 《코란》은 예언자 무함마드가 살고 있었던 7세기 초, 아라비아반도에서 인간이 살았던 전 영역에 걸친 개개의 구체적인 문제를 다루고 있다. 여기에 《코란》의 지혜와 신비가 숨어있다.

《코란》의 가르침이나 사상을 찾아보는 데는 현대라는 척도로 과거를 재어봐서는 안 된다. 《코란》이 계시될 때의 척도가 있기에 이로 재보아야 한다. 그런데도 《코란》은 인간 본성의 깊이와 과거와 현대를 살피는 지혜를 함께 준다. 종교의 경전인 동시에 생활의 지혜를 보여

주는 신비의 경전이다. 《코란》을 지성뿐만 아니라 감정이나 의지를 함께 한 유기적인 총체로 보고, 하나하나의 계시를 살피는 일은 《코란》을 이해하는 데 도움이 된다.

중동이라는 요람지를 넘어 이슬람은 광대무변한 지역에 확대하였고 그 많은 인구를 갖고 있고 약동적인 생명을 불어 넣고 있는 것이 《코란》이다. 《코란》을 앎으로써 그 지혜와 신비성을 살피어 이슬람을 이해할 수 있고 이슬람의 지속력이나 정신적인 약동성을 알 수 있지 않을까 하여 이 책을 집필하였다.

이슬람권은 《코란》의 해석을 통하여 역사의 전개가 이루어졌다고 하여도 과언이 아니다. 《코란》에 나타난 신의 의지가 무엇인지를 알고 위정자는 통치를 해야 한다고 여기었다. 《코란》은 《성경》과 달리 이야깃거리가 별로 없고 상식적인 도덕적 훈계나 다신교도들에 대한 비난이 집요할 정도로 되풀이되어 어떤 면에서는 종교적 감동과는 좀 멀고 누구나 경험하는 것처럼 《코란》을 끝까지 독파한다는 것은 그리 쉽지 않다.

이 책은 그런 면에서 《코란》에 나타나 있는 구절을 뽑아 코란의 지혜와 신비라는 면에서 풀이를 해봤다. 종교집단으로서의 이슬람이 아니라 현실생활에 있는 대로의 이슬람을 《코란》 을 통해 보려 했고 《코란》 그 자체로 이슬람이 무엇을 가르치고 있는지를 독자들에게 쉽게 제시하고 싶은 것이 이 책이 바라는 목표이다.

이 책 출판에 정신적으로나 물질적으로 격려해주신 명문당 김동구 사장님과 편집에 전적으로 도움을 주신 청우기획 안길환 사장님께 감사를 드린다.

2002년 11월 편저자 識

차 례

해 제

7세기 초 아라비아 반도 한 모퉁이에서 일어난 이슬람은 현재에 이르기까지 1천4백년 가까운 세월 속에 역사적인 부침을 계속하면서 뿌리깊은 생명력과 종교적 이념의 통일성을 유지하고 문화를 이룩하고 있다.

일반적으로 이슬람은 기독교·불교와 함께 세계 3대 종교의 하나라고 일컬어진다. 그런데 우리의 전통 종교나 우리와 친근해진 서구문화나 종교와는 다른 이방세계의 종교라는 이질적인 정서감을 이슬람은 우리에게 준다.

이슬람은 종교만 가리키고 있지 않다. 고유한 사회문화와 정치·경제를 비롯한 독특한 사상체계를 갖고 이들 모든 요소가 혼연일체가 되어 하나의 존재 형태가 된 것이 이슬람이다. 그 뿌리는 7세기 초 이슬람을 일으킨 예언자 무함마드가 신으로부터 받은 계시 《코란》에 두고 있다.

610년경 무함마드가 40세쯤 되었을 무렵 심상치 않은 종교적 체험인 계시를 신으로부터 받게 된 후부터 632년 그가 타계할 때까지 약 23년간 알라(하나님)로부터 받은 계시의 모음이 이슬람의 성전(聖典) 《코란》이다.

그는 신의 예언자로, 사도로, 인간들에게 복음을 전하고 또는 경고하는 자로 신한테서 택해졌다고 확신하고 이슬람 교단의 지도자로 활약할 때, 어떻게 행동하고 무엇을 전해야 하며 어떻게 살아가야 할지를 코란에서 보여준다. 이는 오늘날 이슬람 사회의 기틀을 마련한 바탕이다.

《코란》을 읽어보면 일반적인 서책과 달리 논리적이거나 스토리가 가지런하지 않다고 느끼게 된다. 그러나 읽다가 보면 종교적 신앙심을 갖게 되는 계시 구절의 신비성에서부터 종교의식, 사회적 윤리, 생활규범 등이 일관성있게 나타나 있는 것을 볼 수 있다.

《코란》의 편집은 계시를 내린 시간의 연대순이 아니다. 114장으로 되어있는 《코란》은 장의 길이로 편집되어 긴 것은 앞에, 짧은 것은 뒤에 놓은 순으로 되어있다. 대개 종교적 계시는 《코란》 속의 뒤쪽에, 사회적인 것은 앞쪽으로 편집되었다.

《코란》은 이슬람의 원점으로 여러 가지로 해석되고 있다. 그 해석은 종교적 측면뿐만 아니라 문화 · 사상 · 사회적 측면에까지 이른다. 이슬람의 역사적 전개는 《코란》의 해석에 따라 되었다고 하여도 과언이 아니다.

이 책 《코란의 지혜와 신비》에서는 주제별로 관계된 계시 구절을 선별하여 해석을 붙여봤다. **계시편**에서는 계시에 관계된 구절을 찾아 계시가 의도하는 것, 즉 신의 의사가 무엇이며 계시가 내려진 그 배경과 이슬람교도들에게 주는 종교관과 믿음을 살펴봤다.

경건한 신앙을 갖는 이슬람교도들에게는 계시는 신의 말씀이다. 계시는 최후 심판의 날에 구제되기 위해서는 올바른 길을 걸어야 한다고 신은 계시한다. 이것이 계시의 본질이다.

여성편은 이슬람 사회에서의 여성이 어떤 대접을 받아야 하는지를 《코란》을 통해서 봤다. 이슬람 사회에서는 남녀의 접촉이 어느 정도까지 허용되는가는 상황에 따라 다르지만 원천적인 의미에서의 남녀 교제에 대해서 《코란》은 어떻게 말하고 있는지를 여기서 본다.

전통적인 이슬람 사회에서는 남자의 세계와 여자의 세계가 확실히 구별되어 있다. 여성은 바깥세상에는 모습을 잘 나타내지 않는다. 그러나 가정에서는 여성의 입김이 세다. 아내는 혼인 때 신랑으로부터 받은 혼자금을 가정에 넣을 필요가 없다. 사실 대개의 여성은 스스로의 돈이나 재산을 갖고 있고 결혼 후에도 이를 지킬 권리가 있다.

이슬람에서 문제가 되고 있는 것은 한 남자가 4명의 처를 거느릴 수 있다는 일부다처제로 《코란》이 허용했다고 하는 것이다. 이슬람 초기 다신교도들과의 싸움에서 남편을 잃은 미망인과 고아를 가진 여인의 구제를 위해 여성 복지시설이 없었던 당시로서는 할 수 있는 것은 이 일밖에 없었다는 것도 《코란》을 통해 알 수 있다.

요새 이슬람 제국에서는 전통적인 이슬람법을 보완하거나 《코란》을 재해석하여 여성의 법적 권리를 향상시키고 있는 실정이다.

결혼은 일종의 계약으로 본다. 이 계약에서 중요한 것은 혼자금(마흐르)이라는 액수와 이의 지불 방법이다.

예배편에서는 이슬람의 종교의식을 주로 다루었다. 독특한 종교의식으로는 정하여진 시간에 따라 하루에 다섯 번의 예배를 드려야 하는데 반드시 성스런 예배당인 카바 신전이 있는 메카 방향을 향하여 예배한다. 예배하기 전 반드시 육체의 더러움을 씻기 위해 물로 정하여진 세정방식에 의해 씻는다.

예배는 어느 장소에서 드려도 좋으나 될 수 있는 대로 깨끗한 옷을 입는 게 좋다. 이슬람이 신봉하는 것은 알라(하나님)뿐이고 여하한 우상도 숭배치 않는다. 알라에게만 예배드리는 것이다.

돈편에서는 이슬람의 재산관을 보도록 하였다. 돈은 정당한 방법으로 벌어야 하며 여유돈이 있으면 사회복지를 위해 쓰여져야 하고 욕망에 따라 탕진해서는 안된다고 코란은 가르친다.

요새 우리나라에서도 악덕 사채 고리대금업자가 사회의 빈축을 사고 있는데, 코란은 돈을 빌려주고 이자를 받는 행위를 전적으로 금한다.

신자와 불신자편은 이슬람의 신앙이 무엇인가를 가르치고 있다. 신자란 내세를 믿고 알라의 말씀을 수록한 경전《코란》에 따라 삶을 영위하는 사람을 말한다.

불신자란 여기서는 겉으로는 믿는 척하면서도 속으로는 믿지 않는 자를 말한다. 이들에게는 지옥의 징벌이 기다리고 있다. 이들은 마음의 병을 가진 자이고, 어리석은 자이고, 바르지 못한 길을 걷는 자이다. 알라는 현세에서 그들에게 잠시 동안의 유예를 주고 있을 뿐이다. 이들이 천국에 들어가기란 낙타가 바늘구멍에 들어가는 것보다 더 힘들다. 무함마드의 전도 초기에 그를 배반하는 사이비 신자들을 겨냥한 계시이다. 우리 삶에서도 그런 일을 볼 수 있다.

생활편에서는 이슬람교도들이 생활하는 데에 지켜야 할 예의범절과 식생활, 종교적 의무인 단식월[라마단달] 등 우리와 낯선 관습을 알아보았다. 이것이 이슬람 사회가 다른 문화를 가진 사회와 구별되는 점이다.

이슬람은 유일신계의 종교이다. 자매 종교로 유태교나 기독교가 믿는 하나님을 믿는다. 그런데 유태교도는 하나님으로부터 자기 민족만이 선택된 민족이라고 생각하는 오류를 범했다고《코란》은 지적한다.

그리고 기독교의 삼위일체설을 강력히 부인하며 예수는 하나님의 아들이 아니고 하나님의 사도이며 인성을 가졌다는 교리를 코란은 강조한다.

이런 교리상의 차이로 같은 셈족 계통의 일신교 계통의 종교이지만 서로가 융합되지 못하고 독자적인 길을 걷고 있다. 이것이 이슬람 문화와 기독교 문화의 차이점을 만들고 다른 역사의 길을 걷게 했다.

싸움편에 수록된 《코란》 구절들은 이슬람이 호전적이 아닌 종교라는 것을 말해주고 있다. 혹자는 이슬람이 '칼이 아니면 코란이냐?'하고 말하지만 그렇지 않다고 《코란》은 말한다.

알라의 길을 위해 싸운다 함은 이슬람 사회가 도전을 받았을 때 정당방위를 위해 싸움에 나가야 한다. 이게 성전(聖戰 : 지하드)이다. 일단 성전에 임하면 목숨을 걸고 싸워야지 후퇴란 있을 수 없다. 죽어도 천국에 올라가 영생을 누릴 수 있다. 승리하면 전리품을 얻을 수 있다.

지옥과 천국이 한꺼번에 우리에게 다가서는 날이 온다. 그날은 최후 심판의 날이다. 이날이 언제 올지 모르지만 반드시 온다. 그날 산이 무너져 산산이 흩어지고 바다가 넘쳐 육지를 덮고 대지는 지진으로 갈라진다. 죽은 자가 부활하여 현세에서 행한 행적에 따라 심판을 받고 좋은 일을 행한 자는 천당에 가고, 잘못을 저지른 자는 지옥으로 떨어진다. 이것이 이슬람의 교리라는 것을 《코란》은 나타내고 있다.

무함마드와 알라편에서는 예언자 무함마드가 신으로부터 받은 사명과 인간성을 말하고 있다. 무함마드의 입을 통하여 《코란》은 알라의 말씀으로 계시되었다. 그는 알라를 믿고 알라에 의지하여 지상에 이슬람을 일으켰다.

알라 이외에는 신은 없고 알라는 천지만물을 창조한 만유의 주이다. 유일신 알라는 인간이 잘못을 저지르면 미워하고 믿지 않는 자에게는 그만큼의 응보도 하는 신이다. 《코란》 전체는 신과 인간과의 관계를 말하는 경전이다.

1. 계 시

신비한 계시

알리프 · 람 · 밈. 경건(敬虔)한 믿음을 가진 사람들을 위한 의심할 것 없는 성전(聖典). (2 : 1~2)

――――― 114장(章)으로 나뉘어진 코란 가운데서 29개의 장에는 그 첫머리에 2, 3개의 아랍어 문자가 쓰여져 있다. 제2장의 첫머리에 쓰여져 있는 이 알리프 람 밈의 세 문자도 그 한 예이다.

이들 문자에 대해서는 옛날부터 많은 학자가 여러 가지 설명을 가해 왔다. 그리고, 어떤 사람은 이들 문자에는 알라만이 알고 있는 깊은 의미(意味)가 포함되어 있다면서 무턱대고 고마워하고, 어떤 사람은 그것은 어떤 말의 생략일 것이라고 생각해 왔다.

삶과 죽음과 돌아가야 할 곳이란 신비적인 생략어라고도 한다. '알라는 덕을 갖추고 영광으로 충만하다', '나는 예지(叡智)의 신이다', '코란의 작자, 전달자(傳達者), 설명자(說明者)', '무함마드의 명에 따라' 등등으로 말하는 것이 생략된 것으로도 추측한다.

참된 의미를 알 수 없고, 불가해(不可解)한 신비적 계시라고 말할 수밖에 별도리가 없다. 신의 말씀이다.

거짓 계시

믿지를 않고 우리의 계시를 거짓이라고 부르는 자는 겁화(劫火)의 주민이 되어 영원히 그곳에서 살아야 하는 것이다. (2 : 39)

——— 의심할 것 없는 성전인데도 이를 거짓으로 여기는 자는 불지옥에 들어가 살아야 한다. 그런데 이슬람은 지옥이 영원하다고 믿지 않으며 일종의 교도소라 여기고 있다.

하늘과 땅의 주권

우리가 이전에 계시한 계시를 취소하였거나 혹은 망각하게 했을 경우에, 그 이상 또는 그와 동등한 것을 주려 하고 있다. 알라가 전지전능하시다는 것을 그대는 모르느냐? 하늘과 땅의 주권이 알라께 있고 알라 이외에는 보호자나 원조자가 없다는 것을 모르느냐? (2 : 106~107)

——— 유일무이(唯一無二), 다른 것과 비교할 만한 것이 없다고 되어 있는 알라이지만, 코란 속에서 그것이 무함마드나 인간에게 말을 걸어올 때에는 이 첫머리에 있듯이 '우리'라고 복수(複數)의 형식을 취하고 있는 것이 많다. 이것은 알라의 위대함을 보이기 위한 표현이다.

많은 계시는 무함마드가 예언자로 또는 사도로 활동한 오랜 세월에 조금씩 제시된 것이다. 그 동안에는 세상의 정세(情勢)에도, 무함마드 자신의 내부에도 여러 가지 변화나 성장이 있었던 것은 부정할 수 없다.

그 때문에 앞에서 제시된 계시와 모순되는가, 혹은 그것을 부정하는 것 같은 계시가 내려지는 일도 있다.

게다가 계시 구절에 의문을 품는 자가 신자들 가운데서 나타나고, 또 그에게 적의(敵意)를 품은 자는 그것을 공격의 재료로 삼았다. 이 절은 그와 같은 의문이나 공격에 대해서 내려진 계시이다. 시대가 변하여도 알라(하나님)의 말씀은 변하지 않는다.

라마단달과 기준(푸르칸)

사람들을 위한 인도로써, 인도의 분명한 증거로써, 또 기준으로 코란이 내린 것은 라마단달[月]이다. (2 : 185)

―――― 여기서 말하는 기준은 '푸르칸'이란 기준을 뜻하는 아랍어이다. 옳음과 그름을 가리고 좋은 것과 나쁜 것, 가짜와 진짜를 구별하는 게 코란의 계시이다.

또 '푸르칸'은 정사(正邪)·선악(善惡)·진위(眞僞) 등을 판별하는 기준이 되는 것으로서 '증거(證據)'라고 번역되는 수가 있다.

라마단달에는 해 뜨기 한시간 반부터 해질 때까지 모든 음식을 끊고 행동을 조심하고 몸과 마음을 정결하게 가지며 한달동안 단식을 한다. 이슬람 종교의무 5개 중의 하나이다. 라마단달이란 이슬람력 9월이다. 이슬람력은 태음력이다. 그러나 우리나라에서 쓰는 태음력처럼 4년만에 한번씩 들어가는 윤달이 없다. 코란의 최초 계시가 라마단 달에 내렸다.

계 시

이와 같이 알라께서는 사람들에게 그의 계시를 밝히신다. 아마도 그들은 다 경외하는 생각을 가질 것이다. (2 : 187 일부)

——— 신의 존재를 믿지 않고는 신의 말씀(계시)을 듣고 순종한다는 것은 있을 수 없다. 신은 인간이 알 수 있도록 믿음을 주도록 계시를 내린다.

두 개의 부분

그분은 성전을 내리신 분이시다. 성전에는 분명한 문구도 있고 애매한 문구도 있다. 마음에 금이 간 자는 애매한 것을 취하여 혼란을 구하고 멋대로 해석한다. 그러나 알라 이외에는 참되게 해석을 하는 자가 없다. 확실한 지식을 가진 자는 '우리들은 이것을 믿습니다. 모든 것이 주께서 보내주신 것입니다'라고 말한다. 분별이 있는 자만이 반성한다. (3 : 7)

——— 코란 해석의 중요한 길잡이다. 경전의 근간이 되는 분명한 계시도 있고 비유가 되는 설명적인 부분도 있다. 근간이

란 법의 범주로 해석되고 비유적 설명은 정신적이며 내면적이라고 해석되고 있다. 다시 말해서 하나는 문자 그대로 핵심이 되는 부분과 은유법으로 표현된 것이나 우화적인 것도 있다.

성전(聖典) 코란에 단정적으로 나타나 있는 계시를 참고하여 어떤 논점을 증명해야 한다. 어떤 모호한 구절에 대한 해석과 상반되는 것으로 밝혀지면 분명하고 단정적으로 적혀 있는 원문 부분과 조화를 이루도록 그 구절을 해석해야 한다는 원칙을 말하고 있다.

사로잡음

파라오 일족이나 그보다 앞에 있는 사람들이 우리의 계시를 거짓이라고 하니 알라께서는 그 죄로 인해 그들을 망하게 하시었다. 알라께서는 처벌에 엄하신 분이다. (3 : 11)

——— 신의 계시를 믿지 않는 자는 모세에게 오만했던 이집트의 파라오처럼 벌을 받게 된다. 이 계시는 무함마드가 메카 포교 당시 메카에서 그를 박해했던 자들에 대한 경고이다.

가짜라면

그들은 코란에 대해 잘 생각해 보지 않는다. 만일 그것이 알라 이외의 자들로부터 나왔다면 여러 가지의 모순을 발견할 것이다. (4 : 82)

무함마드의 종교활동이 활발해짐에 따라 유태 사람들의 방해(妨害)는 더욱더 격심해 갔다. 그리고 "코란은 알라로부터 내려진 것이 아니라 무함마드가 위조한 것이며, 그것은 그가 들은 옛날 이야기를 사람들에게 들려주고 있는 데 지나지 않는다."라는 소문을 퍼뜨렸다.

"코란이 만약에 알라 이외의 것에서 나온 것이라면 그 속에 많은 모순이 있을 것이다."라고 알라는 무함마드의 입을 통해서 말하고 있다.

무함마드는 유태교도에게 내려진 신의 계시나 자기에게 내린 계시가 본질적으로 같다고 생각했다. 물론 유태교도에 내린 계시와 아랍어로 된 코란은 같지 않다.

여러 곳으로부터의 방해나 비판에 대하여 초조해하고 반발을 일으키고 있는 무함마드의 마음의 움직임이 알라의 계시가 되고, 다시 그것이 그대로 수록(收錄)되어 있는 코란은 참으로 이상한 책이라고밖에는 달리 더 말할 수 없다.

유태교도들이 주장하는 것처럼 코란이 거짓이라면 그들은 모순을 그 안에서 발견했을 것이다.

심판의 바탕

우리들은 이전에 내린 성전을 확증하고, 또 그것을 보호하기 위해 진리를 그대에게 성전으로 내렸다. 그러니 알라께서 내리신 성전에 의거하여 그들을 재판하라. 그대에게 내린 진리를 떠나서 그들이 좋아하는 것을 따라서는 안 된다. (5 : 48)

———— 여기서 말하는 '그들'이란 유태교도와 그리스도교도를 가리킨다. 코란을 중심교리로 이룩한 이슬람 교단이 있고, 이의 예언자이며 지도자는 무함마드이다. 선행하는 경전이란 구약·신약 성서이다.

'율법', '시편', 또는 '복음서'라고 하는 경전을 갖는 유태교도나 기독교도는 코란이라는 경전을 신봉하는 이슬람교도와 같은 범주에 들어간다고 간주된다. 그런데도 그들은 코란을 거부하니 코란에 의거, 그들을 다스려야 한다는 것이다.

진실의 발견

믿는 사람들이여, 여러 가지의 일을 물어서는 안 된다. 너무, 분명히 알고 보면 오히려 해가 될 것도 있다. 그러나 코란이 계시되고 있을 때 물으면 너희들에게는 분명하게 하여 줄 것이다. (5 : 101)

———— 신앙이란 마음에서 우러나와 믿어야 한다. 과학 기술이 놀라운 진보를 이룩한 현재에도 보이지 않는 심오한 이치가 있는 것이 종교에 대해서 설명할 수 없고 철학도 그렇다.

만일 장래가 우리에게 알려진다면 눈앞의 일의 내면 의미가 밝혀진다면 행복이 없어지고 사는 맛도 없어진다. 신의 계시는 우리들의 행위에 생기를 돋아주지만 너무 캐물어 볼 일이 아니다. 한도를 넘어서는 안 된다.

코란의 평가

'알라께서는 인간에게 아무것도 내려주신 것이 없으시다'라고 하는 자가 있는데, 그것은 알라의 위대함을 정당하게 평가하지 않았기 때문이다. 말하라. '모세가 사람들의 광명으로 또 인도로 가지고 온 저 성전(聖典)은 대체 누가 내려주셨는가. 너희들은 이것을 문서로 해서 공개하면서도 한편 그 많은 것을 감추고 있다. 너희들은 자기도, 조상도 알지 못한 가르침을 받았다.' (6 : 91)

——— 이슬람교가 퍼져 가는 과정에서 유태교도와의 사이에 수많은 분쟁이 있었다는 것은 잘 알려져 있다.

그러나, 622년 메디나로 이주한 직후까지의 무함마드는 유태인에 대해서 호의를 가지고, 그들도 자기의 신앙에 따라 올 것으로 기대하고 있었다.

그것은 모세에게 내려진 경전도, 자기에게 내려진 여러 가지 계시도 결국 하늘에 있는 같은 문서에서 나온 것이며, 다만 그것이 유태인을 위해서는 헤브라이어로, 아랍인을 위해서는 아랍어로 전해진 것에 지나지 않는다고 그가 생각하고 있었기 때문이다.

유태인들은 모세 5경의 일부만 공개하고 예언자의 출현에 관한 예언과 징표가 실려있는 다른 부분은 감춘 것으로 여기서 비난한다. 그들은 마지막 예언자로서의 무함마드가 온다는 사실을 감추었다.

'코란은 그보다 전에 내려진 것을 확증하는 것이다'라는 말이 있는 것은 코란에 선행(先行)하는 '구약 · 신약'의 두 성서를 부정함 없이, 코란은 오히려 그것들의 미비점을 보완하여 그것을 완성시키는 것이라고 생각하고 있었기 때문이다.

축복의 경전 코란

이것은 우리들이 내린 축복받은 성전이고 이전에 내린 것의 확증이다. 너희가 '거리 거리의 어머니.' 및 그 주위에 살고 있는 사람들에게 경고하기 위한 것이다. 내세를 믿는 사람들이라면 이것을 믿고 예배의 의무를 지켜가게 될 것이다. (6 : 92)

———— 자연종교 형태로 기복신앙을 갖고 있던 이슬람 이전의 아라비아 반도에서는 사람들은 돌이나 나무를 갖다놓고 재수좋고 일 잘되기를 빌었다. 그리고 이것들을 앞에 놓고 남에게 저주하기도 하는 하급형태의 종교였다. 이같은 종교형태에서 깨달음의 종교를 거치고 계시종교로 탈피한다. 예언자로서의 무함마드의 종교개혁의 의도는 여기에 있었다.

우리가 객관저으로 볼 때 최후 심판이 온다는 무함마드의 설교나 유일신의 개념은 인간의 마음속 깊이 있는 혼돈된 세계에 빛을 비추는 것이고 교양을 중심으로 하는 종교로 다시 태어날 것을 강조하는 것이다.

그러나 당시에도 예언자 무함마드에게 계시가 내려졌다는 진실에 대해 항의하는 자들도 있었다. 당시 메카 주민들이 볼 때 무함마드는 하잘것없는 말을 떠드는 단순한 예언자에 지나지 않았다. 한편으로 후세에 무함마드는 이슬람 공동체을 구축하고 정치적으로도 그의 지위를 확립해 가지만 그 당시의 그의 위치는 안정된 것이 아니었다.

우상숭배의 부정으로 새로운 종교의 출발을 했다. 낡은 전통적인 미신에 가까운 종교를 깨뜨리고 타락된 도덕윤리를 유일신의 이름으로 고치고 뿌리깊은 전통사회의 다신교 숭배 형태의 종교를 개혁하는 것이 무함마드의 예언자로서의 초기 임무였다. 도읍의 어머니라고 일컬어지는 메카 주민들에 대한 경고가 처음의 그의 사명이었다.

도전하는 적과 싸워라

알라를 위하여 그대들을 적대시하는 자와 싸워라. 그러나 불의를 행하여 도를 넘어서면 안 된다. 알라께서는 도를 넘는 자를 좋아하시지 않으신다.

그러한 자들과 마주치면 어디서든지 싸워라. 그대들이 추방된 곳에서 그들을 추방하라. 박해는 살해보다 더 나쁘다. 그들이 그대들에게 싸움을 걸지 않는 한 신성한 예배당 근처에서는 싸움을 하지 마라. 불신자에 대한 보답은 이와 같다.

그러나 상대방이 멈추면 알라께서는 관대와 자비를 베푸시는 것이다.

박해가 없어질 때까지, 종교가 알라의 것이 될 때까지 그들과 싸워라. 그러나 상대방이 멈추면 부당한 자에 대해서는 별도지만, 적의(敵意)를 버려야 한다.

신성월(神聖月)에는 신성월을, 거룩한 것에는 거룩한 것을, 이것이 보복이다. 누구든지 그대들에게 무법을 행하면 그대들도 상대가 한 대로 무법을 행하여라. 알라께서는 신을 공경하는 자와 같이 계시다는 것을 알라. (2 : 190~194)

——— 성전(聖戰)에 관한 계시이다. 성전이란 무엇인가는 이 계시를 깊이 이해함에 따라 이슬람에서의 싸움이란 보복법이라는 것을 알 수 있다. 이슬람교도들에게 싸움을 허락하는 것은 신의 길, 즉 종교를 믿는 데 장애물을 제거하는 목적이다. 종교적인 신앙과 자유를 갖기 위해서지만 이슬람을 반대하고 무기를 든 자에게만 성전을 일으켜야 한다. 적이 싸움을 중지하면 이슬람교도들도 곧 무기를 놓아야 한다. 불신의 무리들이 싸움을 걸어올 때만 그들과 싸운다. 방위를 위해서만 싸우지 먼저 싸움을 거는 것은 성전이 아니다.

이 성전에 관한 계시는 현재 이스라엘과의 항쟁으로 그 화약고가 된 팔레스타인에서의 아랍의 항쟁을 상기시킨다.

경고와 훈계

이것이야말로 그대에게 내린 성전. 가슴을 좁히고 괴로워해서는 안 된다. 그대는 이것에 의해 경고되고 믿는 자들의 훈계가 되기 때문이다. 주께서 너희들에게 내리신 것을 따르라. 주를 멀리하고 여하한 친구도 따라서는 안 된다. 너희들이 반성하는 일은 드물다. (7 : 2~3)

——— 이슬람 이전 시대의 우상숭배를 배제하면서 새로운 이슬람신앙의 확립을 무함마드는 역설한다. 예언종교로서 이슬람은 무함마드에게 계시된 코란이 인간에 대한 경고와 가르침으로 신이 내린 것으로 믿고 있다. 현세의 삶에서도 하잘것 없는 것에 가슴을 졸이고 괴로워하지만 코란은 우리 삶에서 무엇을 경계해야 할지를 가르치고 있다.

증거와 자비의 경전

그대가 계시를 가지고 가지 않으면 그들은 말한다. '왜 너는 그것을 만들지 않는가?' 말하라, '나는 주께서 계시해 주신 것을 따를 뿐이다. 이것이야말로 주께서 주신 증거이고 믿는 사람들에의 인도와 자비이시다.' (7 : 203)

——— 우상신의 부정과 자연숭배의 신앙에 머물러 있었던 이슬람 이전 시대(622년 이전)에서 벗어나 예언 종교가 제창되는 데에 무함마드의 종교개혁의 근간이 있고 계시종교로서의 본질을 말한다.

무함마드의 예언자적 활동에 당시 다신교도들은 거부반응을 보였다. 인간 무함마드가 자의로 하는 일이 아니라 어디까지나 신의 명령에 따라 무함마드는 계시를 받고 전하고 이슬람을 일으킨다. 이것이 그의 사명이다.

경 청

코란이 낭독될 때는 정신을 차리고 귀를 기울여라. 그렇게 하면 반드시 자비를 받을 수 있을 것이다. (7 : 204)

——— 코란은 신으로부터 수여된 경전이며 말씀이다. 코란을 낭독할 때나 필기할 때는 일언 일구도 오류가 있어서는 안 된다.

코란을 독송할 때 독송자는 먼저 '나는 쫓겨나가야 할 악마로부터의 보호를 알라께 구합니다'라는 의미의 아랍어를 부르고 독송에 들어간다.

새로운 징표를 보이라고 요구하는 불신자들에 대해서 코란에 충분한 징표와 증거가 있으므로 코란의 말씀에 주의 깊게 귀를 기울이라고 대답하고 있다.

개정(改訂)

우리들의 분명하신 증거를 그들에게 읽어 들려주었을 때, 우리들을 만나기를 바라지 않는 자들은 말했다. '이것과 다른 코란을 가지고 오시오. 그렇지 않으면 이것을 개정(改訂)하시오' 말하여 주라. '내가 자주적으로 개정할 수 없다. 나는 단지 계시된 것을 따를 뿐이다. 주를 배반한 경우의 큰 날(최후 심판의 날)의 징벌을 나는 무서워한다.' (10 : 15)

——— 여기서 명백한 증거란 코란을 말한다. 그리고 '큰 날'이란 '최후의 심판일'을 가리킨다. 코란의 계시는 알라의 말씀이다. 인간인 무함마드가 고치고 개정할 수 없는 것이다. 감히 인간이 주님의 말씀을 왜곡되게 말할 수 없다.

인간으로서는 알 수 없는 계시

그들은 말한다. '어째서 주께서의 증거가 내리지 않으시는가?' 말하여 주라, '보이지 않는 것은 단지 알라께만 속한다. 그러므로, 기다려라. 나도 너희들과 함께 기다리겠다.' (10 : 20)

——— 신의 계시가 무함마드에게 내려져 모은 것이 코란이다. 그렇다고 무함마드가 마음대로 신의 계시를 내릴 수 없다. 신의 의지에 따라 계시는 내려진다.

사사건건 무함마드에게 내려진 계시를 반대하고 무시하는 자들은 그때나 지금이나 있다. 그러나 인간이 흉내낼 수 없는 운율을 갖추고 진리를 말하는 것은 인간으로서는 할 수 없는 일이다.

그전 예언자들이 행한 기적은 신이 증거로 해주었다. 모세의 지팡이나 손에서 일어났던 것을 무함마드는 왜 못하느냐를 불신자는 따진다.

그들은 악으로 한데 뭉쳐 무언자 무함마드를 협박한다. 이에 대해 알라는 인간들에게 올바른 길을 찾을 수 있는 능력을 부여하였고 또 코란이 내려진 무함마드를 통하여 그 길로 인도되도록 했는데도 불신의 무리들은 모든 시대를 통하여 신의 선택한 예언자를 반대하고 있다.

기다려라 함은 언제가 최후심판일이 오니 그때 심판을 받게 될 것이라는 뜻이다. 그러면 악인은 지옥으로 간다.

의심할 여지 없는 계시

이 코란은 알라를 물리어 놓고 날조되는 그런 것이 아니라, 이전에 내리신 것을 확인하는 것이고 만유의 주께서 의심할 여지도 없는 성전을 상세히 설명하는 것이다. (10 : 37)

——— 코란은 알라가 계시한 성스런 서책이다. 선행하는(이슬람 이전) 계전(규약, 신약)을 확증하는 것이다. 이슬람의 종교로서의 확신이다. 말하자면 이슬람은 선행하는 유태교나 기독교와 같은 자매종교이고 코란은 유태교 경전이나 기독교 경전을 하나님의 계시로 확인하는 것이다.

날 조

혹은 그들이 '저 사내가 그것을 날조하였습니다'라고 말한다면 말하여 주라, '그렇다면 너희들이 진실을 말하고 있다면 이것과 같은 문구를 가지고 오라. 또 알라 이외에 너희들이 부를 수 있는 것을 불러 보라.' (10 : 38)

——— 코란처럼 훌륭한 말씀이 담겨져 있는 책을 인간이 만들

수 있다면 왜 그와 비슷한 것을 만들지 않느냐고 불신자에게 도전하고 있다.

코란의 지식

아니 그들은 자기 스스로 깨닫지도 못하고 그 해석도 하지 못하고 거짓이라 말한다. 그들보다 이전의 자들도 그것을 거짓말이라 하였다. 그런 의롭지 못한 자의 말로가 어떤 것이었는가 보라. (10 : 39)

——— 해명, 해석은 지식이며 또 설명과 완성이라는 뜻이 있다. 신의 계시는 일상생활에 어떤 몸가짐을 가질 것인가 하는 가르침을 주고 필요한 해석이나 신비로운 사항도 가르친다. 그런데 불신자들은 코란에 대해 거짓이라고 부정하며 코란이 신으로부터 계시된 진리인지 아닌지 이해하려 하지도 아니한다. 이들은 그 죄로 벌받을 것이다.

계시와 예언자

알리프 · 람 · 라. 총명하시고 환하게 깨달아서 아시는 분의 곁에서 여러 가지의 문구가 확정되어 자세히 설명되어 온 천계(天啓)의 서(書).

그 취지는 '너희들은 알라 이외의 어떤 것도 숭배해서는 안 된다. 나는 알라께서 보내 주신 너희들에의 경고자이고 또 복음 전달자이다.'

또 말씀하신다. '너희들의 주께 용서를 구하여, 주의 앞에서 회개하여라. 그렇게 하면 주께선 일정한 시기가 올 때까지 너희들에게 지내기 좋은 즐거움을 보내 주실 것이다. 또, 은혜를 베풀어 줄 사람에게는 은혜를 베풀어 주실 것이다. 만일 너희들이 등을 돌린다면 너희들이 큰 날(최후 심판의 날)에 어떤 징벌을 받게 될 것이라는 것을 나는 무서워하고 있다.' (11 : 1~3)

——— 코란은 총명한 전지전능의 신한테서 내려진 상세하고 설명된 경전이다. 예언자 무함마드는 신으로부터 파견된 경고자이며 복음의 전달자이다. 이슬람 신앙의 근본원리가 이 계시에 담겨져 있다.

무함마드 생존 당시의 메카는 상업이 번창하고 있던 사막 속에 존재했던 도시이다. 그러나 무함마드를 신이 파견한 예언자로 인정하고 알라를 유일신으로 믿고, 코란을 이해한다는 것에는 호의적이 아니었고, 냉정한 태도로 그의 종교활동을 대했다. 그가 얼마만큼 예언자로서 내세를 설득하고 최후의 심판의 경고를 받아들이는 데는 그의 경고가 너무 혁신적이었다. 그러나 무함마드는 신이 명하는 대로 예언자로서 전도를 하고 이윽고 위대한 성과를 이룩했다.

분명한 아랍어로 된 경전

알리프 · 람 · 라. 이것은 명백한 성전의 구절이다. 우리들은 너희들이 깨달아 줄 것이라 믿고 이것을 아랍어의 코란으로 주셨다. 우리들은 그대에게 이 코란을 계시함으로써 보다 더 아름다운 얘기를 들려

주리라. 원래 그대도 이전에는 무관심한 인간이었다. (12 : 1~3)

——— 이 신비스런 문자 알리프, 람, 라의 세 글자를 해석하는 데는 학자들간에 의견이 분분하다. 코란 그대로 예증이며 코란을 절로 해석하는 게 일반적이다.

코란(꾸란)은 아랍어로 읽혀지는 것, 낭송되는 것 등의 뜻을 가진다. 아랍어는 풍부한 의미를 가지며 표현력이 정확하며 포괄적이고 모든 종류의 개념과 뉘앙스를 충분히 나타낼 수 있다.

인간 무함마드가 알지 못하였던 장래의 운명에 대해 예언자로서 그는 신의 말씀인 코란을 분명히 알 수 있는 아랍어로 된 계시를 전했다. 그에게 메카 사람들은 지난날의 잘못에 대해 용서를 구하고 복종을 표하게 된다. 지난날 일(예언자)의 얘기를 그들에게 설명하여 앞으로 어떻게 전개될지를 알린다.

코란을 읽을 때

코란을 읽을 때는 저주할 사탄으로부터의 보호를 알라께 구하라. (16 : 98)

——— 코란을 낭독하기 전에 독경사들은, '아우즈 빌라히 민낫샤이타니라짐'이라는 말을 곧잘 한다. '나는 저주할 사탄으로부터 피하여 알라에게 가호를 구한다'는 뜻이다.

인간은 약하므로 신의 도움과 가호아래 자기 의사가 견

고하기를 기도하고 코란을 낭독한다. 신의 말씀이므로 경건한 마음으로 잡념이 없이 코란을 낭독해야 한다.

2분법

진실로 이 코란은 가장 바른길로 인도되어, 여러 가지 선한 일을 하는 믿는 자들은 큼직한 보수를 받는다는 소식을 전하는 것. 또 내세를 믿지 않는 자들에게는 통렬한 징벌을 준비하고 있다는 소식을. (17 : 9~10)

——— 수사법을 사용하는 코란 계시가 적지 않다. 좋은 일이 있으면 나쁜 일이 있고 정(正)과 사(邪), 선(善)과 악(惡)이 꼭 구별되고 천국과 지옥이 다르며 믿는 자에게는 큰 상을, 믿지 않는 자에게는 통렬한 벌 등의 2분법의 수사 용법으로 신자들을 신이 요구하는 좋은 길로 인도하려 한다. 코란은 무조건 신의 의사를 강조하는 게 아니라 인간이 이해되게끔 알리면서 계시한다. 믿음을 가진 자에게는 복음의 소식을 전하며, 믿음을 거역한 자에 대해서는 경고한다.

치료며 은혜

우리들은 신자들의 치료도 되고, 은혜도 되는 코란을 주었지만, 이것은 불의의 무리에 대해서는 더 손실을 줄 뿐이다. (17 : 82)

——— 어떤 말도 듣는 자에 따라 다르다. 아무리 좋은 말도 듣기 싫은 말도 있다. 충언도 귀에 거슬릴 때가 있다. 이를

싫어하는 자는 잘못된 자들이다. 치료는 무지와 방황, 시기, 질투, 증오 등으로 가득한 마음을 치료한다.

타이름

우리들이 그대에게 코란을 내린 것은 그대에게 고생을 시키려고 한 것이 아니다. 다만 두려워하고 공경하는 자에 대한 훈계로, 대지와 지고(至高)의 하늘을 창조해 주시는 분의 계시. (20 : 2~4)

——— 완전하고 잘못이 없는 코란의 계시와 그런 계시를 전하는 예언자의 임무수행이 실패한다는 것은 모순이다. 그러므로 무함마드의 사명은 이루어진다. 그러나 신의 계시는 인간이 가까이하기 어렵다. 인간은 제멋대로이고 좁은 시야를 갖고 있기 때문이다. 인간의 결점으로 인해 계시가 타이름으로 받아들이고 회개하고 인도되는 데는 고난이 뒤따른다.

무엇이라 묻지 말고 코란의 계시를 그대로 따르는 게 믿음이다.

간헐적 계시

믿음이 없는 자들은 말한다. '왜 코란은 한 번에 전부를 내려주지 않았느냐?' 이와 같이 한 것은 우리들이 그대의 마음을 굳게 하기 위함이다. 그래서 이를 잘라 조각조각 내려 보낸 것이다. 그들이 그대에게

비유를 들 때마다 우리들은 언제나 그대에게 진리와 가장 훌륭한 해석을 내린다. (25 : 32~33)

——— 코란이 다른 계시된 성전과 구별되는 것은 코란 자체의 기원이 알라에 있다는 것이다. 무함마드에게 간헐적으로 계시하여 그의 믿음을 강하게 하고 다신교 지배사회인 아랍사회를 선도할 필요가 있었다.

610년부터 632년까지 23년간에 걸쳐 간헐적으로 코란이 계시된 것은 무함마드의 마음을 굳게 해주고 다른 교도들을 교화하고 그들을 통해 아라비아 반도의 외부세계에 이슬람을 보급하기 위해서라고 말한다. 하기는 이들의 힘으로 이슬람 정복이 시작되고 인류사에 한 문화를 만든다.

시인(詩人)

우리는 그에게 시(詩)를 가르치지 아니하였다. 시는 그에게 어울리지 않는다. 이거야말로 하나의 훈계(訓戒)인 명백한 코란인 것이다. (36 : 69)

——— 시인은 그의 상상으로 운율을 갖는 시구를 짓는다. 실제와는 거리가 멀다. 그러나 신의 말씀을 전달하고 경고하고 인도하는 예언자 무함마드는 위엄이 있고 영적으로 고귀하며 단순한 시인이 아니다.

코란 초기의 계시 구절들은 운율을 갖는 산문이다. 시에 가까워 듣는 자로 하여금 시적인 감을 준다. 그래서 무함마드를 비난하는 자는 그가 시인이며 신이 선택하여 파견한 예언자가 아니라고 했다. 이에 대한 계시이다. 그가 신으로부터 계시받은 코란이 무함마드의 시이지 신의 말씀이 아니라고 거역한 메카의 불신자들에 대한 계시이다.

설득력

알라께서는 최선의 말씀을 성전(聖典)으로서 내려주셨다. 서로 닮았으며 되풀이하여 일컬어지는 것. 이것을 들을 때 알라를 두려워하는 자의 피부는 떨리지만, 곧 알라의 이름을 외면 그 피부도 마음도 온화해진다. 이거야말로 알라의 인도이니라. 알라께서는 이것으로 뜻에 맞는 자를 인도하시지만, 일단 알라께서 방향을 잃고 헤매게 하신 자에게는 이미 어떠한 길 안내도 없다. (39 : 23)

——— 23년간 단편적으로 계시되고 서로 시간적으로 떨어진 사실이나 사건 등이 취급되고 있는데도 불구하고 시종 일관된 경전으로 모순이 없다. 되풀이되면서 이슬람을 이해하게 된다. 코란의 말씀이 서로 일치하고 조화되면서도 상이한 해석의 대상이 될 수 있는 성전을 뜻하기도 한다. 그런데도 코란의 부분에서도 모순되는 것이 없다. 코란 낭송을 듣게 되면 몸과 마음이 갖추어진다. 문체의 우아함으로 믿음의 중요성을 여러 형태로 반복 기술했다.

비유와 중복

우리는 이 코란 속에 사람들을 위하여 여러 가지 비유(比喩)를 제시해 두셨다. 그들이 깨달아 주었으면 하고 생각해서. 즉, 전혀 혼란이 없는 아랍어의 코란이니라. 그들이 알라를 두려워하여 공경하리라는 생각에서 한 일이다. (39 : 27~28)

——— 코란 속에는 같은 문구가 되풀이되는 일이 적지 않다. 코란의 전문(全文)을 읽으면 너무나 비슷한 문구가 수십회 되풀이되고 있기 때문에 때로는 피로를 느낄 정도이다.

그 이유는 코란이 무함마드에 의해서 한 권의 책으로 엮어진 것이 아니기 때문이다.

무함마드는 약 20년의 오랜 세월에 걸쳐서 사람들에게 알라의 길을 계속 설교해 오면서 계시를 받았다.

그러한 그의 계시의 말을 듣고 곁에 있던 서기가 기록에 남긴 것과, 그가 죽은 후 사람들이 기억하고 있던 말을 모아서 한 권의 책으로 엮은 것이 코란이다.

여러 기회에 많은 사람들에게 말을 계속해 온 무함마드가 같은 말이나 비슷한 표현을 사용한 것은 당연한 일이며, 편집 때에 그것이 중복(重複)되었다고 해도 이상하지는 않다.

오히려 코란에는 의식적으로 같은 문구를 수록했다고 생각되는 점조차 있다.

그리고, 코란은 무함마드가 죽은 뒤에 편집된 것임에도 불구하고, 그 속의 군데군데에 코란이라는 말이 여기저기 보인다.

이것은 무함마드가 언젠가 계시가 한 권의 책으로 묶어질 때가 오기를 바라고, 그것을 코란이란 이름으로 부를 것을 의도하고 있었다는 것을 보여 주고 있다.

코란 계시의 기록은 '아야트', '꾸란', '기타부'라고도 코란 속에서 불려진다.

복음과 경고

복음이자 경고(警告)이다. 그러나, 그들 중의 많은 자는 이것에 등을 돌리고 귀를 기울이려 하지도 않는다. 그들은 말한다. '너희가 우리를 초대하려고 해도 우리 마음속에 막(幕)이 드리워졌다. 귀에는 무거운 것이 채워져서 너희와 우리 사이에 현수막이 걸쳐져 있다. 너희 마음대로 행하라. 우리도 마음대로 행하리라.' (41 : 4~5)

———— 계시는 신의 말씀인데 이를 받아들이거나 받아들이지 않는 것은 인간 개인의 의지이다. 그런데 고의로 이를 거부한다면 계시와 그 의미 사이에 간격이 생겨 귀도 들리지 않게 되어 사도가 전달하는 계시도 소원하게 된다.

신앙을 갖고 바른길을 걷고자 하는 신자에게는 천국의 소식 복음을 전하고 불신자에게는 지옥의 벌이 있다는 경고이다.

바른 길

그러니, 그대에게 계시된 것을 고수하도록 하여라. 그대는 진실로 정도 위에 있는 것이다. 이것은 그대와 그대의 백성에게 주는 교훈이다. 너희들은 언젠가 힐문당하는 것이다. (43 : 43~44)

——— '힐문당한다'란 최후의 심판일에 코란의 가르침을 지켰는지 어떤지에 대해서이다.

예언자 무함마드의 탄생을 유태교도들은 받아들이지 않았다. 그들이 무엇이라 하여도 무슨 계책을 꾸미고 있다 하더라도 신에 봉사하는 자는 바른 길에 있으며 심판의 날도 무섭지 않다.

책동을 꾸미는 음모자들이 무엇을 말하고 무슨 일을 하더라도 신을 받드는 자는 주어진 빛 속에 견실히 전진해야 한다. 무함마드가 메카에서 포교할 당시 무함마드를 위로한 계시이다.

축복된 밤

우리는 이 성전을 축복받은 날 밤에 내려주었다. (44 : 3)

——— '축복된 날 밤'이란 이슬람력(曆)의 9월 27일(또는 25일, 23일) 밤을 가리키며, 이날 밤은 카드르(권능)의 밤이라고도 불린다.

운명의 밤이라고 불린다. 정신적인 암흑의 땅 위에 신의 사도가 나타나 타락한 인류를 구원하고 재생시키기 위하여 출현하게 되는 데 대한 코란의 은유이다.

신으로부터 소식이 내린 밤이야말로 햇볕이 땅 위에 비치는 것처럼 축복된 밤이다.

알라가 모든 일을 결정하는 것이 이날 밤이며, 무함마드가 최초의 계시를 받은 것도 이날 밤으로 일컬어지고 있다.

산이 갈라짐

만약 우리가 이 코란을 산(山)에 계시하면, 산이 스스로 겸손하고 알라를 두려워한 나머지 갈라지는 것을 그대는 보게 되리라. 이것은 아마 사람들이 반성하리라고 생각해서 우리가 인간에게 내리는 비유의 이야기이다. (59 : 21)

―――― 태산이라 한다. 높이 솟고 견고함을 말한다. 그런 태산 같은 산에 비유하여 신의 계시의 숭고함은 산의 높이도 문제가 아니고 견고함도 문제가 될 수 없는 것이다.

어떠한 가르침도 이슬람 이전의 아랍다신교도들에게 우상신을 숭배하는 풍습을 버리게 하지 못하였다. 강한 암석과도 같이 움직이지 않고 자신들의 유목적 관습에 집착하는 아랍에게도 코란이 계시됨에 따라 코란의 말씀 앞에는 겸손해질 것이라는 말씀이다.

읽는 법

너희는 코란 가운데서 쉬운 부분을 독송하는 게 좋으리라. (73 : 20 일부)

——— 코란 속에는 당시의 일반 아랍인에게는 이해하기 어려운 일이 여러 가지 쓰여 있었는데, 어려운 곳을 머리를 쥐어짜며 읽어서 싫증이 나기보다는 쉬운 것부터 읽어 나가라는 가르침이다.

두 갈래 길

그러나, 그는 험난한 산길로 들어가려고 하지는 않았다. 험난한 산길이 무엇인가를 누가 네게 가르쳐 주랴? 그것은 노예를 해방해 주는 일이며, 굶주림에 허덕일 때 음식을 주는 일과 같다.

궁핍한 고아, 땅에 엎드려 있는 가난한 자에게 베푸는 것과 같다. 더욱이 믿으면서 서로 인내를 권하고, 서로 자비를 권고하는 자들의 친구가 되는 일이다. (90 : 11~17)

——— 이 계시 구절은 생활 속에서의 도덕이다. 신은 인간에게 옳은 길을 찾고 그릇된 것에서 옳은 것을, 거짓에서 참됨을 가려낼 수 있는 모든 수단을 내려주셨다. 인간은 선과 악을 가릴 수 있는 정신적인 눈과 육체적인 눈을 다 부여받았으며 신의 가르침을 구할 수 있는 혀와 두 입술이 있다.

그런데 인간은 무한한 정신적 및 물질적 개발과 발전을 할 수 있음에도 이에 필요한 희생을 하지 않으려고 한다. 인간이나 인간의 도덕적인 면을 높일 수 있는 두 가지 방법을 제시한다. 하나는 노예의 해방이다. 사회의 억압받고, 억눌리고, 핍박받는 계층을 동등한 동반자의 위치로 끌어올리는 것이다. 노사관계에 해당되는 말로 해석해도 좋다.

두 번째는 의지할 곳 없는 고아와 가난에 눌려 자립할 수 없는 자들을 일어나 자립할 수 있도록 도와주어 사회에 유용한 일을 할 수 있도록 하는 것이다. 그렇게 함으로써 우리 사회의 전반적인 수준을 향상시킬 수 있다. 그러나 그것만으로는 충분하지 않다. 계속적으로 이런 일이 행해져야 하며 우리가 사는 세상은 높은 복지사회가 되어 훌륭하게 될 것이다.

심판의 날에는 두 갈래 길이 나타난다. 그날에는 믿는 자와 믿지 않는 자가 가야 할 길이다. 믿는 자란 이 계시에서 말한대로 행동하는 자들이다. 언제나 그들의 마음은 이 세상을 살아가는 데서 편안하고 내세에서 천국에 들어간다는 믿음이 있다. 몸을 천명에 맡기고 생사이해에 초연할 수 있다.

신앙을 설득하는 데, 일상적인 생활 속에서 예를 들어 가르침을 주는 게 코란의 지혜이다.

천사와 성령

우리들은 이것을 권능(權能)의 밤에 내렸다. 권능의 밤이 무엇인지 누가 네게 가르쳐 주랴? 권능의 밤이야말로 1천 개월보다도 낫다. 이 날 밤, 모든 천사와 성령은 주님의 허락을 받아 온갖 명령을 가지고 강림한다. 날이 새기까지 평안하라. (97 : 1~5)

——— 계시가 내려진 동기에 대해 말할 때는 그 계시가 내린 때가 얘기된다. 계시는 라마단달 어느 밤에 내렸고 이 밤을 카드르(권능)의 밤이라고 한다. 신의 권능으로 무릇 천사와 성령(대천사 가브리엘)이 주님의 허락을 받아 하강한다. 1천 개의 달수는 사람의 수명으로 비유할 수도 있고 무한한 시간의 한 부분으로도 해석된다.

코란은 특별한 신의 권능을 드러내기 위해 따로 특별히 정해진 밤, 또는 다른 모든 밤들을 합한 것과 가치에 있어서 동등한 어떤 밤, 또는 존엄하고 영광스런 밤, 즉 코란이 모든 인간의 도덕적 · 정신적 요구와 필요를 충족시켜 주는 밤에 계시되었다.

1천은 당시 아랍이 낼 수 있는 가장 큰 숫자의 단위이다. 이는 예언자 무함마드가 활동한 시기는 다른 모든 기간들을 합친 것보다 더 훌륭하다는 의미이다.

2. 여 성

단식월(라마단달)의 밤

단식하는 날 밤에 처와 사귀는 것은 허용된다. 그 여자들은 그대들의 의복, 그대들은 그 여자들의 의복이다. 알라께서는 그대들이 스스로의 마음을 속이는 것을 아시고, 돌이켜 그대들을 용서하셨다. 그러니 지금은 그 여자들과 사귀고 알라께서 정하여 주신 것을 구하고 먹고 마셔라. 이윽고 날이 밝아 흰 실과 검은 실이 분별이 될 때까지 단식을 지켜라. 예배당에서 예배할 때는 그 여자들과 사귀면 안 된다. (2 : 187)

——— 단식은 이슬람의 종교의무 다섯개 중의 하나이다. 이슬람 교도는 이슬람력 9월, 라마단달 1개월간은 단식의 달이다. 해가 뜨고 일몰까지 모든 음식이 금지되고 침까지도 목으로 넘길 수 없다. 남녀간의 성교나 의도적인 사정은 허용되지 않는다. 그러나 애들이나, 환자, 임산부, 여행에 떠난 자, 전쟁터에 있는 병사들은 단식에서 제외된다.

단식 시간은 아침, 흰 실과 검은 실이 명확히 구별될 때를 기준으로 하고 일몰까지로 한다. 밤에는 식사를 하고 부부간의 부부생활도 허용된다.

여자들은 그대들의 의복, 그대들은 여자들의 의복이란 이 간략한 말에 코란은 여성의 지위와 권리, 그리고 결혼과 부부관계의 목적에 대해서 말했다. 상대방을 편안하게 하며 보호해 주는 게 의복의 용도이다. 결혼이란 이런 것이다.

'그대들이 스스로의 마음을 속이고 있는 것을 아시고'라고 한 것은 '이전에는 단식중에 아내와 교합하는 것은 금지되어 있었는데도 불구하고 많은 사람들이 아내와 교합하고 있는 것을 알라가 아시고'라는 의미이다. 그런데 일상처럼 해가 지면 음식을 먹을 수 있고 아내와의 성적 교섭도 허락된다. 부부의 애정적 결합이 사회의 기반이 된다.

다신교도

다신교도의 여자하고는, 그 여자들이 믿을 때까지 혼인해서는 안 된다. 비록 그대들 마음에 든다 하더라도 다신교도의 여자보다는 믿음을 가진 노예가 더 나은 편이다. 또 다신교도들에게는 그들의 믿음을 가질 때까지 딸들을 시집보내지 마라. 비록 그대들의 마음에 든다 할지라도 믿음을 가진 남자 노예가 더 나은 편이다. 그런 자들은 그대들을 지옥의 불로 초청한다. 그러나 알라께서는 낙원으로 초대하고 죄를 사하신다. 그 위에 반성을 시키고자 사람들에게 여러 계시를 내리신다. (2 : 221)

——— 다신교도의 여자와 결혼하는 문제는 전쟁과 관련이 있다. 집을 떠나 상당한 기간을 외지에 있게 되는 전쟁기간 동안엔 이슬람교도의 병사들은 그러한 여인과 결혼하고 싶

은 유혹을 받기 쉽게 된다. 믿는 여인을 다신교도 남자에게 결혼시키는 것과 마치 한가지로 코란은 이를 단호히 금지하고 있다. 이는 신앙과 생활관이 크게 다르기 때문에 두 사람 사이에는 조화나 화합이 존재할 수 없기 때문이다.

신앙을 가진 여자 노예가 자유신분의 다신교도(사교)의 여자보다 낫다는 계시는 이슬람의 종교적 본질을 나타낸다. 이슬람 발흥 당시 아라비아 반도는 우상숭배의 사회적 관습을 갖고 있어 유일신 신앙을 받아들이지 않았다. 이를 타파하기 위한 무함마드의 노력이 보인다.

생 리

월경(月經)에 대하여 여럿이 그대에게 묻는다면 답하여라. '그것은 상처이니 월경 때에는 여자를 피하고 깨끗한 몸으로 되돌아올 때까지 그 여자를 가까이하지 마라. 그 여자들이 몸을 깨끗이 하였으면 알라께서 명하신 것에 따라 그 여자들에게 가라. 알라께서는 회개하는 자를 사랑하시고 몸을 깨끗이 하는 자를 사랑하신다.' (2 : 222)

피를 흘리며 상처받았다는 것은 어쩌면 죽음에 이를 수도 있다. 불길한 징조로 예부터 간주되었다.

그래서 출혈을 극도로 무서워하고, 그것을 위험한 현상으로 받아들이는 경향이 있었다. 한편, 여성이 어떤 연령에 도달하면 주기적으로 출혈한다는 것도 알고 있었다.

따라서, 그 생리적인 현상(現象)을 잘 알지 못한 채, 여성의 출혈을 신비적이고 위험한 것으로 생각한 것은 당연하다.

그러므로, 그것을 불결한 것으로서 멀리하고, 그 시기의 여성과 접하는 것을 기피하는 관습은 민족과 상관없이 옛날에는 전세계의 도처에서 볼 수 있다.

1,380여년 전의 아랍인들이 그와 같은 생각을 하고 있었다고 하여도 조금도 이상하지 않다.

다만, 무함마드가 받은 이 계시가 당시의 아라비아 반도에서의 일반적인 사고방식을 배경으로 한 것이다.

월경기간 동안 여성은 예배 · 제례 등에 참가하지 못하는데 이 기간에 가까이하면 7일간의 별거가 명해진다. 여성 격리의 관습은 이슬람 이전 시대부터 계속된 원시 감각이다.

씨앗의 밭

그대들의 처는 그대들의 밭이다. 그러니 마음 내키는 대로 그대들의 밭으로 가라. (2 : 223)

——— 전통적인 이슬람사회는 남자의 세계와 여자의 세계가 분명히 갈라져 있다. 여성이 바깥 세상에 모습을 나타나지 않는다고 하여 집안에서도 그렇다고 할 수 없다. 밭이 있어야 씨앗이 자라날 수 있다. 남성은 밖에서 돈을 벌어들이고 가정은 여성이 전적으로 이끈다. 나이가 들수록 여성은 존경

된다.

하나의 간략한 문장으로 결혼과 부부관계에 대한 철학을 요약한다. 여자란 참고로 자손의 씨를 뿌리는 밭과도 같다. 현명한 남자는 가장 좋은 토양을 골라 밭을 일구고 좋은 씨앗을 골라 좋은 시간과 방법을 택하여 씨앗을 뿌린다. 결혼도 이와 같다. 이는 자식이라는 형태로 수확을 거두게 된다. 인류의 미래가 여기에 걸려 있다.

재 혼

이혼한 여자는 세 번째 월경을 볼 때까지 기다려야 한다. 만약 그 여자들이 알라와 최후의 심판날을 믿는다면 알라께서 태내(胎內)에 창조하신 것을 숨기게 허락하지 않으신다. 남편들이 원상태대로 되돌아가기를 바란다면, 이 시기에 그 여자들을 원상태로 되돌려 주는 것이 정당하다. 남자가 여자보다 좀 위이기는 하지만, 여자들은 자기가 하여야 할 것만큼의 대우를 받을 권리가 있다. 참으로 알라께서는 무한한 권능을 가지셨으며 총명하시다. (2 : 228)

———— 즉, 샤리아(이슬람)법에 따르면 남편은 그의 아내가 깨끗한 상태 즉, 순수한 상태에 있을 때만 이혼이 가능하다. 이혼이 선언된 후 아내는 3개월이 경과한 후에야 재혼할 수 있다. 이혼할 당시 여자가 임신중이라면 이 사실을 남편에게 감추어서는 안 된다.

여자는 결혼해소(이혼) 후 얼마간의 대기기간을 경과해

야 재혼할 수 있다. 임신하고 있을 때는 그애가 출산할 때까지 결혼할 수 없다.

개인적인 권리에 관한 한 남편과 아내는 동등하다.

이 혼

이혼은 두 번까지, 즉 정당한 수속으로 자기 곁에 남게 한다든가, 호의로 자유의 몸이 되게 해야 한다. 그 여자들에게 준 것을 하나라도 뺏는 것은 허용되지 않는다. 단 서로가 알라의 한계를 지킬 것 같지 않다고 걱정하는 경우는 별도이다. (2 : 229)

——— 이혼은 두 번에 한한다 함은 상대가 같은 여자의 경우를 말한다.

두 번까지는 복연(復緣)할 수 있으나, 세 번째의 이혼을 하면 그 여자와의 복연은 허용되지 않는다는 것을 말한다. 이슬람은 이혼을 용인하는 입장을 취하고 있는데 이를 부인하는 편이 보다 비인간적이라고 본다. 그러나 예언자 무함마드의 언행록(하디스) 등에는 이혼을 삼가도록 훈계하는 말이 많다.

아내와 별거를 원하는 자는 세 번에 걸쳐서 이혼을 선언해야 하는데 각각 별개의 기간에 행해야 하며 그 기간동안 아내와 잠자리를 같이하면 안 된다. 양자의 불만에 대해서는 이혼이 허용되나 무분별한 이혼을 명하고 후회할 경우도 있다. 이것은 두 번까지 되풀이해도 좋으나 그후에는 상호의 애정과 인내로 대등한 조건으로 가정을 영위해야 한다. 그런데도 이혼을 피할 수 없는 경우에는 남자가 아내에게 준 것을 되돌릴 수 없다.

복연(復緣)

이에 만약 정식으로 이혼한 이상은 여자가 한 번 다른 남자와 결혼할 때까지는 복연(復緣)이 허락되지 않는다. 그러나 이 남자가 그 여자와 이혼했을 경우, 서로가 알라의 한계에 따라갈 수 있는 자신이 있다고 생각하면, 다시 원상태로 돌아가도 죄는 안 된다. 이것이 알라의 한계이며, 알라께서는 분별이 있는 사람에게 설명을 하신다. (2 : 230)

——— 남편한테서 두 번 이혼당하고 복연한 후 세 번째로 이혼을 당한 여자를 그 남편이 다시 자기 아내로 맞이하려면 그 여자가 다른 남자와 결혼하고 이혼할 때까지는 또다시 그 여자를 아내로 데려올 수 없다. 이런 경우는 거의 일어나지 않으나 다만 경솔한 행위에 대한 훈계이다.

이러한 코란의 계시를 이혼법에 삽입함으로써 이슬람은 혼인의 신성함을 강조하고 다른 한편으로는 한때 남편과 아내로서 살았던 두사람이 원하면 다시 재결합할 수 있는 기회를 제공한다.

전남편의 도리

또 그대들이 처와 이혼하고 정한 기일에 이르렀을 때는 선의로 서로의 기분이 부합되었다면, 그 여자들이 지금의 남편과 결혼하는 것을 방해해서는 안 된다. 이것은 알라와 최후의 심판날을 믿는 자들에게 주는 가르침이시다. 이렇게 하는 것이 그대들에게는 더 적당하고 깨끗한 것이다. 알라께서는 모든 것을 다 아시나, 그대들은 모른다. (2 : 232)

——— 이슬람사회에서 이혼은 흔히 있을 수 있는 일이어서 별로 사회적 결점이 되지 않아 재혼할 수 있다. 남자일 경우 여자보다 이혼하기 쉬운데도 때로는 남자도 사회적으로 큰 상처를 받을 수 있는 위험이 있다.

여성이 이혼수속을 취할 경우 쉽지는 않지만 애가 없거나 남편의무의 의도적인 포기, 부양의무 불이행 등은 이혼사유가 된다.

이 계시는 전통적 사회에서 남성의 영향력이 강하므로 이를 억제하려고 내린 계시이다.

이 절에서 언급하는 '남편'이란 말은 전남편 또는 장래의 남편을 의미할 수 있다. 장래의 남편을 나타내는 경우에는 전남편은 여자가 새로운 남편과 재혼하는 것을 막지 못한다.

유아의 부양

어머니들이 수유(授乳)를 완전히 다하기를 원한다면, 만 2년간 자기 자식에게 젖을 빨게 해야 한다. 또 아버지는 성의로써 그 여자들에게 의식(衣食)을 공급하여야 한다. 누구든 자기 능력 이상의 의무는 지워

지지 않는다. 어머니가 그 자식을 위해, 아버지가 그 아들을 위해 고통받아서는 안 된다. 상속인이 지는 의무도 이에 준한다. 만일 쌍방이 서로 상의한 후 이유(離乳)시키고자 한다면 아무에게도 죄는 없다. 또 자기 자식을 유모에게 맡길 경우에 성의를 가지고 줄 것을 지불한다면 그대들에게는 죄가 없다. 알라를 공경하라. 알라께서는 그대들의 하는 바를 모두 아신다. (2 : 233)

——— '상속인이 지는 의무도 이에 준한다'라고 하는 것은 유아의 이유(離乳) 전에 그 부친이 죽었을 경우에는 그 호주(戶主) 상속자가 수유 기간 중에 생모(生母)의 생활비를 모두 부담하지 않으면 안 된다는 것을 말한다.

아이의 수유는 최대로 2년간을 계속할 수 있다. 그러나 아이의 부모가 모두 합의하는 경우 이 기간 전에 수유를 멈출 수 있다. 또한 이 절은 어머니의 동의 없이는 2년이 다하기 전에 아이의 젖을 떼지 못한다는 것을 암시하고 있다.

남편 사망 후 아내의 재혼시기

그대들이 처를 뒤에 남기고 죽었을 경우, 그 여자들은 4개월하고도 열흘 동안을 기다려야 한다. 이 시기가 달하였을 때는 그 여자들이 어떻게 처신할지라도 그대들에게 죄가 없다. 알라께서는 그대들이 무엇을 했는지 잘 아신다. (2 : 234)

——— 이슬람은 실제의 친자관계를 존중한다. 친자관계를 인위

적으로 만드는 것을 허락하지 않는다. 여성은 결혼해소 후 4개월과 10일이 지나지 않으면 재혼할 수 없다. 이는 친자 관계를 명확히 하는 데에 유효한 수단이다.

미망인의 경우에는 4개월 10일을 기다려야 재혼할 수 있다. 이는 4주기에 걸친 월경과 순결을 합한 수와 비슷하다. 이슬람에서는 과부일 경우 죽은 남편에 대한 그녀의 감정을 존중하여 재혼을 하지 않아도 좋다고 한다.

이혼녀와의 결혼 약속

그대들이 여자에게 결혼의 뜻을 비쳤거나, 가슴속에 간직하였을지라도 별로 죄가 되지 않는다. 알라께서는 그대 생각이 더 커질 것이라는 것을 알고 계시다. 그 여자들과 밀회를 약속해서는 안 된다. 정한 시기가 달할 때까지는 혼인의 절차를 굳혀서는 안 된다. 알라께서는 그대들의 마음을 꿰뚫어보고 계시다. 마음에 새겨라. 알라께서는 관대하시고 자비로우시다는 것을. (2 : 235)

——— 남자가 미망인에게 정해진 기간이 다하기 전에 공개적으로 청혼을 하는 것을 금하고 있다.

미망인은 역시 정해진 기간 내에는 그런 청혼에 동의를 하지 못하게 되었다. 그녀는 사별한 남편에 대한 애정에서 또는 혹시라도 임신했을 경우에 대비하여 4개월 10일 간을 기다려야 한다.

임신한 여인은 아이를 낳을 때까지 혼인하는 것이 허락되지 않는다.

관계를 끊음

그대들이 처를 다치지 않았고, 또 증여액(贈與額)을 지정하기 전에는 이혼하여도 죄가 되지 않는다. 그러나 유복한 자는 그 능력에 응하고 빈한한 자는 또 그 능력에 응하여 선행자의 의무로써 성의껏 그 여자들에게 부조를 하여라. (2 : 236)

――――― 아랍의 이슬람 사회에서는 남녀의 접촉이 어느 정도 허용되는가는 상황에 따라 다르다. 약혼을 계약으로 본다. 계약이 이뤄지기 전에 거래가 이뤄지지 않으면 아무것도 없었던 것으로 여긴다.

이 절은 약혼의 예외적인 경우이다. 그러나 혼인계약이 성립된 후에도 그 혼인을 계속 진행시키는 것이 힘들거나 바람직하지 않은 경우가 생길 수 있다. 이 절과 다음 절은 그러한 경우에 대한 규정이다.

반액 지불

또 그대들이 처를 다치지 않았지만 증여액을 정한 후에 이혼할 경우에는 지정액수가 반으로 준다. 단 그 여자들이 사퇴하든가 혼인의 계약을 취급하는 자가 사퇴할 경우는 별도다. 사퇴하는 것은 경건한 마음과 같다. 서로간에 은혜를 베푸는 것을 잊어서는 안 된다. (2 : 237)

——— 이슬람은 약혼할 때 남성이 상대방 여성에게 증여, 즉 혼자금(마하르)을 지불한다. 그 액수는 상대방의 자태, 교양, 집안 등으로 결정된다. 일반적으로 혼자금의 반액은 선불하고 결혼 후 나머지를 후불한다. 결혼 혼자금은 여자의 고유 재산이다.

232~237절은 무함마드가 이슬람을 아랍인들에게 설득할 당시 사회의 전통을 파괴하는 혁신적 요소가 많다. 이슬람 공동체가 성립하여 알라의 이름 아래 새로운 사회의 엄격한 규율이 정비되고 있다는 것을 나타내는 것이다.

근대적인 해석으로 보면 이들 계시야말로 종교공동체를 형성하는 기반으로, 여성관계의 윤리와 도덕을 이와 같은 계시로 규정하면서 국가와 더불어 그 기초를 이루는 가족사회를 규제하였던 근원을 여기서 찾을 수가 있다.

미망인 부양 유언

그대들 중에 처를 남기고 임종할 경우, 처를 위해 유언하고 1년간 내쫓게 하지 말고 부양하여라. 그러나 여자가 스스로 떠나고 마음대로 한다면 그것은 그대의 죄는 아니다. (2:240)

——— 샤리아법(이슬람법)에 따르면 미망인에게는 8분의 1 또는 4분의 1의 유산분배가 있다. 그러나 여자의 성향에 따라 1년 내에 옛남편 집에서 나갈 경우에도 이 부양의 의무는 해소되지 않는다.

남편이 죽은 후 4개월 10일 동안에 죽은 남편의 상속

자에게 당연한 권리로 미망인은 주거와 부양을 요구할 수 있다.

다처(多妻)

만일 너희들이 고아에게 공정하지 못할 것같이 생각되면 누군가 마음에 드는 두 명, 세 명, 네 명의 여자와 결혼해도 좋다. 만일 공평하지 못한 생각이 들게 된다면 한 명으로 한다든가 너의 오른손에 소유하고 있는 것으로 하라. 그러는 것이 불공평하게 될 염려가 없다. (4 : 3)

——— 이 계시로 이슬람 신자들은 4명까지의 처를 거느릴 수 있다. 이 구절을 둘러싸고 여러 해석이 있지만 이 계시의 취지는 여인이 아니라 고아에 중점을 두고 있다. 물론 남성사회는 이 계시를 핑계삼아 일부다처하는 사람도 있으나 근래에 들어서는 법으로 금지하는 곳도 있다.

'아랍의 남자는 4인의 아내를 가지고 있다'든가 '이슬람교도가 되면 4인의 아내를 가질 수 있는 모양이다'는 등등의 다소 전설적인 이야기는 아무래도 이 계시에서 나온 것 같다.

그런데, 그 경우에는 '만약에 너희들이 고아를 공정하게 취급할 수 없다고 걱정된다면'이라는 전제조건(前提條件)은 반드시 생략되고 있다.

이 계시는 고아에 관한 주제와 관련하여 주어진 것이므로 고아나 미망인 등 사회의 약소계층을 보살피는 문제에 바탕을 두고 있다.

그러나, 이 계시가 내려진 전후의 경위를 정확하게 이해해 둘 필요가 있다.

624년 3월 바드르의 싸움에서 약세인 이슬람군은 2배나 되는 쿠라이시군의 적을 격파하여, 아군(我軍)의 전사자 14명에 대해서 적에게 준 손해는 100여 명이라는 빛나는 전과(戰果)를 거두었다.

그런데, 다음해 3월 행하여진 우후드의 싸움에서는 적의 전사자 27명에 대해서 아군은 74명의 희생자(犧牲者)를 내는 참패를 맛보았다. 그렇기 때문에 메디나의 이슬람 공동체는 남편을 잃고 그날의 끼니에도 곤란을 겪는 미망인과 고아들의 구제라는 어려운 문제에 직면하였다.

만약에 여기서 그 처리를 잘못하면 사람들 사이에 많은 불만이나 동요를 불러일으켜 남은 병사들에게도 불안을 안겨주고, 그 사기를 떨어뜨리기 때문이다.

이슬람 이전의 아라비아 반도에서는 아내의 수에는 아무런 제한도 없고, 글자 그대로 남자의 실력만이 말하는 일부다처제(一夫多妻制)가 횡행(橫行)하고 있었다.

무함마드는 아마도 그 불합리한 점에 불만을 느끼고, 기회를 얻는 대로 그것을 고치려고 생각하였던 모양이다.

그래서 그는 전쟁에 의한 직접적인 희생자인 아내나 고아를 구제하고, 남은 병사들의 사기를 저하시키지 않으려는 심정에서 기도하여 얻은 계시가 아내의 수를 4인으로 하고 고아를 부양한다는 것이다.

물론, 그때에 남은 병사들의 수와 미망인들을 포함한 여성의 수가 거의 1대 4의 비율이었다는 것과, 4라는 숫자가 옛날부터 아랍 사회에서는 신성한 수로 여겨져 왔다는 것도 영향이 있었던 것으로 생각된다.

이슬람교의 창시자이며, 이슬람군의 최고 지휘자이며, 개혁자인 동시에 정치가로서도 그 수완을 발휘하지 않으면 안 되었던 무함마드의 고뇌를 알 것 같은 생각이 든다. 그리하여, 지혜를 쥐어짠 즙과 같은 이 계시에 접할 수가 있었을 것이다.

여성 문제와 함께 고아에 관한 문제가 술해졌다. 이는 무함마드가 고아였다는 것도 있지만 이슬람을 지키기 위한 전투가 거듭됨에 따라 고아문제가 현실적인 사회문제로 된다.

이슬람은 다처주의(多妻主義)라고 비난받는데 이같은 다처주의의 허용은 이 계시에 표명한 것처럼 불쌍한 고아를 가진 미망인의 가련한 생활을 구제하기 위한 대책으로 무제한적 다처제가 아니라 제한적인 다처제의 규정이다. 현실생활에서 경건한 이슬람교도들은 일부일처의 가정생활을 영위한다.

'오른손이 소유하는 것'이란 노예 여자를 가리킨다. 당시의 아랍 세계에서는 남녀를 불문하고 노예는 전적으로 사유 재산이었기 때문에, 그것을 어떠한 목적으로 사용하든 소유자의 자유였다.

그런데, 아랍 세계에서는 오른쪽과 왼쪽이 엄격하게 구별되어 오른쪽이 왼쪽보다 귀하고, 또한 소중한 것으로 생각되어 왔다. 이 생각은 지금도 남아 있다.

'오른손에 코란, 왼손에 칼'이라는 말에도 그 생각이 잘 표시되어 있으며, 이슬람 교도들이 예배 전에 깨끗이 씻을 때는 왼손보다 오른손, 왼발보다도 오른발부터 먼저 씻는 것도 그 표현이다.

그러면 어찌하여 그와 같은 생각이 생긴 것일까? 이것은 특히 아랍 세계에 국한된 일은 아니지만, 만약에 좌우 사이에 구별을 짓는다고 하면, 인간에게는 잘 듣는 쪽 팔이 있어, 많은 사람이 오른손잡이라는 것을 생각하면 오른손을 왼손보다도 상위에 두는 것은 극히 자연스러운 발상이다.

여하간 이 계시로 여성은 한 사람의 남편을 가져야 하나 남성은 조건이 허하는 한 4명의 처를 가질 수 있다.

혼자금

처들에게는 혼자금을 잘 지불하라. 허나 여자측에서 너희들에게 특히 호의를 표시하여 그 일부를 돌려 줄 경우에는 사양 않고 받는 것이 좋다. (4 : 4)

——— 결혼이란 계약이다. 결혼계약을 성립시키기 위해서는 당사자와 후견인, 두 명의 승인이 필요하며 당사자들의 승낙이 필요하다. 계약시 혼자금을 지불하여야 하며, 계약인은 이상 파약, 즉 약혼파기나 이혼도 가능하다.

혼자금은 약혼시 지불하는 혼인 계약금이다. 이는 신랑

이 될 남성이 신부가 될 여성에게 지불하는 것이어서 혼자금이라 생각되며 이것은 동시에 남편과 이혼하였거나 사별했을 시에도 손에 쥘 수 있는 재산으로도 된다.

이를 개략적으로 정의하면 결혼함에 있어 남편한테서 아내에게 지불되는 돈, 재산이라 할 것이다. 그런데 혼자금은 일정한 액이 정해져 있는 것과 신부의 지위, 집안, 교양, 용모 등에 따라 정하는 두 가지가 있다. 아내를 위한 보험이라 해도 좋다.

간 통

너희들의 처 중에 간음을 범한 자에 대해서는 우선 네 명의 증인을 부르고 만일 증인들이 증언한다면 그녀를 집안에 감금시키고 죽음이 그녀를 데리고 사라지든가 또는 알라께서 그녀에게 구원의 길을 열어 줄 때까지 집안에 감금해 둬라. (4 : 15)

——— 보통의 경우에는 증인은 2명으로 족하나 여자의 명예를 손상시키지 않기 위해 엄중한 입증이 요구된다. 간통에 대한 코란의 규정은 충분히 명백하지 않아 여러 가지 해석을 가능케 한다. 이슬람 법학자들은 간통죄를 두 종류로 나눈다. 건전한 성인으로 합법적으로 결혼한 자가 간통을 했을 경우에는 돌을 던지는 형을 가하고, 미혼의 경우에는 회초리 백 대를 맞는다.

결혼해서는 안 되는 여자

믿는 자들이여, 상대가 싫다고 하는데 억지로 여자들을 상속하는 것은 너희들에게 허용하지 않고 있다. (4 : 19)

——— 이슬람 이전의 아랍에서는 여자는 재산의 일부로 생각되어 있었으며, 그렇기 때문에 유산 상속의 대상이 되어 있었다.

따라서, 남편이 죽으면 그 아내는 장남 또는 재산의 상속권을 가지는 자에게 소유되게 되어 있어서, 본인의 의사에 관계없이 그 재산을 마음대로 쓰기도 하고, 타인(他人)과 결혼시키기도 하였다. 이슬람은 지난날과의 단절이다. 이슬람 이전 시대의 악습을 버린다.

이 계시는 이런 악습을 금지한 것이다.

헤어지는 여자에게

만일 너희들이 처를 다른 처로 바꾸고 싶어하는 경우에 처에게 많은 돈을 줬다고 하더라도 거기서 한 푼의 돈도 뺏으면 안 된다. 없는 죄를 중상까지 하고 또 돈을 뺏으려고 하는가? 너희들은 서로가 서약한 사이가 아닌가. 그리고 그녀들은 너희들로부터 믿을 수 있는 보증을 받은 이상 어찌 이것을 되찾으려 하느냐? (4 : 20~21)

——— 어떤 이유도 없이 처와 이혼하고 다른 여자와 결혼하려

는 사람은 아무리 큰 액수일지라도 자기 처에게 이미 준 것을 다시 빼앗을 수 없다.

이슬람 이전시대의 보잘것없던 여성의 지위를 조금 향상시키려 내린 계시이다. 아랍 사회에서도 여성의 지휘 향상을 위해 현대에는 결혼, 친권, 상속 등의 여러 법률이 개정되고 여성의 법적 권리를 향상시키고 있다.

아버지의 여자

지나간 것을 별도로 하고 자기 아버지와 결혼한 여자를 처로 삼으면 안 된다. 이것이야말로 부끄러워해야 하며 증오해야 하며 실로 나쁜 버릇이다. (4 : 22)

오늘날에는 당연한 법률적 금기이지만 여기서는 근친 결혼을 금지하라고 훈계하고 있다. 이슬람 이전의 전통적 다신교 사회의 악습을 버리고 보다 개량한 사회관습을 만들고 있다.

금단(禁斷)

너희들이 맺어선 안 될 상대로서는 자기의 어머니 · 딸 · 자매 · 아버지 편의 숙모 · 어머니 편의 숙모 · 형제의 딸 · 자매의 딸 · 자기의 유모 · 젖형제 · 처의 어머니 · 너희들이 육체적 교섭을 가진 처가 데리고 온 딸로서 지금은 자기가 후견하고 있는 양녀. 단 아직 육체적 교섭이 이루어지지 않았다면 죄가 되지를 않는다. 따라서 자기가 낳은 아들의 배우자, 자매를 두 사람 동시에 처로 삼으면 안 된다. 단 지나간 과거의 일은 상관치 않는다. 참으로 알라께서는 관용하시고 자비로우신 분이다. (4 : 23)

———— 이슬람은 근친 결혼을 금지하고 있다. 즉 직계의 여자친족은 존족(尊族), 비족(卑族)을 불문하고 결혼대상으로부터 제외된다. 자매, 형제, 그 비족, 아버지편, 어머니편을 불문하고 고모나 이모는 제외된다. 의붓어머니, 의붓딸 및 부모의 젖형제도 결혼에 장애가 된다.

'과거의 일은 상관치 않는다' 함은 이슬람 이전시대에 있었던 관계에 대해서는 불문에 부친다는 것이다.

신앙심

재산이 부족하여, 믿음이 깊고 신분이 좋은 여자를 얻지 못하는 자들은 자기의 오른손 소유에 있는, 믿음이 깊은 하녀를 처로 삼는 것이 좋겠다. 알라께서는 너희의 믿음을 누구보다도 잘 알고 계시다. 너희들은 서로 같다. 그녀들 가족의 승낙을 얻어 처로 삼아라. 소정의 금액을 지불하고 정식으로 결혼하라. (4 : 25)

———— '너희들은 서로 같은 것이다'라고 하는 것은 주인과 노예라는 신분의 차이는 있더라도 신앙을 같이한다는 점에서는 다를 것이 없다는 의미이다.

무함마드는 메카에서 핍박받고 622년 메디나 이천 후

메디나에서 신앙공동체를 형성했다. 혈연으로 이룩한 부족 사회에서 신앙을 바탕으로 하는 이슬람의 정교일치(政教一致)의 공동체는 깊은 신앙심이 필요했다.

남성 상위

남자는 여자보다 우위에 있다. 알라께서 서로간의 사이에 우열을 붙인 것으로서 또한 남자가 생활에 필요한 돈을 대고 있기 때문에 이러한 점에서 남자가 여자보다 우위에 있으며, (4 : 34 부분)

――― 아랍 사회에서 남녀의 성적 역할을 결정한 것은 이슬람이 퍼지기 이전부터 있었던 가부장제도이다. 이 계시를 갖고 최근에 들어서 일어난 여성의 사회적 · 법적 · 개인적 자유를 강하게 요구하는 여성지도자에게 보수적 종교지도자들에 의한 반동이 일어나고 있다.

일가의 기둥인 남성의 역할은 크다. 아내도 세력 범위가 있지만 밖에 나타나지 않는다. 이슬람권 여성은 신중하고 사람 앞에서는 남편이 하라는 대로 한다. 그러나 사생활에서는 항상 남편에 순종한다고는 할 수 없다. 가족간의 의견이 다르면 상의하고 그래도 해결되지 못하면 남편이나 부친이나 연장의 남성의 의견이 통한다.

이 구절에서 남자가 가장이 되어야 하는 이유로는 정신적으로 육체적으로 기능이 우수하고 가족의 양식을 벌어오는 부양자이므로 남자가 가사 처리에서 감독의 위치에 있게 됨은 자연스럽다는 것이다.

아내에 대한 교육

정숙한 여자는 남자에게 순종하고 또 알라께서 소중하게 지켜주는 부부간의 비밀을 타인에게 알리지 않도록 하는 것이 중요하다. 반항적으로 되기 쉬운 걱정이 있는 여자는 잘 타이르며 잠자리에 방치해 두고 또 구타해도 무방하다. 만일 그녀들이 타이르는 말을 듣는다면 그 이상의 수단을 써서는 안 된다. 참으로 알라께서는 드높고 위대한 분이시다. (4 : 34)

——— 이 구절은 다음의 의미를 갖고 있다. 부부관계의 절제이며, 아내가 저항하면 말을 하지 않고, 어떤 경우 여성이 간음까지는 가지 않는 부도덕한 행실이나 음란한 죄를 범했다면 타이르는 뜻으로 구타해도 무방하다는 것이다.

부부 사이의 의견

만일 두 사람 사이에 불화의 걱정이 있다면 남자의 가족에서 중재인 한 사람, 여자의 가족에서 중재인 한 사람씩을 내세우는 것이 좋겠다. 만일 두 사람 사이에 화해가 성립됐다면 알라께서는 두 사람 사이를 잘 조정하실 것이다. 참으로 알라께서는 모든 일을 잘 알고 계시며 만사를 알아차리고 계시다. (4 : 35)

——— 중재인은 다투는 쌍방의 친척 중에서 선택하는 것이 좋

다. 이런 사람은 두 사람의 의견 차이를 잘 알 것으로 예상되고 또 자기들의 의견차이를 이들에게 제시하기가 용이하기 때문이다.

공 평

너희들이 여하히 갈망하더라도 여자들을 공평하게 다루지는 못한다. 그러나 편애한 나머지 처 중 한 사람을 제멋대로 방치해 두어서는 안된다. 만일 너희들이 선을 행하고 경건하면 참으로 알라께서는 관용과 자비를 베푸신다. (4 : 129)

——— 이슬람 이후는 이슬람 이전 사회와 같이 많은 아내를 무제한 거느리는 것이 금지되고, 그 수는 4인까지로 한정했다.

남자가 여러 아내들 사이에서 모든 면에서 균형을 유지한다는 것은 인간적으로 불가능하다. 예를 들어 사랑은 마음의 일이므로 사람이 통제하는 것은 어렵다. 남편은 여러 아내에게 똑같은 사랑을 가질 것으로 기대할 수 없다.

그러나, 4인의 아내를 공평하게 다룬다는 것은 어려운 모양으로, 무함마드 자신도 그 일로 씁쓸한 경험을 하고 있다.

메디나로 옮긴 후 7년째에 이집트의 태수(太守)로부터 보내온 여자 노예 마리아의 아름다움은 각별하여, 과연 무함마드도 그녀의 아름다움에는 강하게 마음을 빼앗겼던 것 같다.

그날은 아내의 한 사람인 하프사와 함께 지내야 할 날이었는데에도 불구하고 무함마드는 몰래 마리아와 만나고 있었다.

그런데, 그 현장을 하프사에게 들켜서 호되게 힐책을 받은 그는, 앞으로 마리아와의 교섭(交涉)을 가지지 않을 것을 그녀에게 맹세하고 그 노여움을 달랬고, 이 일을 다른 아내에게 누설하지 않도록 부탁하였다.

그러나, 하프사는 이 일을 다른 아내 아이샤에게 누설하고, 아이샤는 그것을 무함마드에게 고하였다.

하프사가 자기와의 약속을 깬 것을 안 무함마드는 몹시 화가 나서 하프사와 이혼하고, 10개월에 걸쳐서 모든 아내로부터 멀리하고 있었다.

마침내 무함마드에게 내린 계시는, '마호메트가 너희들(복수의 아내)과 전부 이혼하더라도 알라는 너희들보다 훌륭한 여자를 그에게 내려주신다'라는 여자들에의 위협이었으며, 그에 대하여 아내의 비위를 맞추기 위해 알라가 너에게 허락하신 것(마리아와의 교섭)을 어떻게 포기했는가를 질책(叱責)한 것이었다.

이 경위는 66장의 1절에서 6절에 걸쳐 모두 씌어져 있다.

코란이 비전(秘典)이라고 불리는 데에는 여러 가지 이유가 있으나, 알라로부터 베풀어졌다고 믿어져 있는 이 책 속에 알라의 사도(使徒)인 무함마드의 바람기나 부부 사이의 논쟁이 숨김없이 기록되어 있다는 것은 참으로 진기(珍奇)한 일이라고 생각된다.

아내의 자격

믿는 자의 정숙한 여자도, 그대들보다 이전에 성전을 받은 사람 중의 정숙한 여자도, 너희들이 간음하지 않고 은밀하게 만나지 않고, 올바른 행실을 갖추어서 그 여자들과 결혼하면 된다. 믿음을 배반하는 자는 무슨 행실이든 소용없는 것이 되고 내세에서도 손해를 보는 자가 된다. (5 : 5)

──── '그대들보다 이전에 성전을 받은 사람 중의 정숙한 여자'라는 것은 유태 교도와 그리스교도의 여자를 가리킨다.

이슬람에서는 신자 남성이 유태교나 기독교의 여성과 결혼하는 것을 허용하고 있으나 대개 이슬람을 믿는 신자 여자와 결혼하는 것을 더 선호하고 있다.

아랍 사회에서의 결혼은 결혼 혼자금이 지불되고 계약서가 교환됨으로써 성립된다. 그리고, 그 습관은 옛날이나 지금이나 거의 같다.

아랍에서는 양가의 사이를 분주하게 오가는 중매인 역할을 맡은 부인에 의해서 결혼 준비가 진행된다.

그리고, 남성측이 마련하는 결혼 혼자금의 액수와 여성측이 갖추는 가구나 장신구에 대해서 쌍방 사이에 대충의 양해가 되면 남성측에서 정식으로 결혼 신청을 한다.

그리고, 여성측이 그것을 수락하면 쌍방의 대표자 사이

에서 최종적인 결혼 혼자금의 액수나 생활용품의 수가 결정된다.

쌍방의 대표자로는 신랑 신부의 보호자인 아버지가 서는 것이 본래의 형식이지만, 금전 관계 이야기는 서로 말하기가 곤란한 탓인지 '와키르'라고 불리는 대리인이 표면에 나서는 일이 많다.

그런데, 결혼 혼자금의 액수는 신부의 연령, 용모, 평판이나 쌍방의 가문(家門), 재산, 사회적인 명성 등에 의해서 상식적인 선으로 결정된다.

그러나, 그 액수는 딸을 제대로 키우기까지에 든 실비(實費)와 어버이가 겪은 고생 값이 포함되어 있는 탓인지 놀랄만큼 크다.

쌍방 사이에서 결정된 결혼 혼자금은 그 반액만이 지불된다. 그리고 나머지 반액은 남편이 사망했을 때나, 남편측에 하는 일방적 이혼이 행해졌을 때에 지불된다.

이 모두가 약한 입장에 서있는 여성에의 따뜻한 배려이다.

베 일

또 믿는 여자들에게는 이렇게 말하라. '눈을 아래로 뜨고 숨길 곳을 지키고 노출하고 있는 외에는 내 몸에 장식해야 할 곳을 나타내서는 안 된다. 얼굴의 너울을 가슴까지 내려라. 자기 남편, 아버지, 시아버지, 자기 아들, 남편의 아들, 자기 형제, 형제의 아들, 자매의 아들, 자기 집안 여자, 혹은 자기 오른손이 소유하고 있는 자, 또는 욕망을 가지지 않은 남자 하인, 혹은 여자의 숨길 부분에 대해 지식이 없는 유아, 이상의 사람들 외에는 내 몸의 장식해야 할 곳을 나타내서는 안 된다. (24 : 31)

——— 이슬람의 여성 신도들은 외출시 몸을 감추는 외출복 '질밥'을 착용해야 한다. 이 옷은 머리에서 가슴까지 가린다. 외출복 '질밥'을 착용하면 의심스런 남자들이 바라보거나 음란한 짓을 하거나 그밖의 방법으로 불편하지 못하도록 하기 위한 것이다.

아랍 여성과 베일과의 관계는 실생활에서도 매우 밀접하다. 그녀들이 베일을 쓰는 것은 잔벌레가 눈이나 입에 들어가는 것을 막고, 햇볕이나 먼지를 피하기 위해서라고 설명하는 사람이 있다.

베일의 기원은 이 '24 : 31 부분'과 '33 : 59(자락이 긴 옷)'의 두 개의 계시에서 유래하고 있는 것으로 생각된다.

물론, 이슬람권 나라들 가운데 터키나 이집트와 같이 오늘날에는 베일로 덮인 여성의 얼굴을 보기란 아주 어렵게 되어 버린 나라도 있다.

이슬람의 여성 신자들이 전신을 가리도록 착용하는 외출복의 형태는 이슬람권 여러 지역 사회의 관습, 사회적 지위, 집안 전통, 각종 계층 등에 다르다.

아라비아 반도 안의 대부분의 나라에서는 아직도 베일을 쓰는 풍습이 엄격하게 유지되고 있다.

한 가지로 베일의 이름으로 불리는 '얼굴 덮개'에도 여러 가지 종류가 있고, 그 색채와 모양도 여러 가지이다.

그것은 아랍 제국이라고 불리는 나라의 수가 15개국을 넘고, 그 지역이 너무나 퍼져 버렸기 때문에 각각 지역의 특유한 모양으로 발달하였기 때문이다.

더욱이 같은 이슬람 권내(圈內)라고는 하나 그곳에는 종파(宗派)의 차이나 도회지와 농촌의 차이가 있고, 또 개인의 지위, 연령, 취미, 풍토의 차이까지 얽히고 설켜서 참으로 가지각색의 베일에 접할 수가 있는 것이다.

예컨대, 시리아의 다마스쿠스나 레바논의 베이루트와 같은 도회지에서는 투명한 엷은 검은빛의 비단으로 얼굴 전체를 덮고 있는 차림이 곧잘 눈에 뜨인다.

몸에는 우리들의 눈에 익은 양풍(洋風)의 드레스와 비슷한 것을 입고 있어도 목에서부터 위는 검은 비단으로 감싸 머리 뒤에서 핀으로 꽂고 있는 사람이 많다.

베일을 통해서 보는 연지의 아름다움도 대단하거니와 눈썹이 길고 째어진 듯한 눈이 한층 더 매혹적으로 보이는 것은 바로 이 차림이다.

사막 안을 이리저리 이동하면서 생활하고 있는 유목민(遊牧民)의 여자는 두툼한 붉은빛이나 검은빛의 천으로 얼굴에서 아래를 가리고, 그 천에 금화(金貨)나 장식물을 매달고 있는 사람이 많다.

또, 쿠웨이트 주변에서는 눈 부분에만 두 개의 작은 구멍을 뚫은 검은색 천 한 장을 이마에서 가슴까지 늘어뜨린

사람이나, 아라비아 반도 동북부의 지역에서는 마치 괴물처럼 그 일부가 돌출(突出)한 베일을 쓰고 있는 사람조차 눈에 뜨인다.

그리고, 리비아 서쪽의 북아프리카(일반적으로는 마그리브라 불리고 있는 지역)에서는 역삼각형(逆三角形)의 흰 천으로 눈 아래를 덮고 있는 사람이 많다.

예멘의 아덴에서 본 사람은 엷은 비단으로 얼굴 전면을 덮고 있는 점에서는 다른 지역의 것과 과히 다르지 않았으나, 그 베일에는 빨강, 노랑, 파랑, 흰빛 등의 원색을 사용한 큰 꽃무늬가 그려져 있었기 때문에, 그것을 걸치고 걷는 여성의 모습은 마치 도깨비나 괴물을 연상시킬 정도였다.

어쨌든 아직도 이 계시를 지키고, 허용된 자 이외의 앞에서는 화장하지 않은 얼굴을 보이지 않는 여성이 많다는 사실에 접하면, 새삼스럽게 종교적 힘의 뿌리깊음과 그것이 가져오는 결과에 대해 생각하게 되는 일이 많다.

장 식

결혼을 바라지 않는 갱년기의 여자라면 내 몸의 장식이 눈에 띄지 않게 옷을 벗는 것은 죄가 안 된다. 그러나 그녀들이 삼가는 것은 더욱 좋다. 알라께서는 모든 것을 들으시고 잘 아신다. (24 : 60)

——— '장식 부분'이란 감추어야 되는 여성의 음부(陰部)를 가

리킨다. 이는 젊은 여성보다 나이든 여성은 외출복이나 베일 등에 그리 신경을 쓰지 않아도 된다는 것을 암시하고 있다.

음탕한 말

오오, 예언자의 아내들이여, 너희들은 여느 여자들과 같지 않으니라. 알라를 외경한다면 비천한 언행을 삼가야 하느니라. 그렇지 않으면, 마음에 병을 가지는 자의 욕정을 부채질하게 되리라. 그러므로, 바른 언행에 힘씀이 좋으리라. (33 : 32)

——— 예언자 무함마드의 아내들은 남성들과 애기할 때 지위에 맞는 위엄을 유지하고 예의를 갖추어 행동하라고 명령하고 있다. 이 명령에는 모든 이슬람 신자 여성들도 포함된다.

복 장

집 안에 머물러 있어야 한다. 옛 무지시대(無知時代)와 같은 화려한 몸차림을 해서는 안 된다. 예배를 지키고, 희사를 행하고, 알라와 그 사도에게 순종하라. 오오, 가정에 거주하는 자여, 알라는 오직 너희들로부터 부정(不淨)을 제거하고, 청정하게 하시는 일념뿐이시다. (33 : 33)

——— 이슬람 이전의 시대를 총칭해서 자힐리야 시대라고 부른

다. '자힐리야'란 무지(無知)를 의미한다.

이슬람 이전시대는 무함마드가 메카에서 메디나로 이천(移遷)한 622년 이전, 약 150년을 말한다. 아랍사회에서 남녀의 성적 역할을 나눈 것은 이슬람 이전시대부터 있었던 가부장제이다.

이 계시 구절은 여성활동의 주된 범위가 집안임을 말한다. 그러나 여성이 집밖으로 나가는 것을 금지하는 것이 아니다. 볼일이나 정당한 필요를 채우기 위해 얼마든지 언제든지 외출할 수 있다. 그러나 남성과 어깨를 나란히 하여 남녀가 뒤섞인 모임에 다니고 가정주부로서의 일을 등한히 하는 것은 이슬람의 이상적인 여성은 아니다.

해 방

오오, 믿는 자들이여, 너희들이 여신도와 결혼하여 마침내 그녀와 접촉 없이 이혼할 때는, 너희들이 계산하는 재혼대기기간(再婚待機期間)을 그녀들에게 강요할 수는 없다. 그녀들에게 혼인 지참금을 돌려주고, 친절하고 자유롭게 해주지 않으면 안 된다. (33 : 49)

——— 이슬람에서는 여성이 이혼했을 경우 재혼대기 기간으로 4개월 10일이 지난 후에 재혼할 수 있다. 성적 접촉 없이 이혼했을 때는 임신했을 염려가 없으므로 그녀는 기다리는 기간 없이 누구와도 결혼할 수 있다.

자락이 긴 옷

오오, 예언자여, 그대의 아내와 딸과 신자들의 아내에게 '외투로 몸을 감추어라'라고 말하라. 그것이야말로 그녀들이 알 수 있는 가장 쉬운 방법이며, 괴로움을 받지 않는다. 알라께서는 잘 용서하시는 분, 자애로우신 분이시다. (33 : 59)

―――――― 자락이 긴 옷이란 바깥옷, 전신을 감싸는 옷, 목에서부터 가슴에 걸치는 어깨걸이를 말한다. 이는 이슬람교도의 모든 여성에 대한 가르침이다.

이슬람의 격리 풍습에는 두 가지 목적이 있다. 사생활에서 누구와도 멋대로 만나서는 안 된다. 외출시는 복장에 조심해야 한다. 자락이 긴 옷을 입는 게 좋다.

어머니의 등

한 번 '너는 우리 어머니의 등과 같다' 말하고 아내와 이혼한 자가 그 말을 뒤집을 때는, 서로 몸을 대기 전에 노예 한 사람을 자유롭게 해주는 게 좋다. 이것은 너희들에게 이미 가르친 바와 같다. 참으로 알라는 너희들의 소행을 환히 아시는 분인 것이다. 그러나 이와 같은 방법을 취할 수 없는 자는 서로 몸을 대기 전에 두 달 동안 단식을 계속함이 좋다. 그것도 할 수 없는 자는 가난한 사람 예순 명에게 식사를 대접하라. 이것은 너희들에게 알라와 그 사고를 믿게 하려는 배려에서 나온 것이다. 이것이 알라의 율법이다. 믿지 않는 자들에게는 비통한 징벌이 가하여지리라. (58 : 3~4)

———— 이슬람 이전시대의 아랍에서는 이혼은 극히 간단하였다. 남편이 아내에게 '안티 아라이야 카자하리 엄미'라고 말하는 것으로 이혼은 성립되었다. '너는 내 어머니의 등과 같다'라는 의미로서, 등에 업힌 어린이와 어머니와의 사이에는 성의 교섭이 없는 데에서 '너에게는 더 용건이 없다'는 의미로 쓰여진 것이다.

자신이 한 말을 뒤집는 자들이란 자신의 처를 어머니의 등과 같다고 한 후에 부부관계를 다시 갖고자 하는 자를 말한다. 그렇게 말한 자들은 본 계시 구절과 같은 벌을 받게 된다.

그러나 이슬람은 남편이 갖는 이혼권을 제한했고 정당한 이유가 있는 경우 처에게도 이혼의 권리를 주었다.

불신자와 신자

오, 믿는 자들이여, 만약 너희한테로 도망쳐 오는 여신자가 있다면, 그녀들을 시험해 보는 게 좋다. 알라는 그녀들의 믿음을 잘 알고 계시다. 만약 너희가 그녀들의 신자라는 걸 알면 믿음 없는 자들한테 돌려보내지 마라. 그녀들은 믿음 없는 자들에게 허락된 자가 아니다. 또 믿음 없는 자들 역시 그녀들에게 허락된 자가 아니다. 그들이 지불한 돈은 도로 돌려 주어라. 그녀들한테 혼인 비용만 준다면 너희가 그녀들

과 결혼해도 죄가 되지 않는다. (60 : 10)

——— 이슬람 초기 메카에서 가혹한 박해를 받고 메디나로 이주한 신자들이 많았다. 이들 중에는 여성들도 상당히 섞여 있었다. 그 여성들도 엄격히 조사하여 그들의 신앙심이 진실하여 받아들이지 않을 수 없는 증거가 없다면 공동체에 받아들여야 한다는 것이다.

또한 이 절은 신앙심이 있는 피난민 여성과 신앙심이 없는 그녀의 남편과의 부부로서의 연분은 그녀가 이슬람 공동체에 합류하면 자동적으로 끊어져 신자의 경우에는 다음과 같은 조건이 갖추어진다면 그녀와 결혼하는 것이 허락된다. 즉 그녀의 신앙심이 없는 남편에게 그녀에게 쓴 비용을 갚아주고 그녀에게는 혼자금을 정하고 지불하면 된다.

기간의 계산

오, 예언자여, 너희들이 아내와 이혼할 경우에는 일정한 기한이 지난 뒤에 이혼하는 것이 좋다. 그 기한을 계산하고 알라를 두려워하라. 너희들은 아내가 눈에 벗어나는 음란한 행위를 하지 않았는데도 함부로 그녀들을 집에서 내쫓거나 또는 나가게 만들어서는 안 된다. 이것이 알라의 규정이다. 알라의 규정을 범하는 자는 이미 자신에게 불의를 저지르는 자다. 그대는 모르더라도 알라는 나중에 새로운 일을 일으키실지도 모른다. (65 : 1)

——— 처음에는 '예언자여'하고 한 사람에게 부르고, 그 뒤에서

곧 '너희들'하고 복수의 사람들을 부르고 있는데, 이와 같이 단수(單數)와 복수(複數)가 혼합해서 사용되고 있는 예는 코란 속에 참으로 많다. 일반적으로 단수일 때는 무함마드를, 복수일 때는 신도들을 말한다.

이혼 선언은 두 월경 기간 사이의 시간적 간격을 두고 하여야 하며 그 기간 동안에는 부부관계를 가져서는 안 된다. 이혼 결정은 일시적인 감정이 아니라 신중한 생각끝에 이루어져야 한다. 더욱이 이혼당한 여자는 재혼대기 기간이 끝날 때까지 집에 머물러 있어야 한다. 이러한 이혼절차를 정하는 것을 대기 기간동안에 불화의 원인이 사라지고 화해될 수도 있기 때문이다.

'정해진 일정한 기간'이란 3회의 월경 생리(生理)를 보기까지의 기간을 가리킨다. 4개월 10일이다. 재혼대기 기간이다.

여성을 위한 조언

자력(資力)에 따라 그녀들을 너희들이 살고 있는 집에서 살게 하라. 그녀들을 곤경에 빠뜨리려고 혹독한 제재를 가해서는 안 된다. 만약에 임신을 하고 있다면, 그녀들이 그 아이를 해산할 때까지 잘 돌봐 주지 않으면 안 된다. 만약 너희들을 위해 수유(授乳)를 해 준다면 그녀들에게 보수를 지급하라. 서로 훌륭한 방법으로 상의할 일이다. 만약에 너희들 서로가 의견이 맞지 않는다면, 그 자식에겐 다른 여자의 젖을 먹게 함이 좋다. (65 : 6)

이슬람 이전의 아랍에서는 여성은 재산의 일부로밖에 생각되지 않았고, 그녀들에게는 한 조각의 인권조차 인정되고 있지 않았다. 그래서, 그런 불합리를 고치고 여성들에게 따뜻한 배려를 보여준 것이 위의 계시이다.

그는 간단하게 아내와 이혼하는 남성들의 횡포에 제동을 걸고, 어떻게 해서든지 그것을 막으려고 한 것이다.

그리고, 만약에 여자가 이혼당한 경우에는 조금이라도 그 불행이 가볍게 끝나도록 고심하였다.

그뿐만 아니라 복수(複數)의 아내를 가진 신자들에 대하여 그 아내를 공평하게 취급하도록, 마음에 든 아내하고만 접촉하고 다른 아내를 돌보지 않는 일 따위가 없도록 세심한 주의도 보인다.

어쨌든 여성만으로는 도저히 살아갈 수 없는 사막에서 이슬람이 발흥되어 여성이 조금이라도 그 인권을 회복해 갔다는 것을 알 수 있다.

다만, 척박한 환경 속에서는 여성의 경제적 자립이란 전연 바랄 수 없는 만큼 지금도 아직 피부양자적(被扶養者的)인 요소는 상당히 뿌리 깊게 남아 있다.

이혼한 여인이 집을 떠나 원하는 대로 생활을 하기 위해 다른 데서 기다린다 하더라도 기다리는 기간 동안에 전남편은 자신의 생활 형편 범위에서 최대한으로 이혼하기 전과 같은 주의와 배려로 이혼당한 여자를 보살펴 주어야 한다.

3. 예 배

구 별

이전에 그대들이 향한 각도(키블라)를, 우리가 그와 같이 정한 것은 정말로 사도를 따르는 자와 발길을 돌리는 자를 구별하려는 데 있다. 그것은 쉬운 일은 아니지만 알라께서 인도를 한 사람에게는 아무것도 아니다. 어찌 알라께서 그대들의 믿음을 헛되게 하실 것인가. 참으로 알라께서는 인간에 대해 정다우시고 자비로우시다. (2 : 143)

——— 이슬람 신자들이 예배할 때의 방향은 구체적으로는 메카의 카바신전이 있는 방향이다. 메디나로 무함마드가 이천(移遷)하여 1년이 될 때까지는 예루살렘 방향이었다. 그런데 위와 같은 계시가 내렸다.

'키블라'란 '예배의 방향'이다. 그런데, 이슬람 신도들이 메카에서 메디나로 이주하기까지는 무함마드의 가르침에 따라 예루살렘 쪽을 향해 예배하고 있었다.

이 일은 코란 속에 정해져 있지는 않았으나, 집단으로 기도할 때 각자가 제멋대로의 방향으로 예배하는 것은 우스꽝스럽기도 하기 때문에 무함마드가 그 방향을 정한 것 같다.

그리고, 그것은 무함마드가 유태교도의 습관을 따른 것

이 틀림없다.

무함마드는 여러 가지 일을 유태교에서 배웠다. 그것은 이슬람교의 제도를 정리하기 위한 것과, 유태인들과 사이 좋게 지냄으로써 그들을 동료로 하여 경제적인 원조를 받고 싶었기 때문이다.

그러나, 그렇다고 해서 반드시 유태인들이 무함마드에게 우호적인 태도를 표시하지는 않았다. 그러기는커녕 개중에는 무함마드를 미치광이라고 조소(嘲笑)하고, 거짓 예언자라고 박해하는 사람조차 나타났다.

여기서 무함마드는 유태교도와 대결할 것을 결심하고, 유태교도에 대한 우호적인 태도를 일변하기 시작한다.

키블라를 예루살렘에서 메카로 바꾼 것은 이 시기이며, 그것은 624년 2월경이라고 전해지고 있다. 이후 모든 이슬람교도는 하루 다섯 번의 예배 방향을 메카 카바신전 쪽으로 하고 있다.

성스러운 예배당

이렇게 보면 그대들은 하늘을 향하여 얼굴을 이리저리 돌리는 것같이 보이니, 이제 그대에게 확실한 방향을 잡아 주겠다. 그러면 그대들은 이에 만족할 것이다. 그대들의 얼굴을 성스런 예배당이 있는 곳으로 돌려라. 그대들이 어디에 있든지 이 방향으로 얼굴을 돌려라. 성전을 받은 사람은 그것이 그들의 주가 내린 진리라는 것을 안다. 알라께서는 그들이 하는 바에 무심하지 않으시다. (2 : 144)

———— '성스런 예배당'이란 메카에 있는 카바 신전을 말한다. 전세계의 이슬람교도들은 하루 다섯 번의 예배를 카바신전을 향하여 드린다. 카바는 이슬람의 중심축이다.

아랍인들에게 있어 메카에 있는 카바신전은 아브라함시대부터 전해져 내려온 민족적 신전이다. 예배방향각도(키블라)를 카바신전으로 바꾼 것은 이슬람이 유태교나 기독교와 단절한 독자적 행보이다.

불 의

그러나 실제로 그대가 성전을 받은 사람들에게 어떤 표적을 보인다 할지라도 그들은 그대의 각도(키블라)에 따르지 않으리라. 그대도 그들의 방향에 따르지 않을 것이다. 그들 서로간에도 상대방의 방향을 따르지 않는다. 만약 그대가 알면서도 그들의 욕망에 따른다면 그때에 그대는 불의를 행하는 한 사람이 될 것이다. (2 : 145)

———— 여기서 말하는 '경전을 받은 사람들'이란 유태교도와 그리스도교도를 가리킨다. 이슬람 초기에 유태교에 친근감을 가졌던 무함마드도 유태교도와 그리스도교도들이 그를 예언자로 인정해 주지 않고 거짓 예언자로 배척함에 따라 그도 결별선언을 한다.

유일신 신앙에 관해서는 유태교로서도 무함마드에 반대할 이유가 없다. 그러나 무함마드가 참으로 신으로부터 계시를 받았는지 또는 그가 진정한 신의 사도인지, 예언자인지라는 점에서 유태교도는 이를 인정하려 하지 않았다.

무함마드는 자기가 신의 사도이며 예언자라는 강한 신념을 갖고 있다. 유태교도는 반드시 어느 날에 그들의 예언자, 메시아가 나타난다고 믿고 있다.

키블라(예배방향)가 예루살렘에서 카바로 변경된 시기는 무함마드가 메디나로 이천한 후 17개월 후이다. 그는 유태교도의 압력에 굴하지 않고 키블라를 메카로 변경한 것은 유태교도와의 단절이며 반유태적인 이슬람의 독립선언이다.

성스러운 방향

어디서부터 왔다 할지라도 성스런 예배당 쪽으로 얼굴을 돌려라. 그대들이 어디에 있을지라도 이 방향으로 얼굴을 돌려라. 그러면 사람들은 그대들에게 이러저러할 구실이 없다. 불의의 무리는 다르지만, 그런 자들을 두려워하지 마라. 두려워하려면 나를 두려워하라. 이것은 그대들에 대한 우리의 축복을 다하는 소임이며, 옳은 길로 인도되도록 바라기 때문이다. (2 : 150)

―――― 유태교도 및 기독교도들은 키블라(예배방향) 사상을 좀 갖고 있었다고는 하나 일반적이 아니다(구약성서 다니엘 6 : 10). 이슬람의 예배 방향이 메카로 정해지자 그들은 자존심이 손상되어 이를 좋아하지 않았다. 무함마드가 메카 시대에 어느 방향으로 예배를 드렸는지 분명치 않으나 메

카로 예배방향(키블라)을 정한 것은 메디나 이주를 의도할 즈음이고 그때까지는 예배방향이 예루살렘이지 않나 추측된다.

메카는 이슬람의 중심점이다. 메카는 630년 메디나의 이슬람군에 의해 정복되었다. 메카 정복 후 수많은 아랍사람이 이슬람으로 개종했다.

예배 시간

정한 시간의 예배를 잘 지키라. 그리고 진실한 가운데 예배를 준수하라. 정성으로 알라 앞에 서라. 위험을 느꼈을 때는 선 채로 또는 탄 채로도 좋다. 안전할 때는 알지 못하였던 그대들에게 처음 가르친대로 알라를 염하라. (2 : 238~239)

———— 이슬람의 다섯 개의 종교 의무는 신앙의 고백, 예배, 희사, 단식, 순례이다. 예배는 이 의무 중 두 번째에 위치하는 중요한 행사이다. 신앙을 고백하고 믿음에 들어선 신자들은 하루에 다섯 번의 예배를 때맞추어 드려야 한다. 한가운데 예배란 정오 예배를 말한다. 예배시간은 아침, 정오, 오후, 일몰, 저녁이다.

다섯 번에 걸친 일상의 예배시간을 준수하는 것은 이슬람의 가장 중요한 계율을 지키는 것이다. 어떠한 경우라도 신자는 정신이 온전하고 의식이 있는 한 예배를 지켜 드려야 한다.

세정(洗淨)

믿는 사람들이여, 그대들이 예배를 하려고 할 때에는 얼굴을 닦고, 팔꿈치까지 손을 닦고 머리를 감고 그리고 복숭아뼈까지 발을 닦으라. 그대들의 몸이 불결하다면 더욱이 몸을 깨끗이 하라. 만일 그대들이 몸이 아프다든가 여행길에 올랐을 때 혹은 변소에서 나왔을 때 또는 여자와 관계를 하였을 때, 물이 없으면 깨끗한 모래에다 얼굴과 손을 비벼라. 알라께서 따로 그대에게 어려운 일을 떠맡기시려는 것이 아니다. 너희들을 깨끗이 해주시고 너희들에게 은혜를 베풀어 주시고 그리고 너희들이 감사하도록 해주시려고 생각하고 계시다. (5 : 6)

——— 세정(洗淨)과 예배. 이슬람교에서는 일체의 우상이 부정되고 있다. 따라서, 일상생활 가운데서 눈에 보이지 않고 알라를 계속 의식한다는 것은 신도들에게는 다소 어렵다.

이슬람교의 예배가 특수한 발달을 이룬 것은 예배에 의해서 마음속에 알라의 존재를 상기시키기 위해서라고 일컬어지고 있다.

그런데, 예배를 올릴 때에는 그 마음과 몸을 깨끗이 하는 것이 매우 중요한 조건으로 되어 있다. 따라서 우선 일체의 욕망을 버리고 알라의 은혜에 대해서 마음으로부터 감사하고, 바른 길에로의 인도를 바라면서 몸을 깨끗하게 하는 일부터 시작한다.

세정에 대해서 정해져 있는 일반적인 규칙은 다음과 같다.

(1) 예배 전에는 반드시 대소변을 끝내고, 앞도 뒤도 충분히 씻어서 깨끗하게 할 것.

(2) 세정할 때에는 결코 남녀가 함께 어울려서 씻어서는 안 된다.

(3) 세정을 할 때에는 되도록 깨끗한 물을 사용할 것.

(4) 한 번 세정하고 나서 예배까지의 사이에 성적 욕망을 느끼든가, 음란한 이야기를 하든가, 심신의 청정을 더럽혔다고 생각할 때에는 다시 한 번 고쳐 씻을 것.

실제의 세정은 다음의 순서로 행하여진다.

(1) 오른손부터 시작하여 왼손, 손목까지 세 번 씻는다.

(2) 양치질로 입 안을 세 번 닦는다.

(3) 오른손으로 물을 건져 콧속에 빨아들이고, 왼손으로 코를 풀어 깨끗이 하는 동작을 세 번 한다.

(4) 이마에서 턱에 걸쳐 얼굴을 세 번 씻는다.

(5) 왼손으로 오른팔의 팔꿈치까지를 세 번 씻는다.

(6) 오른손으로 왼팔의 팔꿈치까지를 세 번 씻는다.

(7) 젖은 두 손으로 머리를 앞에서 뒤로 향해 세 번 쓰다듬는다.

(8) 젖은 두 손의 집게손가락으로 귀 안쪽, 엄지손가락으로 귀 바깥쪽을 세 번 씻는다.

(9) 두 손으로 목을 세 번 씻는다.

(10) 두 손으로 오른발의 발꿈치까지를 세 번 씻는다.

(11) 두 손으로 왼발의 발꿈치까지를 세 번 씻는다.

이상이 가장 일반적인 세정으로써 이 방법은 '우두'라고 한다. 그러나 시체에 손을 대었을 때, 장례식에 참석했을 때, 생물을 죽였을 때, 여성이 생리 후에 처음으로 예배할 때, 일체의 성적 행위가 행하여졌을 때, 수음(手淫) · 몽정(夢精) 따위의 성적 행동이 있었을 때에는 '구슬'이라고 불리는 더 한층 철저한 세정을 해야 한다. 이것은 의복을 벗고 전신을 씻어 깨끗이 하는 것이다.

또, 병에 걸렸다든가 해서 물을 사용할 수가 없는 자나 사막의 여행중, 혹은 적이나 맹수 등의 위험이 있어서 물을 구할 수가 없을 경우는 깨끗한 모래를 사용해서 수족을 청결하게 하는 일이 허용되고 있다.

이것은 '타얌뭄'이라고 불리는 것으로서, 이때에는 입이나 코 안의 세정이 생략됨은 물론이다. 어쨌든, 예배 전의 세정이 얼마나 중시되고 있는가를 잘 알 수 있다.

그런데, 세정을 끝낸 뒤에 행하는 예배에는 다음과 같은 규칙이 정해져 있다.

(1) 예배는 반드시 키블라의 방향(메카의 카바신전이 있는 방향)을 향해 행할 것.

(2) 예배할 때에는 모자 또는 청결한 천으로 머리를 씌울 것.

(3) 예배 장소에 관계 없이 예배는 반드시 남녀가 따로따로 행할 것.

(4) 2인 이상의 인원이 함께 예배할 때에는 반드시 한 사람을 인도사(引導師)로 삼아 그 지도에 따라 예배할 것.

(5) 화려한 복장을 피할 것.

(6) 예배 때에는 동물의 모양이나 이름이 적혀 있지 않은 깔개를 사용할 것.

그런데, 실제로 행해지는 예배의 동작은 가장 간단하게 설명해도 다음과 같이 된다.

(1) 두 손을 귀 뒤에 댄다.

(2) 두 손을 앞으로 깍지낀다.

(3) 선 채로 몸을 앞으로 기울여서 절을 한다.

(4) 무릎을 꿇고 이마가 깔개에 닿을 때까지 깊이 절을 한다.

(5) 일어나서 두 손을 앞으로 깍지낀다.

그리고, 이들 동작 사이에 정해진 말이나 자기가 애창하는 코란의 문구를 왼다.

더구나, 이제까지 설명한 동작은 1라카트로 불리는 1단계로서, 정오 · 저녁때 · 취침 직전의 예배에서는 이 라카트를 4회 되풀이하지 않으면 안 되도록 정해져 있다.

예배에 이 정도의 시간이 걸린다면 신도들의 얼굴이 메카로 향해 있는 일도 많고, 그 마음에 알라의 존재가 강하게 새겨지는 것도 당연했을 것 같은 마음이 든다.

그러나, 오늘날과는 비교도 할 수 없을 만큼 한가로운 분위기 속에서 생활하고 있던 시대의 사람들에게는 이것으로 좋았는지도 모르지만, 어지러움이 심해진 근대 사회에서는 여러 가지 적합하지 않은 면이 나타났다.

따라서, 1일 5회의 예배를 엄격하게 지켜오고 있는 사람들의 수는 줄어들고 있다.

분 수

아담의 자손들아, 여하한 예배 장소에서도 몸을 단정히 하라. 먹어라. 그리고 마셔라. 그러나 도를 넘어서는 안 된다. 알라께서는 도를 넘는 자를 사랑하지 않으신다. (7 : 31)

——— '아담의 자손들아'란 '사람들이여'라는 의미를 나타낼 때 곧잘 사용되는 아랍어의 표현이다.

구약 성서에 따르면, 아담은 신에 의하여 창조된 최초의 인간으로 되어 있는데, 코란 속에 이와 같은 말이 나오는 것은 이슬람이 유태교와 같은 계통의 종교라는 것을 말한다.

몸을 단정히 한다는 것은 육체적이고 영적인 것이어야 한다. 육체적 의미에서의 신자는 예배장소로 갈 때는 될 수 있는 대로 깨끗하고 단정한 옷차림으로 가야 한다.

예배당 관리

알라의 예배당을 관리하는 것은 알라와 종말의 날을 믿고 예배를 지키며 정해진 희사를 알라 이외는 아무것도 겁내지 않는 자에 한한다. 이들은 틀림없이 바르게 인도될 것이다. (9 : 18)

——— 메카의 카바신전을 둘러싼 성소가 성스런 예배당(모스크)이다. 예배당에는 메카 방향(끼블라)을 표시하는 '미흐

라브'가 있고 신자들에게 예배시간을 알리는 천답이 있고 몸을 씻을 세정장(洗淨場)이 있다. 단순 소박한 것이 예배당의 특징이다.

예배의 횟수

낮의 시작과 끝에 그리고 초저녁에 반드시 예배를 지켜라. 선행(善行)은 여러 가지의 악을 추방한다. 이것은 반성하는 자에의 가르침이다. (11 : 114)

이슬람교도는 원칙적으로 하루동안에 동트기 직전(파즈르) · 정오(주흐르) · 저녁때(아슬) · 일몰(日沒) 직후(마그리브) · 취침 직전(이샤)의 5회를 예배하도록 의무화되어 있다. 그러나, 그 일은 코란의 아무 데에도 명기(明記)되어 있지 않다. 후에 정해진 규정인 것이다.

무함마드가 메카에서 포교(布敎)를 시작했을 무렵은 예배의 횟수도 조석(朝夕)의 2회뿐이었던 것 같다.

그것이 이 계시에 의하여 3회로 고쳐졌다. '낮의 시작과 끝'이란 동트기 직전(파즈르)과 저녁때(아슬)를 가리키고, '초저녁'이란 일몰 직후(마그리브)를 말하는 것이다.

마침내 메디나로 옮긴 무함마드에게 기도의 마음(2 : 238~239)의 계시가 있어서, 정오(주흐르)의 예배가 추가되고, 다시 취침 직전(이샤)의 예배도 행하게 되어 5회로 된 것 같다.

기도와 물

진실한 기도라는 것은 그분께 기도하는 일이다. 알라를 제쳐놓고 따로 기도하는 자에게는 아무런 응답을 주시지 않는다. 그것은 입에까지 오라고 물을 향해 양손을 벌리고 있는 자에게 결코 물 쪽에서 올 리가 없는 것과 같다. 믿음이 없는 자의 기도는 오로지 길을 잃고 헤매이고 있을 뿐이다. (13 : 14)

——— 사막 속에서 생활해 보면, 얼마나 물이 소중한 것인가를 잘 알 수 있다.

사막에서 여러 시간 동안 물을 먹지 않고 있으면 목이 마를 뿐만 아니라, 전신의 세포가 물을 갈망하고 있다는 것을 뼈저리게 느끼기 때문이다.

더구나 사막에서의 물은 저쪽에서 와 주는 것이 아니라, 언제나 자기 자신의 몸을 움직여서 그것을 구하지 않으면 얻을 수가 없다.

"사막의 파리는 어째서 인간의 얼굴에만 모여듭니까?" 라는 질문을 받은 일이 있다. 파리도 인간과 마찬가지로 목마름에 고생한 끝에 인간의 얼굴에 앉으면 눈에는 눈물, 입술에는 침이 있다는 것을 깨닫고 스스로 몸을 움직여서 그것을 얻으려 하는 것이다.

아랍인이 손님을 대접할 때 차나 커피를 권하는 것도 여기에 원인이 있다.

이 계시 속의 비유는 사막에서의 물의 소중함을 말하고 있어 흥미롭다.

예배와 코란 낭송

예배는 해가 지면서 같이 시작하여 어둠이 깔릴 때까지 하라. 또 새벽에 코란을 낭송하라. 새벽의 코란 낭송에는 입회자가 있다. 그대는 자발적으로 밤잠도 자지 말고 예배를 하여라. 아마도 주께서는 그대를 칭찬할 만한 값있는 지위에 보내주실 것이다. (17 : 78~79)

——— '새벽의 코란'이란 해뜨기 직전(파즈르)의 예배를 말한다. 심야 예배에 대한 신의 보답은 각별하다.

여기서 '입회자'란 천사를 말한다. 밤 예배는 신자의 의무는 아니지만 신앙이 깊은 신자는 한밤중에도 예배드린다.

밤중의 예배에 대해서는 신의 보답도 각별하다. 무함마드는 언제나 밤 예배를 하고 권위를 갖도록 기도했다 한다.

모든 기도는 신의 도움 아래 걷는 길에서 뛰어난 인물이 되도록 간청해야 한다.

목소리

그리고 예배 때는 큰 소리를 내서는 안 된다고 해서 소리를 낮추어도 안 된다. 그 중간을 취하는 것이 좋다. (17 : 110)

——— 아랍인끼리 이야기하고 있는 것을 들으면 그 목소리가 큰 데에 놀라는 일이 적지 않다. 아랍인의 목소리가 큰 이유는 그들이 생활하고 있는 사막에서는 목소리가 반사(反射)하지 않고 사방으로 흩어지기 때문에 자연히 커졌다고 설명하는 사람이 있는데, 과연 그런 것일까.

아랍어에는 다른 언어에는 그다지 없는 독특한 후음(喉音)이 많고, 그것이 듣는 사람의 귀에 날카롭게 울리기 때문이라고 나는 생각한다.

혹은 그들 자신이 건강하고 기운이 왕성하기 때문이 아닐까. 내장(內臟)이 튼튼하지 않으면 도저히 큰 소리를 낼 수 없는 것이다.

그러나, '예배 때에는 너무 큰 소리를 내지 말라'는 가르침과 그것과는 직접적인 관계가 없어 보인다.

예배는 집단으로 행해지는 일이 많고, 각자가 너무 큰 소리를 내면 남에게 폐를 끼치게 되기 때문일 것이다.

예를 들면, 혼자서 기도할 때에도 너무 큰 소리를 내지 않는 편이 경건(敬虔)한 마음을 가질 수가 있기 때문이다.

예배의 의무

나는 알라이고 나 이외에는 어떤 신도 없다. 그러므로 나를 숭배하라. 나를 생각하면서 예배를 지켜라. (20 : 14)

——— 예배를 아랍어로 '살라트'라 한다. '살라트'는 신에 대한

복종과 감사의 마음을 표현하는 행위이다. 묘지나 도살장 같은 부정한 장소 이외의 임의의 장소에서 예배는 개인적으로 행할 수 있다.

이슬람은 유일신 알라를 믿는다. 알라 이외의 어떤 신이 없다 함은 이슬람의 근본교리이다. 알라를 믿고 그 말씀인 코란의 가르침에 따라 생활하는 게 이슬람신자이다. 예배 드리면서 알라를 염원한다.

집단 예배

오, 믿는 자들이여, 집회의 날 예배에 모이라는 소릴 듣거들랑 알라에게 드리는 기도를 위해서 급히 가는 게 좋다. 하던 장사는 버려 둬라. 만약 너희들이 알고 있다면 그것이 가장 이익이 되는 일이다. 예배가 파하면 사방으로 흩어져서 알라의 은총을 구하라. 항상 알라를 생각함이 좋다. 그리하면 너희들은 번영할지도 모른다. (62 : 9~10)

——— 이슬람교도들은 평소에는 제각기 다른 곳에서 예배한다. 그러나, 금요일에는 신자들이 한곳에 모여서 예배하도록 되어 있다.

'집회의 날'이란 이 금요일을 가리킨다. 어찌하여 금요일이 이슬람교의 집단 예배일로 되었는지에 대해서는 확실히 알려져 있지 않다.

금요일에는 유태교도들이 그들의 안식일(安息日)인 토요일을 위하여 여러 가지 준비를 하기 때문에 거기에서 시사를 얻었다는 설과, 그리스도교의 일요일, 유태교의 토요일에 대해서 이슬람교의 입장을 명확하게 표시하기 위하여 일부러 금요일을 택했다는 설 등 여러 가지로 추측되고 있다.

어쨌든 오늘날에는 전세계의 이슬람교도가 이에 따르고 있기 때문에, 이슬람권 나라들에서의 관청 · 학교 · 회사는 모두 금요일을 휴일로 하고 있다.

'알라의 은총을 구하라'란 '장사에 힘을 쓰라'는 의미다. 사람들이 이익이 즉시 나타나지 않는 예배를 태만(怠慢)히 하고, 바로 돈벌이가 되는 장사 쪽에만 힘을 쓰기 때문에 그것을 못마땅하게 생각한 무함마드의 마음이 계시에 나타난 것이리라.

또, 코란 속에서 거래라든가 장부(帳簿) 따위와 같은 상업 용어가 곧잘 나오는 것은 무함마드 자신이 상인 출신이며, 또한 접촉하는 자들 가운데 상인이 많았기 때문이다.

한 주에 한 번 여러 교도가 한 예배당에 모여 예배드린다. 금요일인 이날 정오 후의 예배시간에 이맘의 설교로 시작되고 예배를 드린다.

4. 돈

재 산

그대들은 보람 없는 것으로 자기 재산을 써 버리면 안 된다. 또 알면서도 부당하게 딴 사람의 재산을 먹으려고 재판관에게 뇌물을 주어서도 안 된다. (2 : 188)

——— 보람 없는 것으로 자기 재산을 써 버린다 함은 육체적 욕망의 충족이라든가 도박을 말한다. 개인의 재산도 헛되게 낭비하거나 부당한 이익이나 탐욕을 삼가고 공용물의 취급도 신중해야 한다.

엉켜진 일이 생겼을 때 이를 해결하려고 관계되는 사람에게 뇌물을 주는 것도 안 되지만 부당한 일을 자기에게 유리하도록 재판관에게 뇌물을 주는 일은 천인공노할 일이다.

돈을 쓸 데

그들이 그대에게 무엇에 돈을 썼으면 좋겠느냐고 묻는다면 답하라. '그대들이 좋은 일에 쓰는 돈은 양친 · 친척 · 고아 · 빈민 및 여행자를 위해 쓰는 것이다. 그대들의 선행은 무엇이든지, 알라께서는 다 잘 아신다.' (2 : 215)

──── 돈을 독점하여 혼자 쓸 게 아니라 돈이 있으면 사회에 환원하고 복지에 쓰는 게 좋다. 이슬람은 자본의 독점으로 빈부의 차이를 만드는 것을 싫어한다.

돈은 정직하게 벌어야 한다. 그 돈을 받는 사람의 마음도 흡족하고 그의 필요성을 충족시키는 데 도움이 된다. 돈이 쓰여지는 목적은 가치가 있고 칭찬받을 만한 것이어야 한다.

고리(高利)의 악덕

이자(利子) 받아먹는 자들은 사탄[惡魔]의 일격을 받고 넘어진 자처럼 일어날 수밖에 없다. 이 자들은 '장사도 이자를 취하는 것과 같다'라고 말한다. 알라께서는 장사를 허용하시고 이자를 취하는 것을 금하셨다. 주의 말씀을 듣고 이것을 그만둔 자는 여태까지 벌은 것은 그냥 두신다. (2 : 275)

──── 7세기에 상업 도시로서 번영한 메카에서는 원가(原價)에 이익을 더한 값으로 상품을 팔고, 또 빌려 준 돈은 거기에 이자를 붙여서 반제(返濟)받는 것이 당연한 일로 생각되어 있었다. 상업자본주의다.

상인으로서 거래에 종사(從事)한 경험이 있는 무함마드도 그 일은 충분히 알고 있었던 것으로 생각된다.

그러나, 당시 행하여지고 있던 금리(金利)는 매우 높았다. 그리고, 정해진 지불 기일에 이자를 붙여서 반제할 수 없을 때에는 지불 기일의 연기와 더불어 그 부채액(負債額)이 배로 되는 것이 상식이었다.

상인 출신인 무함마드가 고리(高利)에 고생하는 자들을 보고 그것을 금지하려고 생각했다는 것은 이해가 간다.

때마침 메카에서 메디나로 이주(移住)한 무함마드는 유태인과의 대립이 깊어감에 따라 그들의 행동을 모두 비난하게 되었다.

그리고, 경제상의 실권(實權)을 잡고 높은 고리를 받아 악랄한 돈벌이를 하고 있는 유태인이 많은 것을 알자, 정당한 상업상의 활동은 인정하면서도 돈을 빌려 주고 이자를 받는 것은 금지하려고 하였던 모양이다. 그 시기에 내린 것이 이 계시이다.

따라서, 이슬람교도가 돈을 빌린 경우는 일정 기간이 지난 후에도 빌린 돈과 같은 액수의 돈을 갚으면 된다는 것이 일반적인 생각이다.

이슬람 제국(諸國) 가운데는 금융면에서 후진성의 양상이 보이는 것은 투자자측과 차용자측과의 사이에 금리에 대해서 좀체로 합의가 이루어지지 않기 때문이라고 지적하는 사람도 있다.

땀을 흘리지 않고 얻을 수 있는 이익은 결국 다른 자에 대한 착취와 통하는 것으로 이는 이슬람의 기본정신에 반하기 때문이다. 부의 축적을 노력을 들이지 않고 부를 낳고 이를 조장하는 것으로 빈부의 차가 확대되는 것은 기피하여야 한다. 조화있는 경제 활동을 사회적으로 유지하고 이자의 금지뿐만 아니라 '자카트', '사다까'의 지불 또는 자선 단체의 응용을 통하여 부가 순환하고 활용하는 것을 의도하고 있다.

자선의 권장

알라께서는 이자로 벌은 것을 무로 돌리시고 시주(施主)에다 이자를 붙이신다. 알라께서는 누구든지 간에 죄 많은 무신앙자를 좋아하시지 않으신다. 믿으며 좋은 일을 행하고 예배의 의무를 지키고 희사를 행하는 사람들에게는 주의 보답이 있을 것이며 두려움도 슬픔도 없을 것이다. (2 : 276~277)

——— '자카트'(희사)는 경제적 여유가 있는 신자 남녀에게 과하여진 특정한 의무이지만 시주 '사다카'는 기타의 자선행위 모두를 말한다. 자기 능력이나 소유물을 임의로 제공하여 타인을 돕는다는 것은 이슬람에 귀의한 자에게는 극히 중요하다.

자발적인 희사가 자선(사다카)이다. 특히 익명으로 시주 또는 자선하는 게 좋다.

이자의 포기

믿는 사람들아, 알라를 공경하라. 그대들이 참으로 믿는 사람들이라면 아직 남아 있는 이자를 포기하라. 만약 그렇지 않다면 알라와 그 사도로부터 선전(宣戰)을 받을 각오를 하라. 그러나 회개한다면 원금(元

金)만은 그대들 것이다. 즉 자기도 부당한 짓을 행하지도 않고 다른 사람으로부터 부당한 짓을 당하지 않는다. (2 : 278~279)

——— 이슬람 세계에서 투자는 허용된다. 출자자는 그 자금으로 얻어지는 이익이 생겼을 경우 일정한 배분을 받지만 결손이 생겼을 경우에는 이를 분담도 해야 한다. 투자로 사업에 참가하는 것이고 자금이 있다는 것만으로 안온하게 이익을 가져가는 것이 아니다.

이슬람은 이자의 취득을 금하고 있다. 이마에 땀을 흘리지 않고 얻는 이익은 결국 다른 사람을 착취하는 것과 통한다. 이는 이슬람의 기본정신에 반하기 때문이다. 이자에 기초한 재산 증식은 궁극적으로 사라질 것이라는 계시이다.

대차 계약

오, 믿는 사람들아, 그대들이 서로 일정한 기간까지 대차관계를 맺을 경우에는 이것을 기록해 두어라. 서기로부터 그대들 사이에 틀림이 없도록 공정히 기록을 받아들여라. 서기는 기록하는 것을 거부하여서는 안 된다. 알라께서 가르치신 대로 기록해야 한다. 채무자 편이 구술(口述)하여야 한다. 그리고 알라를 공경하고 조금이라도 실제보다 적게 말해서는 안 된다. 만약 채무자가 정신박약자이거나 병약자, 또는 스스로 구술하지 못하는 자인 경우에는 그 후견인이 공정하게 구술하여야 한다. 그대들 중에 남자 증인 두 명을 부르라. 만약 남자 두 명이 나오지 않으면 남자 한 명과 여자 두 명을 부르라. 이는 여자 한 명이 잘못하면 다른 한 사람이 주의를 해줄 수 있기 때문이다. 증인들은 호출받았을 때 거부하여서는 안 된다. 또 그대들은 액수의 다소를 불문하고 그 기한에 대하여 기록하는 것을 싫어하여서는 안 된다. 이렇게 하는 것이 알라께서 보신다 하더라도 공정하며 증언의 형식으로서도 타당하고 의혹이 생기는 일도 적다. 단 그대들 간에 현물 교환하는 것은 별도로 하고 기록하지 않는다 하더라도 별로 죄가 되지 않는다. 그러나 그대들이 서로 매매계약을 하였을 때는 증인을 세워라. 서기에게나 증인에게는 압력을 가하여서는 안 된다. 만일 그런 짓을 한다면 그것이야말로 죄악을 범하는 것이다. 알라를 공경하라. 알라께서는 그대들을 가르치시며 모든 것을 다 알고 계시다. (2 : 282)

——— 재판사태 또는 민사적인 사항에 대해 이처럼 명백히 취급되는 것은 이슬람 사회가 안정되고 번영하고 보다 복잡화되어 있다는 것을 의미한다. 새로운 사회가 무함마드가 메디나에서 이룩한 이슬람 공동체에서부터 시작한 것이다.

빌려주는 사람 채권자가 아니고 빌리는 사람 채무자가 계약을 받아 써야 한다. 채무자는 책임을 규정하는 말을 선택하는 것이 부합되기 때문이다. 문서는 채무자가 갖는 것이 아니고 채권자가 갖는 것이다. 따라서 채무자가 받아 썼다는 사실로 빌리는 금액과 지불조건이 정확하다는 증거로 삼고 나중에 채무자가 이를 부인할 여지를 주지 않기 위해서 채무자로 하여금 받아쓰게 하는 것이다.

상품은 무엇이며 지불은 일정한 시기, 일정한 장소에서

이루어진다고 하는 계약을 서류로 남긴다. 구두증인보다 합의적이다.

증인으로 2명의 남자가 없을 경우에는 남자 1명과 여자 2명을 세운다. 남성은 상업거래의 경험도 많고 감정보다 이성에 의존하여 판단하기 때문이다.

담 보

만약 그대들이 여행중이어서 서기를 찾지 못할 경우에는 담보(擔保)를 잡아야 한다. 만일 서로간에 무엇을 신탁(信託)한 경우에는 신탁을 받은 자는 맡은 물건을 틀림없이 인도하여야 한다. 주가 되시는 알라를 공경하라. 그대들은 증언을 숨겨서는 안 된다. 이것을 숨기는 자는 마음으로 죄를 범하는 것이다. 알라께서는 그대들이 한 바를 다 아신다. (2 : 283)

——— 한쪽은 대부를 받고 다른 쪽은 그 대신에 저당을 잡는 담보의 형태로 대부를 행할 수도 있다. 이러한 형태의 거래는 쌍방에 영향을 주는 신탁이라 할 수 있다. 마음이 건전하면 모두가 건전하고 마음이 병들면 모두가 병든다.

고 아

고아에게는 그의 재산을 넘겨 주라. 나쁜 짓으로 좋은 것을 대체해서는 안 된다. 그들의 재산을 자기 재산과 같이 해서 써서는 안 된다. 그와 같은 짓을 하면 큰 죄를 범하게 되는 것이다. (4 : 2)

——— 고아의 권리와 이익을 보호함으로써 후손을 보호할 필요를 말한다. 무함마드는 고아로 성장하여 고아의 처지를 잘 안다. 생명을 존중하고 개인을 중시하는 그가 고아, 미망인, 이혼당한 처 등의 약한 입장을 보호하려는 배려이다.

코란의 여러 계시에 고아에 대한 따뜻한 마음을 가져야 한다는 말씀이 있고 이 계시처럼 후견인이 스스로 후견하는 고아의 재산을 마음대로 처리하는 것을 엄히 훈계한다.

고아의 재산을 후견하여 위탁받고 있으면 고아가 성년이 되면 그 재산을 돌려주어야 한다.

정신박약아

그러나 알라께서 보관을 위탁한 재산을 바보 천치에게 주어서는 안 된다. 그 돈으로 먹이고 입혀 주는 것이 좋으며 또 그들에게 좋은 말을 하여야 한다. (4 : 5)

——— 고아의 재산을 위탁받았을 경우에는 후견인은 그 재산을 사용할 때 매우 조심하여야 한다. 미성년 또는 정신박약아는 재산을 관리할 권리는 있지만 책임을 감당치 못한다. 그래서 후견인 또는 보호인이 필요하다.

후견인의 역할

혼기에 달할 때까지 아이들을 잘 보살펴라. 그리고 나서 너희들이 그를 성인으로 인정했을 때 그 재산을 넘겨 주어라. 그들이 성장하지 않았을 때 재산을 넘겨 주면 낭비하게 되므로 조급히 서둘러서는 안 된다. 부자이면 욕심을 부리지 말 것이며 가난하면 정도에 맞게 써야 한다. 그들에게 그 재산을 넘겨 줄 때에는 증인을 세워라. 하기야 알라 한 분으로 족하기는 하지만. (4 : 6)

――――― 고아의 보호자는 고아에게 예의범절을 가르치고 교육에도 책임이 있고 고아의 행복을 위해서 주의를 하여야 한다. 무함마드가 고아로 자라났기 때문에 이를 반영하듯 코란에는 고아에 대한 계시가 많다.

혼기에 달했다 함은 성년이 되었다는 것을 의미한다. 또 이 구절은 후견인은 피후견인이 금전을 맡을 수 있을 만큼 성장할 때까지 피후견인의 재산을 낭비해서는 안 된다고 경고하고 있다.

유산 상속

양친 또는 근친의 유산의 일부는 남자의 것이며 또 양친 및 근친의 유산의 일부는 여자의 것으로 된다. 그것이 적든 많든 일정한 할당에 복종해야 한다. 만일 연고자나 고아, 또는 가난한 자가 재산을 분배하는 곳에 있으면 그들에게 친절한 말을 건네 줘라. (4 : 7~8)

――――― 다음 코란의 제4장 11~12절과 176절에서 보는 것처럼 유산 상속에 관한 자세한 규정을 계시하고 있다. 후세에 이슬람 법학자(울라마)들은 이에 따라 복잡한 체계를 만들

었다.

이슬람은 장자상속제처럼 유산이 특정 개인에게 집중하는 것과 같은 제도를 좋다고 보지 않고 오히려 그 분산에 유의하고 있기 때문에 상속문제는 극히 복잡하다.

상속인은 권리순으로부터 보면 (1)법적 상속인, (2)남계 친족, (3)여계 친족 및 기타로 대별된다.

유산은 먼저 코란에 명기된 법적 상속인에게 양도된다. 상속인이 없을 때는 유산은 국가 소유로 귀속된다.

유산 상속에 관해서는 약간의 조건이 필요하다. 먼저 피상속인이 실제로 사망하였는지 이것이 불명하다면 유효한 증거가 되는 재판관의 사망선고가 필요하다. 또한 상속인이 피상속인을 살해했을 경우 상속권은 없어진다.

알라의 분배법 (1)

너희의 자녀들에게 관하여 알라께서는 다음과 같이 명령하셨다. 남자애들에게는 여자애의 두 사람 몫을, 그리고 만일 여자애가 두 사람 이상 있을 때는 그녀들은 유산의 3분의 2를 갖는다. 여자애가 한 사람인 경우는 그녀의 몫은 전체의 반이며 그리고 양친들은 남자애가 있을 경우에는 어느 쪽이든 유산의 6분의 1씩 배당받는다. 어린애들이 없고 양친이 상속인일 경우 모친은 3분의 1, 형제가 있으면 모친은 그가 유언해 둔 몫과 거기서 부채를 빼고 남은 잔액의 6분의 1을 받는다. 자기의 부모와 자녀들, 이 중에서 어느 쪽이 더 자신에게 있어서 덕을 볼 수 있는지 결국은 자신도 모르는 것이다. 하여간 이것이 알라께서 정

해 주신 분배법인데 참으로 알라께서는 전지하시며 최고의 현자라고 말할 수 있다. (4 : 11)

알라의 분배법 (2)

너희들의 처에 자녀가 없다면 너희 처들이 남겨 놓은 것의 반은 너희들의 것이다. 만일 그녀들에게 자녀가 있다면 유산의 몫과 채무의 몫을 빼놓고 나서 그녀들이 남겨 놓은 것의 4분의 1이 너희들 것이 된다. 너희들에게 자녀가 없다면 너희들이 남겨 놓은 것 중의 4분의 1이 그녀들의 것이 된다. 만일 너희들에게 자녀가 있다면 유산의 몫과 채무의 몫을 빼고 난 후 너희들이 남겨 놓은 것의 8분의 1이 그녀들의 것이 된다. 남자이건 여자이건 이것을 정당하게 상속할 어버이든가 자식도 없이 단지 형제가 한 사람, 또는 자매가 한 사람이 있을 경우 각각 6분의 1씩을 분배받는다. 만일 그 이상의 사람이 있다면 유산의 몫에서 채무의 몫을 제외한 나머지는 타인에게 손해를 끼치지 않고 공동으로 3분의 1을 분배한다. 이것이 알라께서 정하신 분배법이다. 알라께서는 전지전능하시며 마음이 너그러우신 분이다. (4 : 12)

알라의 분배법 (3)

모두가 그대에게 판결을 구하러 온다면 다음과 같이 말해 줘라. '부모나 자식이 없는 자에 대한 알라의 판결은 다음과 같다'라고. 즉 만일 어떤 남자가 죽고 자식이 없으며 자매가 한 사람 있을 때는 그 유산의 반(半)은 그녀의 소유가 되며 반대로 그녀가 먼저 죽고 자식이 없을 경우에는 남자가 그녀의 유산을 상속한다. 만일 자매가 둘 있을 경우에는 남자가 남겨 놓은 유산의 3분의 2가 두 자매의 것으로 된다. 형제 자매가 다 같이 있을 경우에는 남자 한 사람의 할당 몫이 여자 두 명의 할당 몫과 같다. 알라께서는 너희들이 갈피를 잡지 못하고 헤매지 않도록 명시해 두시었다. 알라께서는 전지전능하시다. (4 : 176)

——— (1), (2), (3)을 통해 보는 것처럼 코란 계시는 부족사회에 뿌리를 내렸던 상속에 여러 개혁을 했다. 그 현저한 점은 고아와 과부의 재산권을 인정하고 여성에게 상속권을 주었다는 것이다. 그런데 여성의 권리는 남성과 동등하지 않고 남성의 2분의 1로 되어 있다. 이슬람은 장자 상속제가 없고 같은 급의 친족간에서 유산이 균등히 분배된다.

구체적으로 기술된 법률로서 현재의 이슬람법에서 실시되고 있는 상속법이다. 예언자 무함마드 시대에 이같은 법규가 계시로서 나온 것은 당시의 시대적 상황이 이슬람 사회의 형성과 연관된 것이라고 볼 수 있다.

눈금을 속이는 자

화 있을진저, 감량자들이여. 그들은 남한테 물건을 달아 살 적에는 저울눈이 꽉 차게 받는 주제에, 자기가 분량이나 무게를 달아 팔 경우에 이르면 반대로 양을 줄여서 주려고 한다. (83 : 1~3)

——— 이 계시 구절은 장사를 하는 데 가장 중요한 일은 신용

이라는 것이다. 물건의 수량이나 무게를 줄여 기만과 사기로 돈을 벌려고 하는 자는 화를 받아야 한다는 것이다.

이 계시의 배경에는 물물교환을 주로하는 유목생활 경제에서 상업으로 경제기반이 변화되어가는 7세기 초의 아라비아 반도 상업도시 메카의 경제상황을 반영하고 있다. 무함마드는 상인 출신이다. 그래서 그를 알지 못하고는 코란을 이해할 수 없다. 그의 입을 통해 코란이 계시되었기 때문이다. 알라도 인간이 알 수 있는 말로 계시를 내린다.

따라서 예언자 무함마드의 생애와 그때의 아라비아 반도의 언어, 경제, 사회, 문화를 알아야 코란이 무엇이라는 것을 알 수 있다. 무함마드가 이슬람 공동체를 세우고 지도자로서 활약했던 역사적 상황 가운데서 계시를 받았기 때문이다.

진리는 동서고금을 통한다. 지금도 국제간의 무역행위나 개인의 장사에도 속이려고 하는 자들이 있다. 반드시 이들은 벌을 받을 것이다. 이 계시의 다음 절에는 다음과 같은 절이 계속된다.

'그들은 언젠가 소환되겠지만 그런 사실에 대해서는 생각도 미치지 못할 것이다. 거룩한 그날, 사람들이 만유의 주님 앞에 서게 되어 있는 그날에.'(83 : 4~6)

인간들은 자신이 저지른 행위에 대한 책벌을 공정한 저울에 계량되어 선고되어서 그만큼의 죄값을 치르게 될 것이다.

축 적

금과 은을 축적하여 이것을 알라의 길을 위해 쓰지 않는 자에게는 심한 징벌이 있을 것을 알려 주라. 그런 것(현세에서 저축한 재보)이 지옥의 불길 속에서 작열(灼熱)하여 그들의 이마나 옆구리나 등이 그 때문에 낙인(烙印)이 찍히는 날, '이것은 너희들이 자기를 위해 축적한 것. 그러므로 자기가 축적하여 온 것을 맛보아라.' (9 : 34 부분~35)

——— 부의 획득은 허용되나 이를 축적하여 사회를 위하고 복지에 쓰여져야 한다고 강조한다. 부는 언제나 순환하고 활용할 것을 의도하고 있다.

비유적인 표현이 많다. 부유한 자가 가난한 자를 도울 것을 거부하면 이마에 주름살이 생긴다. 그리고 도움을 청한 사람한테 등을 돌리고 등을 보이게 된다. 아마 옆구리에 낙인이 찍힌다 함은 이를 말하는 것이다. 도움을 거절한 부유한 자들은 최후 심판의 날에 가혹한 징벌을 맛보게 된다는 경고이다.

중 상

험구를 놀리고 중상하는 자들에게는 화 있을진저. 재산을 모아서는 계산에 열중하고, 그 재산이 자기를 불멸하게 한다고 생각한다. (104 : 1~3)

———— 아라비아 반도의 이슬람법 발달 이전의 윤리관을 나타내고 있다. 메카가 그 당시 아라비아 반도의 가장 번창한 상업도시로서 발달했지만 도덕 · 윤리는 금전 앞에서 맥을 추지 못했다. 금전만능 시대였고 돈이면 못하는 게 없었다. 돈을 벌어 무슨 일이든 하고 돈벌 목적을 위해서는 좋은 의로운 사람한테도 중상모략을 마다하지 않았다.

코란은 무함마드를 통하여 이런 일이 없도록 하는 윤리도덕을 내세웠다. 이런 윤리관과 병행하여 죄와 벌의 개념이 부합하는 최후심판으로 나타난다.

코란은 사회생활 속에서 설득하고 발생했다고 할 것이다. 신의 말씀이라고 어렵게 생각할 필요는 없다.

5. 믿는 자와 믿지 않는 자

확 신

보이지 않는 것을 믿고 예배를 꼭 드리고 우리가 베푼 것을 나누는 사람들. 또 그대에게 계시(啓示)된 것과 그대보다 이전에 계시받은 것을 믿고 내세(來世)를 굳게 믿는 사람들. 이런 사람들은 주(主)의 뜻을 따르고 영화를 누릴 이들. (2 : 3~5)

―――― '보이지 않는 것'이란 부활, 최후의 심판, 낙원, 지옥 등을 비롯하여 인간이 헤아릴 수 없는 신의 지휘나 활동의 일체를 가리킨다.

인간의 감각으로는 알 수 없는 사물일지라도 이성 또는 경험에 의하여 증명될 수 있다는 것이다. 초감각적인 것이 반드시 비합리적인 것이 아니다. 보이지 않는 것이란 이성의 범주를 벗어나는 게 아니다. 전파나 전류도 보이지 않는다. 보이지는 않지만 명백한 논거로 그 존재를 증명할 수 있는 것이 많다.

또, 그대보다 이전에 계시받은 것이란 모세의 율법, 다윗의 시편, 그리스도의 복음(福音) 등을 가리킨다.

알라는 무함마드보다 이전에도 예언자들을 이 세상에 보내 그들에게 계시를 내렸다는 것이다.

이슬람 사회에서는 종교는 누구에게도 중요하다. 무신론자가 없다. 종교에 커다란 가치를 두는 이슬람 사회에서는 어떤 종교 종파라도 진솔하게 믿는 사람을 존경한다.

사이비 신자

사람들 중에는 믿는 자가 아니면서도 우리는 알라를 믿고 최후의 심판날을 믿는다라고 하는 자가 있으니 이런 자들은 알라와 믿는 자들을 속이려 하고 있다. 하나 이들이 속이고 있는 것은 자기 자신에 지나지 않는다는 것을 모르고 있다. 그들의 마음은 병에 걸렸으니 알라께서는, 그 병을 더욱 더 악화되게 하신다. 그들은 거짓말한 죄로 벌을 받게 될 것이다. (2 : 8~10)

——— 사이비 신자란 불성실하고 마음으로부터 믿지 않으며 또는 죄가 있으면서도 가슴에 숨겨둔 자들이다.

믿는 자와 믿지 않는 자, 그리고 믿는 척하는 사이비 신자를 나타내고 있다. 사이비 신자들은 자신들에게조차도 불성실하여 정신적으로 병들은 자이다. 마음이 병들어 다른 나쁜 것과 함께 번지게 된다. 마음의 병을 고치지 않으면 치료할 수 없는 악으로 빠지게 된다. 거짓은 현세나 내세에서도 그들을 뒤덮을 뿐이다.

사이비 신자들은 신자들이 아무런 목적도 없이, 필요도 없이 생명과 재산을 희생한다고 생각했기 때문에 신자들을 어리석은 자들로 본다. 바보들은 바로 그들 자체이다. 알라의 눈으로 본다면 그들이 의거하는 주의나 민족을 위하고 이슬람을 냉소하는 것이 어리석게 보인다.

어리석은 자

그들에게 '지상(地上)에서 나쁜 짓을 하지 마라'라고 말하면 '우리는 세상을 좋게 하려고 하는 것뿐이다'라고 말한다. 그들이야말로 세상에 해독을 끼치는 자인데도 불구하고 그들 자신은 깨닫지를 못한다. 또 '모두가 믿는 것처럼 믿으라'고 그들에게 말한다면 '어리석은 자들이 믿는 것을 믿으라고 하느냐'라고 말하니, 그들이야말로 어리석은 자들이다. 그런데도 그들은 이를 알지 못한다. (2 : 11~13)

——— 어떤 자들은 신앙은 어리석은 자들이 믿는 것이라고 말하나 신의 눈으로 보면 그들이 어리석다.

위선자인 사이비 신자들이 믿음을 버리고 불의의 길을 택하는 자들로 겉으로는 그럴듯한 말로 가식하나 속은 다르다. 즉 그들은 바른 길로의 인도(引導) 대신에 죄악을 택하고 있다. 어리석은 자들이다.

기대에 어긋남

믿는 사람들을 만나면 '우리는 믿는다'라고 그들은 말하나 악마들과 어울리면 '우리들은 너희들 편이니 좀 우롱하였을 뿐이다'라고 말한다. 알라께서는 그들을 조롱하시고 무질서 속에 내버려두시니 소경처럼 방황할 것이다. 이런 자들은 인도(引導)의 대가로 죄악을 선택한 자들이니 장사가 잘되지 않아 수지를 맞추지 못하였다. (2 : 14~16)

——— 표리가 있는 자는 모든 일에도 겉과 속이 다르다. 언제나 보는 것처럼 이런 자들은 성공치 못한다. 무슨 일에도 실패한다. 이슬람 정신을 바르게 가진다면 이런 사람이 없을 것이다.

허 위

허위(虛僞)로써 진리를 덮고, 알면서도 진리를 감추면 안 된다. 예배를 잘 드리고, 희사(喜捨)를 행하고, 머리를 숙여 예배하는 자와 함께 머리를 숙여 예배하라. 타인에게는 선행을 명하면서도 자기 일을 잊어서야 되느냐. 성전(聖典)을 읽고 있으면서도 이를 깨닫지 못하느냐? (2 : 42~44)

——— 이슬람 문화를 이해하기 위해서는 이슬람의 신앙과 가치관을 아는 것이 가장 첩경이다. 이를 안다면 그들이 왜 그런 생활을 하는지, 그와 같은 사회 행동을 하는지 알 것이다. 색안경을 끼고 봐서는 안 된다.

이 구절의 성전이란 성경을 가리킨다. 무함마드에게 계시한 코란과 성경에 기록된 것 중에 예언자의 출현을 믿어 진실한 믿음을 갖고 신을 염원하도록 훈시하고 있다.

의아심

아무것도 모르는 자는 '왜 알라께서는 우리에게 말씀하시지 않느냐. 또 우리에게 증거를 보여주시지 않느냐'라고 말한다. 이와 같이 말하는 사람들이 흔히 있었다. 그들의 마음은 다 닮았다. 확고한 믿음을 가진 자에게 우리들은 계시로 밝혔다. (2 : 118)

——— 불신의 무리는 하나님의 증거를, 즉 기적을 보이라고 한다. 증거란 코란의 말씀, 즉 신의 말씀으로 충분하다. 그리고 그 이전의 성서에서도 무엇이 믿음인지 밝히고 있다.

알라와 유사한 것

그런데도 사람들 가운데는 알라를 젖혀놓고 대등자를 택하여 알라를 사랑하듯 사랑하는 자가 있다. 그러나 믿는 자가 알라를 사랑하는 것은 더욱 열렬하다. 불의를 행하는 자가 눈앞에서 징벌(懲罰)을 봤을 때는 모든 권세가 알라의 것이요, 알라가 징벌에 얼마나 엄격하다는 것을 알아야 한다. (2 : 165)

——— 이슬람교도들은 종교적 관습이 같은 세계에서 살고 있다. 이슬람이 믿는 것은 유일신 알라이다. 알라 이외의 신을 믿는다는 것은 신성을 범하는 것이고 세계관이 갈라진다. 즉 이슬람권과 비이슬람권으로 나누어진다.

신에 대한 사랑은 모든 종교적인 가르침의 본질이다. 더욱 이슬람은 유일신 알라에 대한 사랑을 강조한다. 코란에서 신의 아름다움과 자비로움, 그리고 인간의 영혼 속에는 지고한 존재에 대한 이루 말할 수 없는 사랑과 동경을 갖고 있다. 그렇지 않고 이상한 것을 믿는 자는 신의 권능과 유일신 신앙을 배척하는 것이어서 최후 심판의 날에 징벌을 받게 된다.

매 매

알라께서 내리신 성전을 감추고, 그것을 싼 가격으로 팔아넘기는 자는 불로 그 배를 채울 것이며, 부활의 날에 알라께서는 그들에게 말도 아니하시고 정화도 시키지 않을 것이다. 그들에게는 고통스런 징벌이 있을 뿐이다. 이런 자들은 옳은 인도를 바꾸어 잘못을, 용서로 형벌을 사는 자이다. 어찌 지옥의 불에 견딜는지. (2 : 174~175)

——— 정신면의 훈계이다. 신앙 및 바른 정신과 반대되는 일은 이슬람 교리와 종교의식을 버리는 것이다. 성경에 예언된 것중에 무함마드가 예언자로 온다는 기록을 숨겼던 유태인 율법자들을 말한다.

불로 배를 채운다 함은 마치 불이 갈증을 풀어주지 못하고 갈증을 오히려 더해 주듯이 현세의 초조한 일들은 마음의 평정과 만족을 가져오지 못하고 오히려 그 반대의 것들을 가져온다는 것을 의미한다.

잘못에 헤매는 자

일단 신앙을 가졌다가 배신하는 태도를 취하고 더 불신의 도가 높아지는 자는 이미 후회를 해도 받아들일 수 없다. 이런 자는 사도(邪道)를 헤매고 있는, 구할 수 없는 자이다. 신앙을 버리고 배신자로 죽는 자는, 가령 대지에 넘치고 있는 황금을 몸값으로 바친다 해도 결코 받아 주시지 않을 것이다. 이런 자에게는 고통스런 징벌이 있고 돕는 자는 누구도 없다. (3 : 90~91)

――――― 이슬람 신앙을 받아들였다가 이탈하는 것을 '릿다'(배교)라고 한다. 샤리아법(이슬람법)은 이 행위를 무거운 벌로 다스린다. 역사적으로 보면 메디나에 있었던 일부 신자들이 겉으로는 이슬람을 믿는다고 하면서도 속으로는 이를 배반하는 데에 대한 경고의 계시이다.

이 구절은 배교자의 회개가 용납되지 않음을 의미하지 않는다. 그러나 생활을 실제로 바꾸어 그 고백을 강화하는 대신 불신을 늘리는 자를 말한다.

찬바람

믿음이 없는 자는 아무리 재산이 있어도, 아이들이 있어도 알라에 대해서 아무런 도움이 되지 않는다. 그들은 지옥 속에 사는 주민(住民)이 되어 그곳에 영원히 머물게 된다. 그런 사람들이 현세에서 낭비하는 재산을 비유해 말한다면, 매서운 추위의 바람이 불어, 내 몸을 해치는 자들의 전답으로 몰려가 그것을 괴멸시키는 것과 같은 것이다. 알라께서 그들을 해치신 것이 아니고 자기가 자기를 해친 것이다. (3 : 116~117)

———— 현세에서의 소비는 여러 가지가 있다. 자기를 위해 소비하는 데는 돈을 아끼지 않지만 남에게는 인색한 자도 있다. 그러나 그들은 자업자득으로 그로 인해 현세에서나 내세에서도 따돌림을 받게 된다.

이슬람에 대항하는 불신자들의 노력은 그들 자신에게 돌아가는 것이다. 이슬람의 대의를 손상시키려고 행하는 일이나 소비하는 모든 것은 그들 자신을 손상시킬 뿐이다.

믿지 않는 자의 증오

믿는 사람들아, 결코 다른 패들과 가까이 지내선 안 된다. 그들은 어떻게 해서라도 너희들을 파멸시키고 너희들이 고난을 겪기를 원하고 있기 때문이다. 그들의 입에서는 격한 증오가 솟아나고 있다. 그리고 가슴속에 담은 것은 더 심하다. (3 : 118 부분)

———— 불신자들은 이슬람신자들이 재앙이나 불행에 빠져 멸망하거나 약화되고 부서지는 것을 보고 싶다고 한다. 또는 신자들이 의로운 길에서 벗어나 죄의 구렁텅이에 빠지는 것을 바란다.

무함마드가 메디나에 들어가 이슬람 공동체 '움마'가 굳건해지고 있다 하더라도 이를 싫어하는 세력이다. 이 가운데 나온 계시인데 이미 이때 아라비아 반도에서는 이슬람 전도는 최종단계에 들어가고 있다고 본다.

해칠 수 없다

길한 일이 너희들에게 있으면 그들은 불쾌해하고, 흉한 일이 너희들에게 있으면 그들은 그것을 기쁘게 생각한다. 그러나 너희들이 알라를 두려워하고 공경한다면, 그들의 계획은 조금도 너희들을 해칠 수 없다. 알라께서는 그들의 소행을 모두 알고 계시다. (3 : 120)

——— 이슬람권 여러 민족은 유럽의 제국주의적 정책으로 착취되었다. 이런 면에서 내세울 수 있는 게 팔레스타인 문제이다. 여기서 이슬람 원리주의자들은 이 구절을 믿고 테러로 이에 대항하고자 하여 문제를 일으킨다.

신은 그들의 모든 음해를 무위로 만들 것이다. 그러니 신자들은 그들을 두려워하지 말아야 한다.

유예(猶豫)

믿음을 팔고 불신을 사는 자는 알라께 아무런 해도 미칠 수 없다. 그들에게는 통렬한 징벌이 있다. 믿지 않는 자들에게, 우리들이 유예를 주고 있는 것을, 자기에게 좋게 생각해서는 안 되겠다. 우리들이 유예를 주고 있는 것은 단지 그들에게 가중한 죄를 더 가중하게 하는 것에 지나지 않는다. 그들에게는 굴욕의 징벌이 있다. (3 : 177~178)

——— 그들은 죄악 속에 살고 있다. 그 죄는 더 부풀러진다. 회개가 무엇이며 반성을 해야 할지도 모른다. 그런데 신은 그들의 죄악의 천지에서 죄악을 또 저지른다 하더라도 그들이 마음속에서 정말 회개한다면 그 회개를 받아 주려고 한다. 그런데도 뉘우치지 않는 자에게는 무서운 벌이 내릴 것이다. 불신자는 신자를 해치지 못한다.

지옥의 잠자리와 낙원의 강물

불신의 무리가 나라 안을 큰 얼굴을 하고 걸어다니는 것을 보고, 그대는 속지 말아야 한다. 저것은 단지 짧은 동안의 쾌락이다. 그 연유로 그들이 가서 살 곳은 지옥이다. 그 잠자리가 얼마나 나쁜가. 그러나 주를 두려워하고 공경하는 자는 아래에 냇물이 흐르는 낙원이 있고 알라께서 베푸시는 향응(饗應)으로 거기에 영원히 머문다. 알라의 곁에 있는 자는 경건한 자에게는 가장 좋은 것. (3 : 196~198)

——— 인간의 현세에서의 생활은 일시적인 것이며 덧없는 것이다. 그러나 내세의 생활은 영원한 것이다. 천국도 있고 지옥도 있다.

사막에는 물이 귀하다. 물이 있는 곳은 오아시스이고 수목이 자란다. 하물며 강물이 넘쳐흐르는 곳은 말할 것 없는 낙원이다. 사막 유목민의 의식으로 천국과 지옥을 묘사한다.

구 실

너희들의 태도를 엿보던 자들은 알라께서 내리신 승리가 너희 것이 되면 '우리들도 그대들과 같은 편이 아니었는가'라고 말하고, 반대로 믿지 않는 자들에게 승운이 있으면 '이것 봐라, 우리들이 이겼다. 우리들이 너희들을 믿는 자들로부터 지켜 왔다'라고 말한다. 어느 쪽이 옳은지 부활의 날이 오면 알라께서 심판하게 될 것이다. 어떤 일이 있어도 알라께서는 믿지 않는 자를 위해 믿는 자를 가해하시는 길을 만드시지는 않는다. (4 : 141)

——— 세상에는 기회주의자들이 있게 마련이다. 이런 자들은 의리가 없다. 이런 자를 신뢰해서는 안 된다. 그들은 현세에서나 내세에서도 패배자가 될 것이다.

기회주의자의 겉치레

참으로 위선자들은 알라를 기만하려고 하지만 사실은 알라께서 그들을 기만하고 계시다. 그들이 예배에 임할 때는 게으름을 부리며 사람들에게 보이기만 하고 거의 알라를 염원함이 없고, 저쪽도 아니고 이쪽도 아닌 그 가운데를 오락가락한다. 알라께서 일단 어지럽게 만드신 인간은 그대에게도 구원의 길이 없다. (4 : 142~143)

——— 기회주의자들이 속이려 하는 것은 예언자 무함마드이다. 그가 신의 대리인이고 그에게 대항하는 온갖 계책은 신이

의도하는 목적을 좌절시키기 위한 것이다.

혼미의 길

믿음을 거부하고 그밖에 다른 사람이 알라의 길에 들어가려는 것을 방해하는 자는 참으로 돌이킬 수 없고 갈피를 잡을 수 없는 길에 빠지게 된다. 믿음을 거역하고 나쁜 짓을 행하는 자를 알라께서는 절대로 용서함이 없으며 올바른 길로 인도하시지도 않는다. 영원히 머물게 될 지옥의 불길 이외는 아무 곳도 없다. 이러한 일은 알라께서 하시기 쉬운 일이다. (4 : 167~169)

——— 쉽다는 일은 신이 창조한 자가 길을 잃고 헤매는 것을 좋아한다는 뜻이 아니다. 징벌을 면할 수 있다는 잘못된 어리석은 생각을 갖고 있다면 신은 힘과 사물의 인식에서 으뜸이라는 것을 알아야 한다. 징벌을 스스로 초래하는 것이다. 모든 일은 자기가 할 따름이다. 하늘이 굽어본다는 것을 명심해야 한다. 징벌은 당연한 결과로 스스로 자초하는 것이다.

사신(邪神) 숭배

그것을 듣고 그의 백성이 이의를 주장하였다. 그때 그는 말하였다. '너희들은 알라에 관해 나에게 이의를 주장하겠는가? 그분께서는 나를 인도하시었다. 나는 너희들이 그분과 나란히 사신을 숭배하는 것을 두려워하지 않는다. 주께서 조금도 욕심을 부리지 않으셨으니. 주의 지식은 모든 것을 싸고 있다. 너희들은 아직 반성하지 않는가?

내가 어째서 너희들이 나란히 사신을 숭배하고 있는 것을 두려워하겠는가? 또 너희들은 알라께서 너희들의 위에 서는 어떤 권위도 주지 않았는데, 알라와 나란히 사신을 숭배하고도 두려워하지 않는가? 만일 너희들이 지식이 있다면 안전을 지키는 데는 어느 쪽이 더욱 안전하여야 하겠느냐? (6 : 80~81)

——— 이슬람 이전시대에 아랍은 우상을 숭배하고 미신이 지배적이었다. 무속신앙은 사막 유목민들에게는 아주 흥미를 끄는 매력적인 것이었다. 길흉을 점치고 맞든 안 맞든 앞으로 생길 일까지 예언하기 때문이다.

알라는 이런 우상숭배자인 다신교도에게 경고를 하고 세계가 넓다는 것을 사막 유목민들에게 알리기 위하여 천지창조의 진리를 설교한다. 그리고 유일신 알라는 미신을 버리고 알라에게 귀의하지 않으면 바른길을 갈 수 없다고 무함마드를 통해 코란을 계시하면서 심판일의 두려움을 경고하고 개종을 요구하였다.

거짓 날조

알라께 대해서 거짓을 날조하고 혹은 계시를 거짓이라 하는 자보다 나쁜 자가 어디에 있겠는가? 이런 자들은 예정된 운명을 거친 후, 결국에는 소명의 사자가 찾아와서 '알라를 멀리하고 너희들이 기도 드리고 있던 자는 어디에 있는가?'라고 물으면 '모두 우리들의 곁에서 사라졌습니다'라고 한다. 자기들이 믿지 않았던 자들이라는 것을 스스로 증언한다. (7 : 37)

——— 신의 사도들을 배척한 자들은 패배하고 좌절하리라는 계시를 스스로의 눈으로 볼 것이다.

하나님은 홀로 계신다는 무함마드의 설교나 코란의 계시를 거짓이라고 하는 당시의 우상숭배자들을 비난한다. 그들은 무함마드를 귀신들린 시인이라고 비방했다.

서방측 텔레비전이나 영화에 등장하는 아랍인은 대개 부자이고 엉터리이며 향락적 인물이다. 가족을 사랑하며 열심히 일하는 겸허한 이슬람교도의 모습은 없다. 이런 이미지는 잘못이다.

바늘구멍

우리의 계시를 거짓이라 하고 이것에 거만한 태도를 취하는 자들에게는 하늘의 문이 열리지 않는다. 낙타가 바늘구멍을 지나갈 때까지 그들이 낙원에 들어가는 일은 없다. 이렇게 우리들은 죄를 범한 자들에게 응보를 준다. 그들에게는 지옥불의 침상이 있고 그 위에는 뚜껑이 있다. 이와 같이 우리들은 의롭지 못한 무리들에게 응보를 준다. (7 : 40 · 41)

——— 심판의 날에 불신자들이 천국에 들어가는 것은 마치 낙타가 바늘구멍에 들어갈 수 없는 것과 같다. 그들이 갈 곳은 불이 이글거리고 있는 용광로와 같은 지옥이다.

신앙을 가진 자

믿는 자란 알라의 이름을 듣기만 해도 그 마음에 전율을 느끼고 성전(聖典)을 읽는 것을 들으면 더 믿음이 깊어져 주를 믿을 수 있는 사람들이며 예배드리기를 다하고 우리들이 준 것을 아깝지 않게 베풀어 주는 사람들이다. 그런 사람들이야말로 틀림없이 진실한 신자로서, 그들을 위하여 주의 곁에 몇 개의 단계와 용서와, 그리고 많은 양의 좋은 것이 준비되어 있다. (8 : 2~4)

624년 무함마드가 메카에서 메디나로 온 후 2년만에 바드르라는 곳에서 그가 인솔하는 이슬람군은 메카의 다신교 사회의 군에 승리했다. 이를 계기로 메디나의 이슬람교도가 알라에 대한 믿음이 고무되는 종교적 의의가 있었다.

624년 3월, 예언자 무함마드가 시리아로부터 돌아오는 중이었던 메카쿠라이시 부족의 대상을 습격하고자 3백 명을 인솔하고 출격했다. 이를 알아차린 쿠라이시족도 무함마드의 부대를 습격하기 위해 출격하고 메디나로부터 메카와 시리아로 연결하는 통상로와 합하는 바드르라는 곳에서 전투를 벌였다.

3백 명의 이슬람 부대는 신의 길을 걷는다는 확신으로 1천명에 달하는 적군과 싸워 승리를 거두었는데 이 바드르 전투는 정치적 의의뿐만 아니라 무함마드와 이슬람신자들에게 대해서는 깊은 종교적 의의를 갖게 한다.

낭 비

참으로 믿음이 없는 그들은, 알라의 길을 막으려고 저렇게 재산을 쓰고 있다. 이제부터는 더 쓸 것이다. 그러나 마지막에는 그들의 그러한 행동이 그들의 설움이 되어 올 때가 반드시 있을 것이고 완전히 패자가 되는 때가 있으리라. 믿음이 없는 자들은 멀지 않아서 지옥의 불속으로 불러들일 것이다. (8 : 36)

——— 불신자들은 자기들의 재산을 털어 가면서 이슬람에 귀의하는 사람들을 막으려 하고 하였다. 이슬람을 반대하는 싸움에 쓴 그들의 재산은 큰 슬픔의 원인이 될 것이라는 예언을 구체화하는 것이다. 이슬람을 파괴시키려는 그들의 노력은 허사로 돌아가고 그들의 자식들은 이슬람을 받아들였고 그 재산은 이슬람을 위해 쓸 것이기 때문이다.

배신자

어떻게 그런 일이 있을 수 있겠는가? 만일 그들이 너희들보다 윗자리로 가면 너희들과의 혈연(血緣)도 맹약(盟約)도 돌아보지 않을 것이다. 그들은 입으로는 너희들을 기쁘게 하지만, 마음으로는 거부한다. 그들의 대다수는 사악(邪惡)의 무리이다. 그들은 싼값으로 알라의 증거를 팔았고 길을 막았다. 그들이 행한 것은 모두 나쁜 일뿐. 그들은 믿는 자와의 혈연과 맹약도 돌아보지 않는다. 이것이야말로 위반자이

다. (9 : 8~10)

——— 메디나 이슬람 공동체는 메카와의 군사적 항쟁에서 이기고 아라비아 반도의 패권을 장악했으나 이는 군사적 의미였고 아라비아 반도가 진정한 이슬람 사회가 되고 메카를 성지로 하여 그 중심이 되어야 했다. 그러나 이 계시가 내릴 때에는 아직도 메카는 다신교도의 도시였다. 그들이 평화 조약을 맺고도 뒤에서는 이를 파기하려는 것을 안 후에 내린 계시이다.

628년 3월, 예언자 무함마드는 메카 주민들과 평화조약을 메카 교외 후다이비아라는 곳에서 맺었다. 바드르 전투의 패전 후 메카는 우후드 전투에서 이겼다고는 하지만 참호(한다크)의 전투에서 결정적인 승리를 얻지 못하고 의기소침했었다.

무함마드와 그의 교우들은 순례길에 나섰다가 후다이비아에 머물렀다. 메카는 적대하는 무함마드와 신도들을 받아들일 수도 없고 싸울 힘도 없어 10년간의 휴전을 주로하는 평화조약을 맺었다. 조약에 따라 무함마드는 다음해 순례를 행하였으나 그 다음해인 630년, 평화조약은 파기되어 무함마드는 메카를 정복했다.

신앙의 길

믿는 사람들아. 너희들의 아버지나 형제가 만일 신앙보다 무신앙을 택한다면 결코 벗으로 생각해서는 안 된다. 너희들 중에 그런 자를 벗으로 하는 자가 있다면 그런 자는 의롭지 못한 무리이다. (9 : 23)

―――― 무함마드 생애 만년에 아라비아 반도 전역이 이슬람화되어간다. 종교로서의 이슬람은 육친과 같은 혈연관계를 초월하여 존재한다는 이념을 나타내고 있다.

이슬람은 종래의 혈연집단인 부족사회에서 신앙중심인 공동체로 되어간다. 지금의 이슬람권은 역사의 흐름과 함께 이렇게 되어 형성되었다.

두 개의 길

천계의 경전 계시가 1장이 내릴 때마다 그들 중에는 '이것으로 신앙심을 더하게 된 자는 누군가?'라고 말하는 자가 있다. 그러나 믿는 사람들이라면 기뻐하면서 이것으로 신앙심을 더한다. 한편 마음에 병을 가진 자들은 더러움에 더러움을 더하여 불신자로 죽고 말았다. (9 : 124~125)

―――― 천계의 계시란 코란의 절을 말한다. 그들이라 함은 사이비 신자들이다. 믿는 길과 믿지 않는 길이 있다. 믿지 않는 자의 말로는 파멸뿐이다.

마음의 기도

믿음이 두터운 자는 알라를 생각함으로써 그 마음이 편안해진다.

(13 : 28 부분)

——— 경건한 신앙을 갖는 이슬람교도로서는 신앙은 단순한 종교가 아니다. 이슬람교는 사회 그 자체이며 신앙은 삶의 방법이다. 이슬람은 정치이며 법률이고 사회적 행동이며 마음의 평안을 찾는 것이다.

신을 찾는 것은 인간의 영혼에 가장 깊이있는 열망이며 인생의 실제적 목표이다. 이 목표가 달성되면 인간은 신 곁에서 마음의 평화를 누리게 된다. 인간의 마음에 영혼이 내재되었기 때문이다.

폭풍우에 휘날리는 재

주를 믿지 않는 자를 비유하면 그자의 하는 일은 폭풍이 부는 날의 바람에 날리는 재와 같은 것. 그들은 자기 손으로 벌어들인 것을 어떻게든 할 수 없다. 이같이 길을 잃고서는 되돌아갈 수가 없다. (14 : 18)

——— 믿지 않는 자의 하는 일이란 불신자들이 신에 대항하여 꾸미는 일을 의미한다. 바람이 세차게 부는 날 재가 휘날려 날아가듯 믿지 않는 자의 현세에서 한 일은 재처럼 휘날려 사라진다.

마음의 덮개

그대가 코란을 읽을 때, 우리들은 그대와 내세를 믿지 않는 자들 사이에 눈에 보이지 않는 막을 쳤다. 또 우리들은 그들에게 이해를 시키지 않았기 때문에 마음을 덮개로 씌우고, 그 귀를 둔하게 하였다. 그대가 코란 중에서 주의 일만 말할 때, 그들은 싫어하고 등을 돌릴 것이다. (17 : 45~46)

——— 여기서 말하는 마음의 덮개는 불신자들이 진리를 받아들이는 것을 방해하는 악의와 질투의 덮개이며 거짓과 권위의식과 인종적 덮개, 사회적 지위와 소득의 상실에 대한 두려움의 덮개, 구태의연한 관습과 믿음의 덮개이다.

우상 숭배자

그들은 알라를 제쳐놓고, 알라께서 어떤 권위도 주시지 않은 것을, 자신은 아무것도 모르는 것을 숭배하고 있다. 무법자에게는 어떤 원조자도 없다. 우리들의 증거가 뚜렷한 형태로 그들에게 읽어 들려줄 때, 그대는 믿지 않는 자들의 얼굴에 혐오의 빛을 볼 것이다. 그들은 우리들의 증거를 읽어 들려주는 사람들에게 지금이라도 덤벼들 차비다. 말하여 주어라, '그것보다 한층 나쁜 것을 너희들에게 알려줄까. 지옥의 불이다. 알라께선 믿지 않는 자들에게 지옥의 불길을 약속하셨다. 갈 곳이 얼마나 나쁘냐.' (22 : 71~72)

——— 이 계시 구절에는 우상숭배를 반대하는 세 가지 논거가 말해졌다. (1)계시된 어떤 경전에도 우상숭배가 좋다는 근거가 없고, (2)인간의 이성과 양심이 우상숭배에 반대하며 우상숭배자들은 개인적 체험과 관찰에 근거한 우상숭배를

뒷받침하는 건전한 논리를 제시하지 못하고 있고, (3)우상숭배자들과 유일신을 신봉하는 신자들 사이에서 벌어진 오랜 세월 동안의 투쟁에서 후자가 예외없이 승리를 했다.

따라서 신의 계시, 인간의 이성, 역사적 사건 등에서 생긴 판단 결과는 모두 우상숭배에 반대한다.

낙원의 상속인

믿는 사람들은 번영한다. 이들은 예배에 임하여 겸허하고, 쓸데없는 말을 하지 않고, 희사(喜捨)를 하고, 자기의 감춘 곳을 지키며, 자기 아내나 오른손이 소유하고 있는 것은 별도로 아무 잘못이 없다. 이 이상으로 탐을 내는 자는 도를 넘는다. 또한 맡은 것이나 약속을 지키고, 예배를 빠지지 않고 보며, 이런 사람들이야말로 진실한 상속인으로, 낙원을 상속하고 그곳에 영원히 정주한다. (23 : 1~11)

——— 믿는 자는 현세에서나 내세에서도 번영하고 겸허하게 예배한다 함은 알라 앞에서의 자기의 미천함과 알라의 도움이 없다면 자기의 무력함을 깨닫는 것이다. 이슬람은 남자나 여자 모두가 정절을 지킨다. 온갖 성적 악폐나 타락에 가감치 않도록 하여야 한다.

믿는 자들은 신의 영광과 권능을 경외하고 행동으로 회개하고 겸손함을 나타낸다. 이는 인간의 영적 발전의 단계로 본다.

쓸데없는 말과 행동을 피해야 한다. 오만하고 남을 얕보는 일이 있어서는 안 된다.

희사의 목적은 어려운 사람에게 도움이 되고 경제적으로 불우한 계층에의 복지를 위한 것이다. 금전을 퇴장시키는 행위를 막고 활기있게 유통되어 건전한 경제적 조정을 이루는 데 목적이 있다.

신체적으로나 정신적으로 순결을 지켜야 하며 도를 넘어서는 안 된다. 이들에게는 천국이 약속되어 있다.

장벽[壁]

그들도 죽음에 임할 때는 '주여, 저를 다시 한 번 돌아가게 해주십시오'라고 말하고, '내버려 둔 것에 반드시 좋을 일을 하겠습니다'라고 말한다. 결코 그렇지 않으며 그 말하는 바는 단지 말뿐이다. 부활되는 날까지는 그들 뒤에는 장벽이 있을 뿐이다. (23 : 99~100)

——— 벽이란 여기서는 사람들이 사후에서 심판에 이르기까지의 정지 상태에 들어간다는 것을 말한다.

또 '그들 뒤의 벽'이란 현세(現世)로 돌아가려고 해도 넘을 수 없는 벽을 말한다.

장벽이란 말은 죽음의 날부터 부활의 날까지의 기간이나 상태에 적용된다. 이는 지옥과 천국의 징벌과 보상을 불완전하게 깨닫고 있는 중간 상태이다.

불신자의 이중의 부담

믿지 않는 자는 믿는 자에게 '우리의 길을 따르라. 우리가 너희들의 죄를 대신 짊어져 주마'라고도 말한다. 그러나 그들은 결코 죄를 짊어지지 않을 뿐더러 자신들의 죄도 지지 않으려 한다. 참으로 그들은 거짓말쟁이다. 그러나 최후의 심판을 받을 때 그들은 자신의 죄과 외에, 남의 짐까지 지고 부활의 날 조사를 받을 것이다. (29 : 12~13)

——— 사이비 신자나 위선자 이외에 공격적인 불신자들의 지도자가 있다. 이들은 사회적 지위를 이용하여 자기들을 따르고 유일신 신앙을 거부하면 세상에서 손해를 면할 수 있다고 메카의 서민을 유혹하고 보도한다.

증 명

말하라. '너희들은 알라를 제쳐놓고 너희들이 숭배하는 사신(邪神)에 대하여 생각해 보았느냐? 이 대지에 그들이 무엇을 창조했는지 나에게 보여라. 그렇지 않으면 그들이 천상(天上)의 일에 조금이라도 참여(參與)했다고라도 말하는 것이냐? 우리가 분명한 표적을 나타내 보이는 성전을 그들에게 주기라도 하였단 말이냐?' (35 : 40 부분)

——— 알라를 유일신으로 숭배할 것을 사람들에게 요구한다. 이는 무함마드 생존 당시 사회를 지배하였던 전통적 다신교 숭배와 전혀 다른 세계관이 여기에 펼쳐졌다. 이 세계관

이 코란의 세계관이다.

알라가 유일 절대신이라는 전도에 대해 당시 메카 주민들은 종교적이라는 것보다 사회적 견지에서 저항한 것이 많았다. 우상신과의 대결에는 알라의 유일 절대성이 강조되었다. 이 점이 이슬람의 근간이다.

믿는 자와 믿지 않는 자

알라께서는 바람을 보내시어 구름을 몰아내는 분이시다. 우리는 구름을 사지(死地)에 부어서 메마른 땅을 소생시키었다. 부활이란 진정코 이런 것이다.

모든 영광을 구하고자 하는 자여, 알라의 옆에야말로 모든 영광이 있다. 좋은 말은 알라께로 올라가고, 선행은 알라께서 이것을 높이 쳐드신다. 그러나, 나쁜 일을 도모하는 자에겐 엄벌이 내려지고, 그 나쁜 계획은 수포로 돌아간다. (35 : 9~10)

——— 이슬람교도와 다신교도의 다름이 이 계시에 뚜렷이 나타난다. 현세적인 이 세상의 이익에 너무 치우치지 않았으냐 하는 감도 있고, 종교에서 정서와 도덕을 구하는 사람에게는 불안을 가져다 줄지 모르지만 여기에 코란의 현실성이 있다.

이 세상에서 하는 일에 성공하고 베풀고 살면 신도 기꺼워할 것이다. 너무 수도승이 수행하는 것처럼 세상을 사는 것을 코란은 권하지 않는다. 남에게 잘 해주고 베풀면 현세에서나 내세에서나 영광이 있을 것이다. 이런 현실성이야말로 코란 가르침의 중요한 부분이다.

억 지

성심성의껏 섬기는 것은, 오직 알라께 바쳐야 하지 않느냐? 알라 이외의 보호자(保護者)를 선택하는 무리는 '우리가 신들을 숭배하는 것은 이들이 자신을 알라께 가깝게 해주기 때문이다'라고 말한다. 알라께서는 그들의 논쟁을 언젠가 재판하시리라. 알라께서는 거짓말쟁이나 배신자를 인도하실 리가 없다. (39 : 3)

―――― 인간은 성인(聖人)이라 하여 인간 자체를 숭배하고 부와 권세와 전통적 미신을 믿고 숭배하는 것은 우상숭배이다. 또 나무나 돌을 섬기는 것도 우상숭배이다. 우상숭배를 배제하고 진실한 유일신 알라로의 귀의가 이슬람의 본질이다.

알라 이외에 힘이 없다

만일 그대가 그들에게 '천지를 창조하신 분이 누구시냐'라고 물으면 그들은 '알라이시다'라고 대답할 것이다. 말하라. '너희들은 모르는가? 알라께서 내게 재난을 주실 때, 알라를 제쳐놓고 너희들이 숭배하는 자가 그 재난을 깨끗이 없애 줄 수 있을까? 또 알라께서 내게 은총을 베푸실 때, 그들이 그것을 제지할 수 있을까?' 말하라. '알라께서는 내게 부족함이 없으신 분이시다. 신뢰할 수 있는 자들은 모두 알라를 의

지한다.' (39 : 38)

——— 인간은 무력한 존재라고 생각하는 운명론은 전통적인 이슬람 문화의 하나이다. 이 세상에서 일어나는 모든 일도 최종적으로 신의 의지에 따라 결정된다. 알라에게 맡기는 이슬람교도의 인생관을 상징한다.

알라의 신성(神性)이 설명되고 있다. 비록 다신교 신자들이 전통적인 우상을 숭배하고 있다 하더라도 유일신의 권능이 천지를 창조하고 모든 실질적인 권세가 알라께만 있다고 생각하고 있다.

제멋대로

말하라. '아, 나의 백성들이여, 너희들은 마음대로 행동하여라. 나도 뜻대로 하리라. 언젠가 너희들은 깨달으리라. 도대체 누구에게 부끄러워해야 할 징벌이 내리며, 영원한 괴로움이 주어지는가를.' (39 : 39~40)

——— 이 계시 구절은 이슬람을 파괴하려고 은밀하거나 공개적으로 적은 도전해오나 그들의 사악한 음모는 성공될 수 없고 실패함을 나타낸다. 이슬람은 인류의 희망이며 마지막 거점이다.

기회를 잃음

혹은 '알라께서 인도하여 주셨더라면, 나는 알라를 공경하였을 것을'

하고 말한다. 징벌을 보면 '다시 한 번 원점(原點)으로 되돌아갈 수만 있다면, 꼭 착한 사람이 되었을 것을'하고 말한다. '아니, 바로 그와 같았다. 나의 계시는 너에게 전해졌을 것이지만, 너는 그것을 거짓말로 여겨 교만하게 행동하였고, 배신자의 무리와 한패가 되었던 것이다' (39 : 57~59)

——— 무함마드는 예언자로 경고자로 알라로부터 소명되었다. 그때의 메카의 사회적 배경을 보면 약육강식의 사회이고 도덕이 타락하고 금전만능의 사회였다. 그는 경고자로 최후 심판일에 대해서 말한다. 심판의 날에 어떤 자는 후회한다. 다시 태어나면 좋은 일을 하겠다고, 그러나 다시 돌아갈 수 없다. 삶은 제멋대로가 아니다.

번의(飜意)

그들에게 사도들이 명백한 증거를 가져왔을 때 그들은 자기들의 지식이 제일이라고 자랑했다. 그러나 그들이 조소하였던 것이 드디어는 그들을 둘러싸는 처지가 되었다. 그들은 우리의 엄벌을 보고 '우리는 오직 알라만을 믿겠습니다. 우리들이 알라와 나란히 숭배하던 것에 등을 돌리겠습니다'라고 말하였다. 그러나, 우리의 엄벌을 본 뒤에 비로소 '믿겠습니다'라고 말한들 소용이 없다. 이것은 알라께서 종들에 대해 해 오신 관례이다. 여기서 배신자들은 멸망하여 사라진다. (40 : 83~85)

——— 악을 제재하는 신의 공평함을 막는 자는 없다. 신의 계

시를 무엇이 조소케 했는가? 믿지 않는 자의 예술, 과학 또는 기술도 그의 영혼을 상실하면 소용없다. 물질문명도 신의 의지에 따라 발전된다고 믿어야 한다.

교만과 과장된 사고는 그들을 둘러싸고 있는 악의 바탕이다. 예언자들의 예증을 거역했고 조롱했던 그들의 불신에서 비롯한 악이 벌받게 된다. 그때 번의해 보아도 소용없다.

영원한 평안

너희들에게 주신 것은 다만 이 세상 생활의 즐거움에 불과하다. 이것에 비하면 주께 모든 것을 위임하고 믿는 자가 주의 곁에서 얻는 것은 보다 영원한 것이다. 이러한 자는 큰 죄나 수치스런 행위를 피하고, 화를 내도 곧 용서하는 자이다. 주의 부름에는 잘 응하고 예배를 지켜드리며 어떠한 일이라도 서로 협의하여 결정하고 우리가 준 양식 중에서 희사를 한다. 또 압박을 받아도 그들 스스로가 도와서 몸을 지키는 자이다. (42 : 36~39)

——— 보통의 남녀는 완전하지는 않지만 중대한 위반 행위가 없도록 노력한다. 이것은 신의 가르침에 조금이라도 따라가기 위한 노력이다. 그러면 노력의 보답을 영원한 평안이 깃드는 곳에서 얻을 수 있다. 현세에서의 일순간의 향락을 버리고 인내하고 신에게 모든 것을 위탁하고 관용과 자비를 베풀고 불의를 용서치 않는 자는 영원히 마음 편하고

안온하게 신의곁에 있다.

기 록

우리에게 그들의 비밀된 일이나 말소리가 들리지 않는다고 생각하느냐? 모두 들려오고 있다. 우리들의 천사는 그들 옆에서 기록(記錄)을 확인하고 있다. (43 : 80)

——— '우리들의 천사'란 알라가 지상에 보내 사람들이 하는 일을 기록시키고 있는 특별한 천사(天使)들이다.

각자의 인간에는 두 천사가 지켜보고 있는데 오른쪽의 천사는 선행하는 것만 기록하고 왼쪽의 천사는 악행만을 기록한다.

사귀지 못할 자

알라는 종교상의 일로 너희들에게 싸움을 걸지 않는 자나 너희들을 그 집으로부터 쫓아내지 않는 자들에게, 너희들이 친절을 베풀고 공평하게 취급하는 것을 금하지는 않는다. 알라는 공평한 자를 사랑하신다. 알라가 너희들에게 금지하는 일은 오직 종교상의 일로서 너희들과 싸운 자, 너희들을 그 집에서 쫓아낸 자 및 너희들을 추방하는 데 도움을 준 자, 이와 같은 자들과 너희들이 우정을 맺는 일이다. 이와 같은 자들과 우정을 맺는 자는 의롭지 못한 자다. (60 : 8~9)

——— 무함마드가 '헤지라'(이주) 후 메디나 시대가 시작하는데

이 시절에 그에게 기다리고 있는 것은 험한 것밖에 없었다. 이때 그는 우상숭배를 부정하고 그를 저지하는 자에 대해서는 힘으로 대처해야 했다.

630년, 무함마드는 메카 점령 후 메카의 주민들을 포용하고 이슬람으로 받아들였다. 이를 계기로 아라비아 반도가 사상 처음으로 통일되고 아랍과 이슬람 발전의 바탕을 마련했다.

도롱이

위선자들은 그대 있는 곳에 와서, '우리는 당신이 알라의 사도라는 것을 증언하리다'라고 말한다. 그러나 알라는 그대가 알라의 사도임을 알아 주시는 동시에 위선자들이 거짓말쟁이라는 것도 증언하시리라. 그들은, 자기들의 맹세를 방패로 삼아서 알라의 길을 막으려고 한다. 참으로 사악한 것은 그들의 소행이다. 그 이유는 그들은 한 번 믿음의 길로 들어섰으나 이윽고 신앙을 배반했기 때문이다. 그렇기 때문에 그들의 마음은 봉인(封印)되고 아무것도 알 수 없게 되고 말았다. (63 : 1~3)

——— 위선자들이란 자기 마음에 없는 이슬람의 신앙을 갖고 있다고 큰소리하고 그럼으로써 자신의 거짓되고 믿음이 없는 마음을 감추려고 하고 있다. 이들은 자립심이 결여되어 있다. 그들은 항상 의지할 사람을 찾아 헤맨다. 이 계시 구절은 위선자의 안과 밖이 일치하지 않다는 것을 의미할 수

도 있다. 밖으로 합리적이고 정직한 사람인 듯이 행동하지만 속으로는 텅비고 썩을 대로 썩어있다.

무함마드가 메디나로 이주하여 이슬람 공동체를 622년경 만든 후 이슬람을 받아들였으나 속으로는 무함마드의 적인 메카 상인층과 결탁도 하여 유태족을 끌어들여 이슬람 공동체를 파괴하려고 했다.

거짓을 말하는 자에 대한 낙인

그대는 단연코 좇지 마라, 경솔하게 맹세를 세우는 하찮은 자에게는. 즉, 중상을 밥 먹듯 하고, 남의 흉만 보고, 착한 일을 훼방하고, 규정을 어기는 죄많은 패거리들, 난폭한 데다 타고난 성품이 야하고, 재산이나 자식이 있는 걸로 뽐내는 자들에게 이와 같은 패거리들은 우리들의 표적이 낭독되면, '옛사람의 전설'이라 비아냥거린다. (68 : 10~16)

――――― 스스로를 속이는 지도자는 사실과 진실에 바탕을 두고 있지 않기 때문에 그의 말은 무가치하다. 사람이 살아가는 데 음미해야 할 계시 구절이며 더욱이 정치인들이 그렇다.

이슬람 초기 메카의 불신자들이 무함마드에게 협상을 제의했으나 무함마드는 단연히 이를 거절했다. 메카의 불신자들은 오만했고 의심스런 수단으로 부를 축적하고 권력과 영향력을 휘두르면서 진리를 받아들이려 하지 않았다.

영 혼

태양과 그 광휘(光輝)에 걸어서, 그 뒤에 잇닿은 달에 걸어서, 태양빛을 드러내는 대낮에 걸어서, 그것을 감추는 밤에 걸어서, 하늘에 걸어서, 그것을 세워 주신 어른을 걸어서, 대지를 걸어서, 그것을 펼쳐 주신 어른을 걸어서, 영혼을 걸어서, 그것을 갖추어 배덕(背德)과 경신(敬神)의 염을 불어 넣어주신 분을 걸어서, 영혼을 정갈하게 하는 자는 반드시 번영하리라. 영혼을 더럽히는 자는 반드시 파멸하리라. (91 : 1~10)

———— 태양·달·아침·밤 등 범신론적인 맹세 계시이다. 자연을 신으로 숭배하는 것은 고대로부터 아랍의 종교관습이다. 밤 하늘에서 태양이 아침에 떠오르는 것처럼 이슬람(새로운 질서)이 밤의 암흑(이슬람 이전 세계의 종교적 관습을 깨뜨리고)에서 떠오른다는 것을 이 계시는 비유하여 말하고 있다.

코란은 신의 말씀이다. 그 말씀은 신과 모든 존재를 직결한다. 자연적인 상징인 태양이나 달은 신이 존재하고 있다는 상징이다.

악을 피하고 의로운 길을 걷는 자는 누구라도 정신적인 위대함을 성취할 수 있음을 이 계시는 말한다.

네게는 너의 종교, 내게는 내 종교

말하라, '신앙 없는 자들이여! 너희들이 숭배하는 것을 나는 숭배하지 않는다. 내가 숭배하는 것을 너희들은 숭배하지 않는다. 나는 너희들이 숭배하는 것에 대한 숭배자가 아니다. 너희들은 내가 숭배하는 것에 대한 숭배자가 아니다. 너희들에게는 너희들의 종교가 있고, 내게는 나의 종교가 있다.' (109 : 1~6)

―――― 이 계시는 믿지 않는 자에 대해 관대하다. 요샛말로 하면 공존정책이라고도 해석될 수도 있다. 그러나 이 계시의 밑바닥에 있는 것은 믿지 않는 자에 대한 경고이다. 유일신 알라를 믿지 않는 자는 더 나가 압박까지 가해온다. 그러면 이슬람교도들도 이에 단호히 맞서겠다는 선언이다.

그들 다신교도인 우상숭배자들은 예언자 무함마드에게 코란의 가르침을 포기할 것을 종용하는 데 대한 단연한 거부이다. 적대적인 환경과 불리한 여건 가운데서도 신앙을 용기있게 견지하라고 믿는 자들에게 명하고 있다. 믿는 자와 믿지 않는 자의 공통점은 없고 분명히 구별되어 있다. 구별선은 알라의 유일신이다.

6. 생 활

좋은 음식

믿는 사람들아, 우리가 그대들을 위해 비축한 좋은 것들을 먹어라. 그대들이 참으로 알라를 숭배한다면 알라께 감사하라. (2 : 172)

——— 이슬람 이전의 아랍인들은 여러 가지 미신으로 해서 '먹어서는 안 되는 것'을 정하고 있었다. 그러나, 무함마드는 농작물도 가축도 모두 알라에 의해서 만들어진 것이므로 특별한 것 외에는 모두 먹어도 좋다고 생각하였다. 코란이 금지한 것은 음식의 종류가 아니라, 그것을 베풀어 주신 알라에게 감사함이 없이 먹는 일이었던 것 같다.

단 식

오, 믿는 사람들아, 그대들의 선조들에게 정한 것과 같이 그대들에게도 단식이 정하여져 있다. 그대들은 알라를 공경할 것이다. 이것은 한정된 날수를 지켜야 한다. 단 그대들 중에 환자 또는 여행중인 자는 딴 날에 같은 날수만큼 행해야 한다. 또 단식을 할 수 있었는데 하지 않은 자는 가난한 자에게 음식을 주어 상환한다. 그러나 스스로 선을 행하는 자가 있으면 그것은 스스로를 위하여 더 좋은 일이다.

만일 그대들이 더 한다면 단식하는 것이 그대들을 위해 더 좋다. (2 : 183~184)

라마단이란 이슬람력 9월이며 이달의 이름이다. 실생활에서는 태양력이 사용되고 있는 이슬람 제국에서도 종교적 행사에는 1년을 354일로 하는 태음력이 쓰인다.

이슬람교도들은 라마단달 1개월 동안을 단식한다.

1개월이나 단식이 계속되면 노동력이 저하되는 것은 당연하다. 단식이 1개월 동안이나 계속된다는 말을 듣고 놀라는 사람이 있지만, 음식을 입에 대지 않는 시간은 일출(日出)에서 일몰(日沒)까지의 낮뿐이고, 해가 지고 날이 밝을 때까지의 사이는 아무리 먹어도 상관이 없다.

그러한 단식이라면 과히 괴롭지 않을 것이라고 생각하는 사람은 시험삼아 해 보라. 특히 우리나라의 한여름보다도 뜨거운 날이 계속되는 아라비아 반도에서, 먹을 것은 고사하고 한 방울의 물도 입에 대지 않고 지내지 않으면 안 되는 낮 시간의 고통은 대단한 것이다.

그것이 1개월 동안이나 계속되기 때문에 회사의 근무 시간이나 상인이 가게를 열고 있는 시간이 짧아지고, 사람들의 표정에 피로가 보이는 것도 하는 수 없다.

그러나 거기에는 충분한 배려가 되어 있어서, 환자나 여행자 · 임신부 · 수유(授乳)중의 여자 · 어린이 · 노인 등은 제외되고 있다.

이 기간 중에는 어느 거리에도 밤늦게까지 불이 밝게 켜 있고, 광대놀이 · 장난감집 · 서커스 등이 찾아온다. 어른들의 피로한 얼굴과는 대조적으로, 단식에서 제외되어 있는 어린이들이 기쁜 듯이 떠들며 노는 것도 이때이다.

단식은 결코 무함마드가 처음으로 정한 것이 아니고, 이전부터 그들 사이에 있었던 풍습이다.

그러나, 그것이 라마단달의 1개월에 걸쳐서 행해지게 된 이유에 대해서는 무함마드가 최초의 계시를 받은 것이 이 달이라고 하는 설과, 624년 이슬람군이 메카군에게 승리한 바드르의 싸움에서 대승리를 거둔 것을 기념하여 알라에게 감사하는 의미로 정해졌다는 설이 유력하다.

술과 화살내기 도박

술과 화살내기에 대하여 여럿이 그대에게 물을 것이다. 답하여라. '이것들은 커다란 죄악도 되고 또 인간에게 이익도 된다. 그러나 죄악이 이익보다 더 크다.' (2 : 219 부분)

——— '화살내기'는 아랍인이 좋아하는 내기로서 일종의 도박이며 제비뽑기와 비슷한 것이다.

화살을 제비로 해서 하나씩 뽑아 '맞은 화살'을 뽑은 자는 무료로 물건을 차지하고, '빗나간 화살'을 뽑은 자는 남의 몫까지 그 대금을 지불한다.

아라비아 반도 안의 나라에서는 지금까지도 술을 마시는 것이 금지되어 있다.

사우디아라비아의 수도 리야드의 시청 앞 광장에서는 이슬람교의 성일(聖日)인 금요일 오후가 되면, 몰래 술을 마시다가 들킨 자가 몸 양쪽을 경관에게 붙들린 채 엎드려 회초리로 엉덩이를 맞고는 비명을 지르고 있는 광경을 곧잘 볼 수 있다.

그러나, 비교적 서구화되어 있는 이집트나 레바논에서는 맥주도 위스키도 자유로이 마실 수가 있다.

다만, 만취하여 추태를 보이고 있는 사람이 눈에 띄지 않는 것은 그들의 자제심(自制心)이 강한 것도 물론이려니와, 역시 이 사회적인 배경이 원인이 되어 있기 때문일 것이다.

무함마드는 처음부터 술을 금하고 있지는 않았던 모양이다. 코란 16장 67절에는, '너희들은 대추야자나 포도의 열매에서 술이나 맛있는 음식을 만들 수 있다. 이것은 분별 있는 사람들에게의 (알라의) 증거이다'라고 말하고 있는 것을 보면, 오히려 그것은 근사한 음료로 생각되어 있었던 모양이다.

천국을 묘사한 가운데 술이 나오는 것도 그 때문으로 생각된다. 그러나, 아무래도 입맛이 좋은 이 음료는 취한 마음의 즐거움에 비례하여 점차 그 해독도 나타나기 시작한 모양이다.

그러므로, 2장 219절에서는 술은 화살내기와 더불어 비판의 대상이 되고, '그 이익보다 죄악 쪽이 크다'고 제동이 걸려졌다.

그리고 5장 91절에서는, '사탄은 술이나 화살내기로 너희들 사이에 적의와 증오를 던지고, 너희들이 알라를 생각하는 것과 예배를 지키는 일을 방해하려 하고 있다'고 술을 비난하고 있다.

그런데 술을 마시는 사람, 안 마시는 사람, 마시고 싶지만 참고 있는 사람, 이렇게 가지각색이지만, 아랍의 토주(土酒)는 아라크라고 불리며, 그것은 대추야자의 열매로 만들어진다.

보기에는 보드카 · 진 · 소주 따위와 비슷하여 무색투명하지만, 알코올 성분이 대단히 강하기 때문에 물을 타서 마시는 것이 보통이다.

그리고, 거기에 물을 타면 아라비안 밀크의 별명에 어울리게 불투명한 하얀 액체로 변한다. 우리나라에서도 경북지방에서는 소주를 '아락'이라고 부르는 데가 있다.

금단(禁斷)의 음식

시체(屍體) · 피 · 돼지고기, 또 알라 이외의 이름으로 희생되어 타살(打殺)된 것, 추락사(墜落死)한 것, 찔려 죽은 것, 야수(野獸)에 물려 죽은 것, 단 너희들 스스로 숨을 거둔 것은 다르지만, 우상(偶像) 앞에서 죽인 것, 이런 모든 것들은 너희들에게 금지되어 있다. (5 : 3 부분)

——— 동물을 도살(屠殺)할 때 교살(絞殺)하고, 타살(打殺)하고, 찔러 죽인 동물은 먹어서는 안 된다고 하면, 그 외에는

어떠한 도살 방법이 남아 있는 것일까? 이슬람권에서는 도살할 때에는 경동맥(頸動脈)의 절단이라는 방법이 쓰여진다.

예를 들면, 비둘기나 닭 종류는 날개가 붙어 있는 부분과 잡아 젖힌 머리를 왼손으로 함께 붙잡고 목젖 근처에 칼을 찌른다. 이때, 경동맥과 더불어 기관도 절단되기 때문에 꽥 소리조차 내지 못하고 숨이 끊어져 버린다.

토끼나 양도 마찬가지다. 옆으로 쓰러뜨리고 그 어깨 근처를 무릎으로 꼭 누르고, 귀를 잡아 뒤로 젖힌 턱 밑을 단숨에 짜른다. 잠시 동안은 발을 구르며 꿈틀거리고 있지만, 마침내 출혈 때문에 움직이지 않게 된다.

소나 낙타쯤 되면 몸이 큰만큼 다소 시간이 걸린다. 선 채로 잡는 일도 있지만, 대개는 무릎을 꿇게 하고 그 앞발을 무릎 근처에서 동여매고 움직이지 못하게 해서 잡는다.

도살자는 '비스밀라 앗라하만 앗라힘(은혜롭고 자비하신 알라의 이름으로)'하고 윈 후에 그 목의 경동맥을 기관과 함께 벤다.

고통스러운 호흡 때마다 선혈(鮮血)이 푹푹 소리를 내면서 솟아나는 모양은 다소 처참하지만, 그후에는 솜씨있게 배를 가르고 가죽을 벗기며, 그 고기는 많은 사람들에게 나누어 주는 것이 상례이다.

앞문과 뒷문

새 달[新月]에 대하여 그대에게 묻는다면 답하여라. '그것은 사람들을 위해 또 순례를 위해 정해진 때의 설정이다.' 참다운 경건이라는 것은 뒷문을 통해 집으로 돌아오는 것이 아니다. 참다운 경건이라는 것은 알라를 공경하는 것이다. 때문에 앞문으로부터 집에 들어가라. 그리고 알라를 공경할지어다. 그러면 그대들은 번영할 것이다. (2 : 189)

——— 이슬람 이전의 아라비아 반도에서는 성지(聖地)를 순례하고 돌아왔을 때에는 금기 상태에 있기 때문에 집에는 뒷문으로 들어가는 것이 습관으로 되어 있었다. 이 계시는 그것을 부정한 것이다.

순례는 이슬람교도가 지키지 않으면 안 되는 중요한 종교의무이다. 그밖의 종교의무로 샤하다(신앙의 고백), 사랄트(예배), 사움(단식), 자카트(희사) 등이 있고, 핫지라고 불리는 메카에의 순례도 그 하나이다.

메카에 있는 카바신전에 참배하는 것은 이슬람교도에게는 평생의 소원이다. 그리고, 그 행사는 이슬람력(曆)의 12월 7일부터 4일간에 걸쳐서 행해지는데, 무함마드가 메카를 정복한 이래 오늘날까지 1,300여년의 긴 세월에 걸쳐 계속되고 있다.

7일 이전에 메카에 도착한 신자들은 알라 앞에서는 차별이 없다는 생각에서 민족 · 직업 · 지위 등에 관계없이 이흐람이라고 불리는 흰 천으로 된 소박한 의복으로 몸을 감싸고, 몸을 세정(洗淨)한 후 즉시 타와프를 시작한다.

타와프란 코란의 문구를 외면서 회랑(廻廊)의 문을 지나 카바신전을 왼쪽으로 7번 도는 행사이다.

타와프를 마친 신자들은 회랑을 나온 후 약 2백m 떨어져 있는 사파와 마르와 언덕 사이를 7번 왕복한다. 이 두 언덕은 이슬람 이전부터 성지로서 사람들이 참배하고 있었던 곳이다.

8일 아침 일찍, 신자들은 북방 5km 못 되는 거리에 있는 미나 골짜기로 향한다. 그곳은 높이 150m가량의 두 산 사이에 펴져 있는 평지이다.

그곳에서 휴식하고 낮 예배를 끝낸 신자들은 그곳에서 하룻밤을 새운다.

평소에는 한 사람도 없는 황야인 이 산기슭이 수만의 텐트로 꽉 메어지는 정경은 참으로 장관이다. 다음날 아침 신자들은 알라에게 기도하고, 코란을 낭송하면서 이튿날을 맞이한다.

9일 아침 일찍, 아침 기도를 끝낸 그들은 알아파트 산에 오른다. 그리고, 산꼭대기에서 예배를 올리고 설교를 듣고 산을 내려오면 텐트를 챙겨 가지고 해가 저물 때까지 무즈타리파 평원으로 옮겨, 그곳에서 21개의 잔돌을 줍는다.

이것은 미나 골짜기로 돌아왔을 때, 이 골짜기의 서쪽 끝에 서있는 돌기둥에 던지기 위해서이다.

이것은 '이블리스(악마) 치기'라고 불리는 행사로서, 이것도 이슬람 이전부터 있었던 일종의 액땜 습관을 그대로 순례 때의 행사에 받아들인 것이다.

'이블리스 치기'를 끝낸 신자들은 급히 메카로 돌아와 카바신전 주위를 급히 7번 돈다.

이것이 끝나면 사람들은 비로소 이흐람을 벗고 평복으로 갈아 입어도 좋고, 또 여기서 비로소 '핫지'의 칭호를 허용하게 된다.

10일은 순례가 무사히 끝났다는 것을 감사하여 축하하는 희생제(犧牲祭)로서, 이날에는 수만 마리에 이르는 낙타·소·양 등이 도살된다.

그리고, 그후에 계속되는 3일간은 각국에서 모여든 사람들이 제각기 집단을 만들어 이슬람 세계의 여러 문제에 대해 토론하는 토론회가 개최된다.

이것을 끝낸 신자의 대다수는 이슬람교의 또 하나의 성지인 메디나로 향하지만, 이것은 별로 강제되어 있지는 않다.

인 내

믿는 사람들아, 인내와 기도로써 구원을 청하여라. 알라께서는 인내하는 사람과 더불어 계시다. (2 : 153)

———— 코란이 강조하는 도덕률 중의 하나는 인내이다. 어렵고 힘들 때 참아 하고자 하는 일을 포기하지 않고 목적을 달성해야 한다. 참고 예배한다 함은 마음의 수양을 의미한다. 낙담하지 말고 또 해로운 것을 피하고, 옳은 일에 굳게 매달리는 게 참는 일이다. 이것은 신앙과 통하는 길이다.

이슬람은 성스러움과 속됨의 구별이 없다. 속된 일도 참고 견디고 행하면 성스러운 일이 되고 다음에 신을 찬미하는 예배로 이어진다. 그러면서 성공을 신에게 기원한다. 여기서 인내는 예배와 조화를 이룬다. 이슬람은 인내를 가장 으뜸의 덕으로 여긴다.

순례 여행 준비

메카 순례의 달은 주지(周知)의 일. 그 기간에 순례의 의무를 다하려는 자는 부도덕한 일이나, 싸움이 있어서는 안 된다. 그대들이 행하는 선행 전부를 알라께서 다 아신다. 순례 여행에 대비해서 충분한 식량을 비축하라. 최상의 비축은 경신(敬神)이다. 정신이 똑바른 자는 나를 공경하라. (2 : 197)

순례자들은 순례하려고 이흐람을 입으면 여러 금기 사항이 뒤따른다. 이흐람이란 바느질을 하지 않은 흰 천 두 장으로 상체와 하체를 가리는 순례 복장이다. 신 앞에서는 모두가 평등하다는 의미를 이흐람을 입음으로써 순례자는 종교적 정열을 더한다.

또한 이성과의 입맞춤, 성교, 결혼, 다툼, 동물이나 성역 주변의 초목을 상하지 않아야 하므로 손톱이나 머리털, 수염 등을 자르거나 면도할 수 없다.

순례는 모든 것을 희생하여 알라께 귀의한다는 정신을 구현하는 것이다. 이 기간 중 모든 순례자는 민족, 빈부 등의 차이를 넘어 같은 목적, 같은 방법으로 같은 의식에 참가함으로써 신자간의 동포의식을 고양하고 인간이 신 앞에서는 평등하며 모든 자가 신에 대해 의무가 있다는 것을 깨닫는다.

그러나 순례를 하기 위해서는 다음과 같은 조건을 구비해야 한다. 순례를 생각한 시점에서 심신 모두 건전하고 타인한테 부채가 없고 자기의 왕복 여비와 집을 비운 사이의 가족의 생활비를 자변할 수 있는 재력을 갖고 있어야 한다. 여성의 경우에는 신뢰할 만한 동반자가 있어야 한다.

한 톨의 밀

알라의 길을 위하여 자기 재산을 소비하는 사람을 비유한다면 각기 백 개의 낟알이 달린 일곱 개의 이삭이 내는 한 알의 낟알과 같다. 알라께서 뜻을 둔 자에게는 몇 배로 돌려 주신다. 알라께서는 모든 것을 포함하고 모든 것을 아신다. (2 : 261)

——— 신은 사라지려는 민족에게도 다시 소생의 힘을 준다. 이스라엘 백성이 그 예이다. 이스라엘 백성과 이스마엘 백성은 각각 두 번씩 일어났다. 이슬람이 약속된 부흥에 대비하기 위해 신은 신앙심이 있는 자에게 아낌없이 쓰라고 한 구절이다.

자 선

그대들이 희사를 눈에 띄게 하는 것도 좋지만 몰래 가난한 사람들에게 준다면 더 좋고, 이것으로 인해 그대들의 나쁜 행위도 속죄될 것이다. 알라께서는 그대들이 한 바를 다 통지받고 계시다. (2 : 271)

——— 이슬람은 두 가지의 자선방법이 있다. 하나는 자카트(희사)로 경제적 여유가 있는 신도들에게 과해진 특정한 의무고 다른 하나는 사다카(자선)로 자카트 이외의 모든 자선 행위를 말한다. 액수의 다소를 불문하고 자기능력이나 소유물을 임의로 제공하여 다른 사람을 돕는 것이다.

이슬람은 희사와 자선을 모두 권장하고 있다. 자선을 공개적으로 하면 다른 사람에게 모범이 되어 그것을 모방하도록 만든다. 어떤 경우에는 몰래 행하는 자선이 더 좋다. 불행한 형제들이 곤궁함을 드러내지 않을 수 있다. 자존심을 상하지 않게 한다.

바른 일

너희들이 자기 마음에 드는 것을 희사하지 않으면 경건한 경지에 이를 수 없다. 희사하는 것이 무엇이든 알라께서는 자세히 알고 계시다. (3 : 92)

——— 남을 위해 자기가 소유했던 것을 기회가 주어지면 희사해야 한다. 지식, 기술, 재능, 경험, 지위, 재산 등이며 이중에 재화(財貨)는 사람들이 가장 사랑하는 것으로 이것의 희사로 남을 도울 수 있다. 사심없는 공평한 마음을 신은 사랑하신다. 모든 의로움의 본질이고 선의 최고 형태인 참

된 일은 자기가 아끼는 모든 것을 희생할 준비가 되어 있다가 이를 실천에 옮기는 것이다.

배당(配當)

알라께서 너희들 중 그 누구에게 다른 자보다 많은 재산을 베푸셨다고 해서 그것을 시기해서는 안 된다. 남자는 자기가 벌어들인 것 중에서 배당을 받으며 여자도 자기가 벌어들인 것 중에서 배당을 받는다. 알라의 자비를 바라는 것이 제일이다. 알라께서는 무엇이든지 전부 알고 계시다. (4 : 32)

——— 세상을 분수대로 살아야 한다. 누구를 시기한들 자기에게 돌아오는 것이 무엇이 있겠는가. 바른 길, 맡은 길에서 삶을 위해 노력하면 그에 대한 대가가 온다. 신은 진력을 다하는 자에게 보답한다.

답례(答禮)

누구에게서 인사를 받았을 때는 받은 인사보다 더욱 친절하게 인사하든가 그렇지 않으면 적어도 같은 정도의 인사를 하라. 알라께서는 모든 일을 정확하게 계산하고 계시다. (4 : 86)

——— 코란은 신의 말의 집대성이라고 일컬어지고 있다. 그런데, 코란에는 계산 · 거래 · 장부 등등의 상업 용어가 곧잘 나오기 때문에, 그 일을 기이하게 여기는 사람이 많은 것

같다.

그러나, 그것은 계시를 받을 때까지의 무함마드가 유능한 상인으로서 활약한 인물이었기 때문이다. 그리고 또, 그의 주위에 모인 사람들 가운데 상인이 많았기 때문에, 그들이 친근감을 느껴 이해하기 쉬운 말이 많이 사용된 것으로 생각된다.

코란의 말이 신의 것이라 하더라도 그것이 무함마드라는 인간의 입을 통해서 말하여진 한, 이것은 극히 자연스러운 일이 아닐까.

이슬람교도 사이의 인사는 '앗살람알레이꿈'(당신에게 안녕이 있기를)이다. 이런 인사를 받게 되면 더 정중하게 '와 알레이꿈살람'(그리고 당신에게도 안녕이)이라고 답한다. 이 인사는 계절이나 하루의 시간과 관계없이 행해진다.

승 자

너희들의 벗은 단지 알라와 그 사도와 예배를 드리고 희사를 하고 엎드려 빌며 믿는 자들뿐이다. 알라와 그 사도 그리고 믿는 자들을 벗으로 돕는 자는 모두 알라의 편으로 반드시 승자가 된다. (5 : 55~56)

——— 진정한 이슬람교도란 이슬람의 종교적 의무인 알라와 그 사도를 믿고 예배하며 가난한 자에게 희사하는 자이다. 현세에서는 마음의 편안함이 있고 내세에서는 천국이 그의 집이다. 이런 사람이 승자이다.

현물 공납

시렁이 있는 과수원, 시렁이 없는 과수원, 대추야자나무, 여러 가지 곡식을 심은 밭, 감람(橄欖)·석류 등 서로 닮은 것, 닮지 않은 것, 이런 모든 것을 만드시는 분이야말로 알라이시다. 열매가 익었으면 그 열매를 먹어라. 수확(收穫)을 하는 날에 정해진 희사를 공납하고 거두어들일 수 있는 것은 거두어들여라. 그러나 낭비를 해서는 안 된다. 알라께서는 낭비하는 자를 사랑하지 않으신다. (6 : 141)

——— 수확의 일부를 현물세로서 납세하라는 것이다. 이슬람신자의 종교적 의무인 희사를 말한다.

마른 곡식도 무게를 달아 이에 비례하여 희사를 해야 한다. 매해가 끝날 때 각자의 수입 자산과 저축에 과하는 일종의 구빈세가 희사이고 신에 대한 감사의 나타냄이다. 이슬람초기의 조세이다.

죽이지 말라

말하라. '이리로 오라. 주께서 너희들에게 금하신 것을 읽어 주겠다. 어떤 것이든 알라와 나란히 숭배하지 않을 것. 양친을 공경할 것. 가난하다고 자기의 자식을 죽이지 말 것. 우리들이 너희들 자신도, 자식들도 기르고 있다. 나타나 있는 것도 감추어져 있는 것도, 부끄러운 행위에 가까워서는 안 된다. 알라께서 금하신 생명은 정당한 이유 없이 죽여서는 안 된다. 이것은 너희들에게 알려주라고 알라께서 명하신 것이

다.' (6 : 151)

——— 이슬람 시대보다 이전의 아라비아 반도에서는 가난 때문에 자식을 키우기가 힘들면, 특히 여자아이를 모래에 파묻어서 죽이는 관습이 있었다.

이 계시는 그런 나쁜 습관을 금지한 것이다. 이슬람은 이슬람 이전 악습이나 전통과의 결별이고 새로운 시대를 열었다. 그게 코란의 가르침이다.

'금하신 것'은 신께서 우리에게 내린 명령이다. 우상신을 섬기지 말며, 효도하고, 가난하다고 자식을 버리지 말고, 도덕적으로 타락한 행위를 하지 말고, 살인을 하지 말라는 명령이다.

희 사

희사는 가난한 자, 곤궁한 자[困窮者], 그것을 징수하며 돌아다니는 자, 마음으로 협조한 사람, 또 노예, 부채에 고생하는 자를 위해, 그리고 알라의 길을 위해, 나그네를 위해 있어야 한다. 이것은 알라께서 정하신 것. 알라께서는 잘 알고 계시는 총명한 분이시다. (9 : 60)

——— '마음으로 협조한 사람'이란 지금까지의 전통적인 다신교 신앙을 버리고 이슬람교를 갓 믿게 된 사람을 가리킨다. 신자든 비신자든 가리지 않고 가난한 자와 곤궁한 자에게의 구제를 희사와 시주는 쓰여져야 한다.

희사의 목적은 가난과 질병에 시달리는 자, 실업자, 희사를 모금하러 다니는 자, 금전적 도움이 필요한 새로 이슬람에 입교한 자, 빚을 갚지 못하거나 사업상의 심한 손해로 시달리는 자, 돈이 없어서 여행중 곤경에 빠진 자를 구제하기 위함이다.

감시의 천사

너희들 중, 말을 감추는 자와 큰 소리로 말하는 자도 밤에 몸을 숨기는 자와 백주에 당당하게 걸어다니는 자도 모두 같다. 누구에게나 앞과 뒤에는 감시하는 천사가 붙어 있어 알라의 명령으로 감시하고 있다. (13 : 10~11 부분)

——— 메카 시대의 무함마드는 그가 메카 교외 히라의 동굴에서 최초로 받은 계시는 물론, 그후에 받은 계시도 모두 알라로부터 직접 내려진 것으로 믿고 있었다.

그러나 메디나에 이주(移住)하고, 유태교나 그리스도교의 지식이 늘어남에 따라 그는 다른 의식을 갖게 되었다. 신이 사람 앞에 모습을 보이든가 사람에게 직접 말을 거는 일이 없고, 신의 뜻은 반드시 천사라는 중개자에 의해서 전해진다는 것을 알았기 때문이다.

가브리엘, 미카엘이라는 두 천사의 이름이 보이는 코란의 2장 98절은 메디나 시대의 계시라는 것이 알려져 있다.

그리고, 이슬람교도들은 천사도 다른 모든 것과 마찬가지로 알라에 의해서 창조된 것으로 믿는다. 그리고, 천사들은 신의 말을 인간에게 전함과 동시에 항상 인간을 감시하고, 또한 그 행동을 기록하여 심판의 날에 그것을 제출하는 것으로 믿어지고 있다.

'감시하는 천사'란 그것을 가리키는 것이다.

좋은 나무와 나쁜 나무

알라께서 어떻게 비유하셨는지 모르겠는가? 좋은 말씀은 좋은 나무와 같이 그 뿌리는 단단하고 그 가지는 하늘까지 이른다. 그것은 주의 허락으로 1년 내내 열매를 익히고 있다. 알라께서는 모두를 반성시키려고 여러 가지의 비유를 쓰신다. 또 나쁜 말을 비유한다면 나쁜 나무와 같이 뿌리 자체부터 불안전하여 안정할 수가 없다. (14 : 24~26)

——— 코란의 말씀을 좋은 나무에 비유하였다. 신의 말씀은 인간의 이성과 양심 또는 인간의 감정과 감수성에 반하는 가르침이 없다. 훌륭하고 뿌리가 깊고 과일이 많은 나무처럼 신의 말씀인 코란의 계시절은 튼튼하고 안정된 바탕을 가지고 있다. 그 근원으로부터 신선한 생명과 영양분을 받는다.

또 뿌리 깊은 나무처럼 그 말씀은 반대와 비판의 돌풍에 굽히지 않으며 모든 폭풍에 대항하여 의연하다. 원리나 가르침에 어떤 부조화나 버릴 것이 없다. 그 말씀은 어느 계절이나 풍부하게 과일을 맺는 나무이다. 이에 따라 행동함으로써 영적 탁월성이 가장 높은 정상까지 오를 수 있어

신과의 영적 교섭을 달성할 수 있다.

좋은 나무와 달리 나쁜 나무는 뿌리가 약해 안정성이나 영구성이 없다. 마치 한가지로 꾸며낸 거짓투성이의 책은 이성이나 자연법칙에 의해 뒷받침되고 있지 않다. 악서는 퇴화된다.

효 도

만일 양친의 한쪽, 또는 양쪽이, 너희의 곁에서 노령에 이르렀다면 공손히 모셔라. 결코 양친에 대하여 혀를 차서는 안 된다. 거칠은 소리를 해서도 안 된다. 정중한 말을 하여라. 그리고 부드러운 연민의 마음으로 겸손의 날개를 양친의 위에 내리며 말하여라, '주여, 양친께서 어린 저를 길러 주셨으니 이 두 분을 불쌍히 여겨 주십시오.' (17 : 23 부분~24)

―――― 효는 인간의 근본도덕이다. 코란도 효를 인륜의 으뜸으로 여긴다. 어미새가 병아리에게 다가설 때 애정으로 날개로 감싸주는 은유로 효를 비유했다.

부모에 대한 효도는 인륜이다. 부모에 대한 순종은 효도의 중요한 부분이다. 부모는 자식에게 사람답게 살 수 있도록 교육을 했고 도덕을 가르쳤다. 부모는 신의 속성이 반영되는 거울이다. 인간은 신의 은총에 보답할 수 없으나 신을 회피하지는 말아야 한다. 부모에 대해서는 모든 힘을 다하여 효도해야 한다.

펼친 손

손을 목에 매어 놓아서는 안 된다. 그러나 그것을 너무 많이 넓혀도 안 된다. 그렇게 하면 비난과 후회 속에서 지내게 될 것이다. (17 : 29)

——— '손을 목에 매어 놓아서는 안 된다'라는 말은 희사하기를 아까워하지 말라는 의미이다. 인색하지 말라는 아랍어의 숙어이다. 돈을 써야 할 때 쓰지 않고 인색하면 안 된다. 공공의 실제적인 필요가 있을 때 의연금이나 기부금을 낼 수 없을 정도로 돈을 무분별하게 목적없이 낭비하면 안 된다.

계 량

너희들이 잴 때에는 저울의 눈은 속이지 마라. 또 바른 저울로 달아라. 그 쪽이 좋고 또 좋은 결과를 가져온다. (17 : 35)

——— 무함마드는 상인 출신이기 때문에 상인들이 쓰는 어투가 코란 구절에 때때로 보인다. 상업적 발전과 사람의 번영 비결은 상거래를 정직하고 공정하게 하는 데 있다. 일상생활이 저울 눈금처럼 공정하다면 그 사회는 도덕윤리가 확립되고 질서가 정연하고 법이 있다.

내일의 일

무슨 일이든 '나는 매일 그것을 한다'라고 해서는 안 된다. 단 '알라의 뜻이라면'하고 말하면 좋다. 만일 잊었다면 주의 이름을 부르고 말하여라. '아마도 주께서는 이것보다 더 바른 길에 가까운 곳에 나를 인도해 주실 것이다.' (18 : 23~24)

——— 코란의 가르침 가운데서도 이 계시는 아랍인의 생활에 가장 밀착(密着)되어 있는 것의 하나라고 생각된다.

'만약에 알라의 뜻이라면'이라는 말을 아랍어로는 '인샬라'라고 한다. 그리고, 아랍인이 '지금' 이후의 일을 약속할 때에는 이 계시대로 반드시 '인샬라'를 덧붙인다.

"이것은 내일 아침까지 되겠습니까?"

"예, 반드시 됩니다. 인샬라."

"물건을 집에 배달해 주시겠습니까?"

"예, 배달해 드리겠습니다. 인샬라."

실제로 이와 같이 사용된다. 그런데, 내일 아침은커녕 낮이 되어도, 밤이 되어도, 모레 아침이 되어도 약속의 물건이 배달되지 않는 일이 생길 수도 있다.

그래서 많은 외국인은 자기의 태만을 말로 발뺌하기 위해 아랍인은 '인샬라'를 쓰고 있다고 화를 낸다.

그러나, 아랍인은 자기의 책임(責任)을 피하기 위하여 '인샬라'를 쓰는 것은 아니다. 그들은 약속을 지키려고 노력한다.

그러나, 이 세상에는 자기의 의지와는 관계 없이 여러 가지 이유로 일이 잘 안 되는 수가 곧잘 있다. 그것을 그들은 '알라의 뜻이 없었다'고 생각하는 것이다.

그러므로, 그들이 약속한 뒤에 '인샬라'를 덧붙이는 것은 약속을 지키지 못할 때의 발뺌을 위해서가 아니라, 그 약속을 지킬 것을 바라서 하는 말이다.

'인샬라'란 남과 약속하는 일이 어렵다는 것을 알고 '지금'보다 이후의 일은 아무것도 모른다는, 인생의 진정한 모습을 안 사람만이 바르게 사용할 수 있는 지혜(知慧)의 말이라고 생각한다.

결 혼

너희들 중의 독신자, 경건한 종 및 하녀들을 결혼시켜 주라. 비록 그들이 가난하여도 알라께서는 은총으로 그들을 풍성케 하실 것이다. 알라께서는 널리 모든 것을 아신다. (24 : 32)

——— 독신자 남녀의 결혼은 무엇보다 더 요구된다. 이슬람은 결혼하지 않는 상태를 좋지 않게 보며 결혼한 상태를 정상적이고 자연스런 상태로 여긴다. 정상적인 가정을 이룩함은 신에 대한 감사를 한다고 여긴다.

매 춘

너희들의 하녀들이 정절을 지키고 살 것을 원한다면 너희들이 현세의 일시적인 욕심으로 그녀들에게 매춘을 강요해서는 안 된다. 만일 누군가 그녀에게 강요를 한다면 강요당한 그녀들에게 알라께서는 죄를 용서하고 자비를 베풀어 주신다. (24 : 33 부분)

——— 메디나의 유력자(有力者) 가운데 아부 달라 이븐 우바이라는 사람이 있었다. 그는 무함마드가 메카에서 메디나로 이주한 당시에는 무함마드에 대해서 중립적(中立的)인 입장을 취하고 있었다.

그러나 마침내, 무함마드의 아내의 한 사람인 아이샤의 스캔들을 퍼뜨리기도 하고, 은밀히 유태인과 내통하여, 무함마드의 실각(失脚)을 획책하기도 했기 때문에, 드디어 무함마드로부터 '사이비 신자'라고 낙인(烙印)이 찍힌 인물이다.

이 아부 달라 이븐 우바이가 소유하고 있던 6명의 여자 노예에게 매춘을 강요해서 돈벌이를 하려고 했을 때, 여자 노예의 한 사람이 그 일을 무함마드에게 호소하였다. 이때에 무함마드에게 내린 것이 이 계시라고 일컬어지고 있다.

이슬람 이전시대 아라비아 반도에 매춘이 있었는지 없었는지 하는 토론이 벌어진 일이 있었는데, 이 계시가 있는 한 역시 어떤 시기, 어떤 지역에서는 그것이 존재해 있었다고 추측하지 않을 수 없다.

아름다운 말로 인사

너희들이 집에 있을 때는 알라로부터 축복받을 만한 훌륭한 인사로 서로 인사를 하여라. 이처럼 알라께서는 너희들이 깨달을 수 있도록 계시를 밝히신다. (24:61 부분)

——— 만났을 때의 인사말은 아랍권뿐 아니라 인도네시아, 중국(中國), 말레이지아, 파키스탄, 이란, 터키 등 어느 이슬람나라에서도 이슬람교도들은 인사할 때에 '앗살람알레이꿈'이라는 공통된 말을 한다. '당신이 안녕하시기를'이라는 뜻이다. 그리고, '앗살람아레콤'이라는 인사를 받은 사람은 반드시 '아레콤앗살람'이라고 말한다. 이것은 '당신이야말로 안녕 무사하시기를'이라는 의미다. 아침·낮·밤의 구별 없이, 또 상대방이 이슬람교도인 이상 그것은 지구상의 어디서나 통용된다.

인사말을 거는 순서에는 무함마드가 정했다고 하는 일반 법칙이 지켜지고 있다. '젊은 사람이 나이 많은 사람에게, 손아랫사람이 손윗사람에게, 가난한 사람이 부유한 사람에게, 걷고 있는 사람이 앉아 있는 사람에게, 탈것 위에서 걷고 있는 사람에게, 소집단(小集團) 쪽에서 대집단(大集團) 쪽에'라는 것이 그것이다.

다소 까다로운 것처럼 생각되지만, 실제로는 극히 자연

스러운 순서가 아닐까. 우리들의 주위에도 이와 같은 순서로 되어 있는 것이 많다고 생각된다.

또, 인사에 따르는 동작 중에서 가장 일반적인 것은 악수이다. 젊은 사람들끼리 우리말로 하면 '여……', '야……' 하는 식으로 오른손을 가볍게 들기만 하는 사람도 있지만, 보통은 오른손을 내밀고 우선 악수를 나누는 사람이 많다. 그런 후, 친한 사람들끼리는 서로의 얼굴과 얼굴을 맞대기도 하고, 힘껏 껴안고 볼이나 목에 입을 맞춘다.

신분이 낮은 사람은 신분이 높은 사람의 손등에 입을 맞추고 나서 자기의 오른손을 이마에 가져가는 것이 예의라고 듣고 있는데, 요즈음에 와서는 거의 볼 수 없다.

그러나 신분이 높은 사람들 사이에서, 더더구나 다소 형식적인 분위기 속에서는 우선 오른손을 자기 가슴에 대고 그 손을 자연스러운 리듬으로 가볍게 이마까지 가져갔다가 조용히 내리는 사람을 곧잘 본다. 우리 한국인이 옆에서 보고 있으면 고상(高尙)하기도 하고 또한 회화적(繪畵的)인 아름다움도 따르는 풍경이다.

당나귀의 목소리

사람들을 경멸하여 너의 뺨을 돌리지 마라. 그리고, 이 지상을 거만하게 걸으면 안 된다. 알라께서는 거만하게 무턱대고 뽐내는 자를 사랑하시지 않으신다. 중용의 걸음으로 걸을 것이며, 소리를 낮추어 말하라. 실로 불쾌하기 그지없는 소리는 당나귀 소리인 것이다. (31 : 18~19)

——— 아랍 사람은 말하기를 좋아한다. 그리고 흥분하면 떠들고 마치 싸움하는 것 같다. 한국말에도 '볼을 붉히고'라는 말은 감정의 표현에 쓴다. 여러 표현이 아랍에도 있지만 당나귀 소리란 불쾌감을 나타내는 말이다. 아랍 사람은 겸손하고 중용의 길을 찾는다. 잘났다고 떠드는 것은 실례이다.

아랍 사람들이 가장 불쾌하게 여기는 소음은 당나귀 울음소리이다. 당나귀처럼 경하게 떠들지 말라는 것은 겸손하라는 뜻이다.

영 혼

죽을 때 영혼을 뺏는 것은 알라이시고, 죽지는 않았을망정 자는 사이에 영혼을 빼앗아 두는 것도 알라이시다. 알라께서는 이미 죽는 걸로 정해진 자의 영혼을 억압하시며, 그밖의 사람의 영혼은 일정한 시간까지 보내 주신다. 그 속에는 참으로, 생각이 깊은 자에게 주시는 계시가 있다. (39 : 42)

——— '잠들고 있는 자의 영혼을'이란 잠들고 있을 때에 아무것도 모르는 것은 알라가 그 혼을 빼앗아 버렸기 때문이라는 의미다. '그밖의 사람의 영혼은 일정한 시간'이란 수명을 다할 때까지 살려 둔다는 의미이다.

생과 사, 수면과 꿈은 매혹이 있는 수수께끼이다. 죽음으로 우리들의 육체생활은 사라진다.

영혼은 신에게 소환된다는 게 이슬람의 종교관이다.

인간의 영혼은 불멸한 것이기 때문에 인간은 영혼을 타

락시키는 행위를 하지 말아야 한다.

선으로 악에 대하라

선과 악은 같은 것이 아니다. 그러니 보다 좋은 것으로 되돌려 주는 것이 좋다. 당신들과의 사이에 적의를 품고 있는 자들도 결국 친한 친구가 될 것이다. (41 : 34)

——— 성경 말씀에 왼빰을 때리거든 오른빰을 내밀어라하는 취지와 같다. 해독제가 독을 없애는 것이다.

예언자 무함마드는 메카에서 그렇게 박해받았는데 메카 정복 후 메카 주민들을 다 용서해 주었다. 이것이 이슬람 공동체를 굳히는 데 밑거름이 되었다.

30개월의 고생

우리는 인간에게 이르기를 양친에게는 친절하게 굴라고 명하였다. 인간의 어머니는 괴로워하며 잉태하고 괴로워하며 낳는다. 잉태와 이유(離乳)에는 30개월이 걸린다. (46 : 15 부분)

——— 이슬람 윤리의 기본은 효도이니, 임신하고 낳고 기르고 가르치는 어버이에게 효도해야 한다 함은 동서고금의 진리이며 코란도 이를 쉽게 가르친다.

별명(別名)

너희들 서로가 험담을 해서는 안 된다. 나쁜 별명을 붙여서도 안 된다. 신앙을 갖기 시작한 이후에 사악한 이름을 붙인다는 것은 나쁜 짓이다. 회오하지 않는 자는 의롭지 못한 자이니라. (49 : 11 부분)

——— 이 계시는 무함마드의 아내 가운데 한 사람인 사피야가 다른 아내들로부터 '유태인 여자'라고 욕을 먹고 그 슬픔과 울화를 무함마드에게 호소했을 때 내려졌다고 한다.

예의를 갖추고 정상적인 사회생활을 하는 사람에게 별명을 붙여 부른다는 것은 그 사람을 중상하려는 의도가 포함되고 있다. 이 계시 구절이 내릴 무렵의 아라비아 반도는 이슬람의 기치로 통일되어 사회가 안정된 상태였다. 안정된 사회란 모두 생업에 열중하고 가정을 지키고 신을 숭배하는 신앙생활을 영위하는 데 있다.

7. 경전(經典)의 백성(百姓)(유태교도와 기독교도)

신앙과 선행

진실로 믿음을 가진 사람들과 유태교도 · 기독교 · 사비아인(人) 등 누구든지 알라와 최후의 심판날을 믿고 좋은 일을 행하는 자들은 그들의 주로부터 보상을 받을 것이며, 두려움도 없고 슬픔도 없을 것이다. (2 : 62)

——— '믿음을 가진 사람'은 이슬람교도를 가리킨다. '사비아인'이란 유프라테스강의 하류(下流) 지대에 살고 있던 유태적 그리스도교도의 일족(一族)을 가리키는 말이다. 현재에도 아랍과 이란의 바스라 부근에 남아 있다고 한다. 배화교와 같은 명암(明暗)를 설교하는 소수민족이다.

이들은 메소포타미아에 살고 있던 별을 숭배하고 있던 민족으로, 이라크의 북부지방 모슬 가까이 살고 있었으며 유일신과 그 예언자를 믿었으나 계시된 경전은 갖고 있지 못했다고 한다.

참된 인도

유태교도나 기독교도는 그대가 그들의 종교를 신봉하지 않는 한 만족하지 않을 것이다. 말하라. '알라의 인도만이 진실한 인도이다'라고. 만약 그대가 지식을 얻은 다음에도 그들의 욕망에 따른다면 알라로부터 떨어져 그대를 보호할 자도 도울 자도 없다. (2 : 120)

―――――― 이슬람 이전 시대부터 이슬람 초기시대 아라비아 반도에는 유태교도가 있었다. 한편 기독교는 시리아, 팔레스타인, 이집트 등에 있었고 아라비아 반도에도 영향을 주고 있었다.

그들은 무함마드를 그들의 종교와 다른 종교를 일으킨다고 보고 배척했다. 유태교나 기독교나 이슬람교는 유일신계의 같은 종교이다. 이슬람이 번창함에 따라 그들은 이슬람에 적의를 품고 적대행위를 한다.

아브라함의 종교

또 주가 아브라함을 시험코자 말씀을 내려 그가 이를 수행코자 했을 때, 주는 '나는 너를 사람들의 지도자로 명한다'라고 하시니, 그는 '내 자손 대대까지입니까'라고 했는데 '나의 약속을 거역한 자에게는 적용되지 않는다'라고 대답하셨다.

또 우리가 성전(聖殿)을 만인이 모이는 장소로 정하고 안전지역(安全地域)으로 한 것. '아브라함이 발 붙인 곳을 예배장소로 하라.' 우리는 아브라함 및 이스마엘과 계약하여 순례자(巡禮者)나 안에서 기도드리는 자를 위해 그들의 이 성전을 정화(淨化)하라고 명하였다.

또 아브라함이 이와 같이 말한 것을 '주여, 이곳을 안온(安穩)한 장소로 하여주소서. 이 주민 중에 알라와 최후의 날을 믿는 사람들에게는 과일을 내려 주소서.' 알라께서 대답하시기를 '믿음이 없는 자에게는 순간의 즐거움이 주어지고, 그후에 지옥의 불 형벌이 내려 쫓길 것이다. 참 무서운 말로(末路)이니라.'

또 아브라함과 이스마엘이 성전의 초석을 세운 것을 '주여 받아 주소서. 참으로 당신께서는 모든 것을 들으시고 아십니다.

주여, 저희들을 당신의 귀의자(歸依者)로 하여 주시고, 저희들의 자손을 당신에게 귀의할 수 있는 백성으로 만들어 주소서. 우리들이 행하여야 할 예배의 방법을 보여 주소서. 저희들의 회개를 받아들이소서. 참으로 당신께서는 관대하시고 자비로우신 분입니다. (2 : 124~128)

——— 무함마드는 유태교도와의 논쟁 가운데서 자기의 주장을 절대적으로 유리한 위치에 놓이게 한 것은 아브라함의 종교의 확인이었다. 구약성서의 창세기에 보면 아브라함에는 두 아들이 있었는데 아내 사라와의 사이에 낳은 아이가 이삭이고 이집트 출신의 여종 사이에 낳은 아이가 이스마엘이다. 이삭의 자손은 후세에 유태인이 되었고, 이스마엘의 자손은 아랍인이 된다. 아브라함은 유태인과 아랍의 공통 시조이므로 그는 우상숭배의 다신교도밖에 없었던 고대 오리엔트 시대에는 처음으로 유일신을 신앙한 전설상의 인물이다.

유태교도에 대해 무함마드는 자기가 예언자라고 설명을 아무리 하여도 유태교도는 이해는커녕 오히려 자기가 설득하는 종교가 유태교의 모방이라고 몰아세우고 거꾸로 유태교로 개종하도록 권고당한 무함마드는 그들의 주장에 반론하는 것만으로 해결되지 않는다고 깨닫고 유태교의 교조라고 할 모세모다 더 오래된 아브라함에 눈을 돌리었다.

코란 제2장 124~128절은 아브라함의 종교의 의의를 강조한 것이다. 이 계시는 아브라함이 신에 의해 사람들의 지도자로 임명되고 그가 발을 멈춘 곳이 메카의 카바이며 이 신전을 아브라함과 그의 아들 이스마엘이 함께 건설하여 신에게 헌상했다고 선언한 것이다.

이 계시에 이어 129절에

'주여, 그들 가운데 그들의 한 사람을 사도로서 보내어 그들에게 당신의 표적을 읽어 주고 그들에게 성전과 지혜를 가르치고 그들을 정화하여 주소서. 참으로 당신은 전지전능하십니다.'

라는 아브라함의 말이 있고 아랍인 가운데서 한사람의 사도를 파견시켜줄 것을 신에게 기원하고 있다. 아브라함의 소원이 받아들여져 무함마드가 신으로부터 파견된 사도라는 것을 증명하려고 했다. 또 131절에 있다.

'주가 그를 향해 "귀의하라" 하셨을 때, 그는 "저는 만유(萬有)의 주(主)께 귀의합니다"라고 말했다.'

이 계시는 그의 신앙은 하나밖에 없는 신(알라)에게 귀의한다는 것, 즉 신에 대한 절대적 복종(이슬람)이라는 것을 보이고 있다. 그리고 아브라함은 유일신에 귀의하는 신앙, 이슬람을 자식들에게 유언하고 자식들도 그 신앙에 따르겠다고 증언했음을 132~133절에서 말하고 있다.

'아브라함은 이것을 자손들에게 유언하였고, 또 야곱도 유언하였다. "아들들아, 너희들을 위하여 알라께서 이 종교를 택하여 주셨었다. 그러니 너희들은 귀의자(무슬림)로서 생을 마쳐야 하느니라."

야곱이 죽음에 임하여 자식들에게 "내가 죽은 후 너희들은 무엇을 숭배하겠느냐"라고 물으니, 그들은 "우리들은 당신의 신(神), 당신의 조상 아브라함, 이스마엘, 이삭의 신을 유일의 신으로 섬기고, 이분에게 귀의합니다"라고 대답한 것의 목격자가 아니냐.'

여기서 무함마드는 분명히 자기가 내세우고 설득하는 종교야말로 너희들 유태교도나 기독교도가 말하는 종교보다 더 오래되고 보다 순수하고 올바른 아브라함이 믿었던 종교의 복원이라고 선언했다.

'그들은 말한다. "유태교도나 기독교도로 되라. 그러면 옳은 길로 인도될 것이다."라고 말하라. "우리는 아브라함의 종교를 취한다. 그는 이교도가 아니다." '(2 : 135)

이들 코란 제2장의 일련의 계시들은 메디나에 이주한 무함마드와 이슬람교도들이 메카의 다신교도와 마주친 싸움에서 이겨 자신감을 얻은 후의 것이다. 여기서 무함마드는 드디어 유태교도와 결별하여 이슬람의 확립을 목표로 하였던 것을 보인다.

'성전의 백성이여, 너희들은 어찌하여 아브라함(이브라힘)의 일로 해서 그같이 언쟁하는가? 율법이나 복음서도, 그보다 후에 계시를 받은 것이다. 너희들은 그것을

깨닫지 못하는가?'(3 : 65)

'아브라함은 유태교도도 아니며 기독교도도 아니다. 그는 순정(純正)한 신앙의 사람, 귀의자였다. 그는 다신교도는 아니었다.'(3 : 67)

'사람 중에서 아브라함에 가장 가까운 자는 그의 뒤를 따른 자, 그의 예언자, 그리고 신앙 있는 사람들이다. 알라께서는 모든 신자의 보호자이시다.'(3 : 68)

이 계시 구절에 있는 것처럼 유태교나 기독교는 아브라함 이후에 생긴 종교며 그 경전인 율법(타브라)이나 복음서(인질)도 즉 구약성서나 모세5서나 신약성서도 아브라함 이후의 계시라는 것을 지적하고 있다. 그리고 무함마드가 주장하는 이슬람은 아브라함이 믿었던 종교의 복원이며 무함마드는 가장 아브라함에 가까운 예언자라고 하여 그의 예언자로서의 지위를 분명히 위치지으려 하고 있다.

이슬람은 아브라함 종교의 부흥이며 아브라함의 종교는 결코 유태교가 아니라고 무함마드는 주장하고 있다. 유태교의 기원에 대해서는 여러 논의의 여지가 있다고 하여도 아브라함이 유태교도인 것은 틀림이 없다. 유태인은 옛날의 예언자를 거부했다는 무함마드의 비난도 그들의 역사를 보면 납득이 간다.

그러나 유태교도들이 얼만큼 아브라함 종교의 순수하고 바름을 해쳤는지는 유태교도가 어떤 배신행위를 지적하지 않으면 이슬람의 순수하고 바름을 내세우고 주장하지 않으면 유태교도들과의 논쟁에서 이길 수가 없다. 무함마드는 구약성서에서 자료를 얻고 적극적인 공격에 나섰다.

'이스라엘의 자손들아, 내가 그대들에게 베푼 은혜를 생각하여 나와의 계약을 이행하라. 나도 그대들과의 계약을 이행할 것이다. 그리고 나를 공경할지어다.

그대들이 가지고 있는 것을 진리의 확증으로, 내가 준 것을 믿어라. 먼저 이를 불신하는 생각을 가져서는 안 된다. 그대들은 나에 대한 의무를 지킬지어다.'(2 : 40~41)

신은 이전에 유태인에게 베푼 은총을 상기하도록 말하고 무함마드에게 내려진 계시가 그전에 유태인에게 내린 계시를 확증하는 것이기 때문에 이를 거부하는 것은 잘못이라고 강한 어조를 앞에 놓고 49절과 50절에 신의 은총의 예증으로 이집트에서의 고난의 생활에서 유태인이 탈출했었던 구약성서 출애굽기의 얘기를 인용한 후,

'또 마흔 밤에 걸쳐 모세와 계약을 맺은 것을. 그때 그대들은 그가 부재시 송아지를 내세워 의롭지 못한 자가 되었다.'(2 : 51)

라고 비난하고 있다. 이는 구약성서 출애굽기 제24장 12~18에 있는 시나이산에서의 모세와 신과의 약속 얘기와 같은 제32장 1~5에 나오는 얘기로 모세가 시나이산에서 내려오는 게 늦어져서 모두 모세의 형 아론한테 모여 금귀고리를 떼어 아론한테 주고 그것으로 송아지상을 주조하여 '이스라엘이여, 이것은 당신을 이집트 나라에서 인도한 당신의 신이다'라고 말하고 아론이 그전에 제단을 쌓았다는

말을 인용한 것이다. 말하자면, 신과 약속을 하면서도 신의 은총을 잊고 우상을 숭배하도록 배신행위을 범했다는 비난이다.

예수의 탄생

또 천사들이 이같이 말한 것을 기억하라. '오, 마리아, 알라께서 그대에게 그분의 말씀을 수여하신다는 좋은 소식을 고하신다. 그 이름은 메시아, 마리아의 아들 예수, 그분은 현세에 있어서나 내세에 있어서나 고귀한 분이시며 알라 가까이 계실 분이다. 요람에 있으면서도 또 성인이 되어서도 사람들에게 의로운 인물이 될 것이다.'

그녀가 '주여, 아직 누구도 저를 다치질 않았는데 어찌 저에게 애가 생기겠습니까'라고 말하니, 이와 같이 알라께서는 마음대로 창조하신다. 일을 정하시면 다만 '그것'이라고 말씀만 하셔도 그렇게 된다. (3 : 45~47)

——— 예수의 탄생은 알라의 말씀으로, 명령으로 태어났다. 알라는 다른 예언자를 통하여 알라 자신을 표현한 것과 마찬가지로 예수를 통해 알라 자신을 표현하였다는 것이다. 사람의 말은 생각을 표현하는 매체에 불과하며 우리 존재의 일부를 구성하거나 육체화하지 못한다. 그러나 천지창조의 주이신 알라의 말씀은 유에서 무를 창조하는 것이다.

메시아는 헤브라이어나 아랍어로 그리스어의 크리스토스에서 나왔는데 왕이나 사제의 성직에 수임될 때의 표시이다. 예수는 성년이 되어 현세에서나 내세에서도 고귀하게 되어 신의 측근으로 있다고 코란은 말한다. 예수는 신의 말씀으로 동정녀 마리아에게서 태어났다는 것을 말한다.

왜곡된 발음

유태교도 중에는 일부러 내용을 왜곡하여 '듣기는 들었지만 도저히 납득이 가지 않는다'라든가 '들려주지 않은 말을 들어보자'라든가, 또 '우리들을 돌봐 달라'는 등의 말을 함으로써 이 종교를 조롱하고 있다. 만일 이 말에 '알았습니다. 따르겠습니다' '들어 보십시오' '잠시 여유를 주십시오'라고 말한다면 그들에게 얼마나 좋은 일이며 옳은 말이 되겠는가. 그러나 그와 같이 벌을 받을 만한 일을 하기 때문에 알라께서는 그들을 저주하며 단지 소수를 제외하고는 참된 믿음을 갖지 못하게 된다. (4 : 46)

———— 622년 메카에서 메디나로 이주한 무함마드에 대하여, 전부터 그 거리에 살고 있던 유태인들의 움직임은 그에게 호의적이 아니었다.

경제적으로는 다소 경계(警戒)를 하면서도 정치적으로는 특별히 반대의 움직임을 보이지 않았다.

그러나 종교적으로는 엄격한 거절 반응을 보여, '알라의 사도'라 하고 '예언자'라고 스스로 선언하고 행동하는 무함마드를 처음부터 의심하고 있었다.

"그는 우리 유태인 사이에 전해 온 옛날 이야기를 듣고 그것을 전하고 있을 뿐이다."라든가, "코란은 알라로부터 내려진 것이 아니라, 무함마드가 조작해 낸 것이다."라고 하면서 공격(攻擊)을 계속하였다.

이와 같은 상태 속에서 유태인들은 무함마드를 조소하기 위해 여러 가지 짓궂은 장난을 하였다.

그 하나로, 무함마드가 알라에 대해서 기도할 때 곧잘 쓴, "우리들을 돌봐 주십시오."하는 말을 예로 들었다.

이 말은 아랍어로는 '라이나'라고 한다. 그런데 그것을 약간 왜곡하여 '루우나'라고 발음하면, '바보, 어리석은 자'라는 의미가 된다.

위의 계시 가운데 '……라고 하는 것을 일부러 왜곡되게 발음하여 이 종교를 조소하는 자가 있다'고 하는 것은 이 일이다. 억양의 변화로 좋지 않은 의미가 되어 악용된다.

유태인들의 오만과 불신의 태도가 그대로 나타내고 있다. 사실과 진리의 말씀을 듣고도 이를 조롱하니 불신자와 같다.

예수와 십자가

그러나 그들은 그 계약을 위반하고 알라의 증거를 믿으려 하지 않고 부당하게 예언자들을 살해하고, 더욱이 '우리들의 마음은 굳어진 채로 있다'라고 말했다. 그들의 배신으로 말미암아 알라께서 믿지 않는다는 도장을 찍은 것으로써 그들은 극소수의 사람을 제외하고는 믿음에 들어가지 못했다.

또 그들은 믿지 않는 태도를 취하고 마리아에 대해서도 중대한 중상을 했다.

그뿐인가. '우리들은 구세주, 신의 사도, 마리아의 아들 예수를 죽였다'고 말하고 있다. 어째서 잡혀 죽었겠는가. 어찌하여 십자가에 매달렸겠는가. 단지 그와 같이 보였을 뿐이다. 본래 이 점에 대해 논쟁을 벌이고 있는 사람들은 그에 대해 의문을 갖고 있다. 이에 관해서 그들에게 어떤 확실한 지식이 있는 것도 아니고 단지 제나름대로의 억측에 불과하다. 아니 그들은 절대로 예수를 죽이지 않은 것이 확실하다.

알라께서 그를 자기 곁으로 끌어들인 것이다. 알라께서는 위력 있고 총명한 분이시다.

계전의 백성이라면 누구든지 죽기 전에 그를 틀림없이 믿었을 것이다. 더욱이 부활의 날이 올 때 그도 그자들에 불리한 증인이 될 것이다. (4 : 155~159)

——— 예수에 대신하여 누군가가 십자가에 못박혔다는 생각은 기독교의 초기 종파 중 그노시스파와 같은 사상 속에도 있었다.

코란은 예언들이 최후의 날에 파멸에서 구제받게 된다고 한다. 만약 예수가 적에 의해 정말로 십자가에 못박혔다면 예수는 파멸을 모면한 단 하나의 예외이다. 이에 덧붙여 기독교도는 신의 오른쪽을 점하고 살아있는 예수를 믿고 있으며 천지 종말에 앞서 신을 신봉하는 모든 자는 예수를 그 육안으로 볼 수 있다고 믿는 것이다. 예수에 대신하여 다른 자가 십자가에 못박혔다는 계시이다.

유일신

계전의 백성이여, 너희들은 종교의 일로 해서 도를 넘어서는 안 된다. 또 알라에 관해 진리가 아닌 것을 한마디도 해서는 안 된다. 잘 들어라. 구세주라고 하는 마리아의 아들 예수는 단지 알라의 사도에 불과하다. 그리고 마리아에 주어진 알라의 말씀이며 알라에서부터 나타난 영혼에 불과하다. 그렇기 때문에 알라와 그 사도들을 믿어라. 결코 삼(三)이라 해서는 안 된다. 삼가라. 그것이 너희들을 위해 훨씬 좋은 일이다. 알라는 유일한 신이다. 알라를 찬송하라. 알라에게 자식이 있다는 것은 무슨 말인가. 하늘에 있는 것과 땅에 있는 것은 모두 알라에 속한다. 보호자는 알라 혼자로 충분하다. (4 : 171)

——— 경전의 백성이란 유태교도와 그리스도교도들을 말하지만 여기서 말하는 '계전의 백성'이란 그리스도교도만을 가리킨다. '너희들의 종교에 있어서 도를 넘지 않도록 하라'는 것은, 그리스도교도들이 '삼위일체설(三位一體說)'을 내세운다든가 그리스도의 신성(神性)에 대해서 말하는 것 등을 가리킨다.

또한, '삼이라 해서는 안 된다'고 하는 말은 '삼위일체설'의 부정을 의미한다.

'알라에게 자식 따위가 있을 까닭이 없지 않은가?'하고 말하는 것은 '예수는 신의 아들이다'라고 하는 그리스도교의 교의(敎義)에 대하여, '신은 아이를 낳거나 낳게 하는 것이 아니다'는 이슬람교의 교의를 강조한 것이다. 같은 일신교계의 종교이지만, 이슬람은 강력히 유일신 사상을 내세우고 삼위일체설을 부인하며 예수의 신성도 부인한다.

예수의 속성을 볼 때 코란에서 보면 하나님의 말씀이 있어(코란 3 : 59) 처녀 마리아의 몸에서 태어났다. 그러나 인간이며 신이 선택한 예언자이다. 유일신 알라(하나님)의 아들을 보는 것은 신의 유일성을 부정하는 것이다.

주 권

유태인과 그리스도교도는 말한다. '우리들은 알라의 아들이며, 그 사랑스러운 아들이다.' 말하여 주라. '그렇다면 왜 너희들의 죄를 물어 벌을 주었겠는가. 아니 너희들도 인간이며 알라께서 만드셨다. 알라께선 원하는 자를 용서해 주시고, 또 원하는 자를 벌하신다. 하늘과 땅과 그 사이에 있는 모든 것을 통치하시는 것은 알라 자신. 돌아갈 곳은 알라의 품이다.' (5 : 18)

——— 알라는 유일한 신이다. 아들도 없고 비견될 자 없는 지고한 신이다. 천지를 창조하고 이를 영원히 주관한다. 천지의 주권은 알라께 있다.

통 일

우리들은 너희들 각자를 위해 법과 길을 설치했다. 만일 알라께서

원하신다면 단일의 백성으로 만들 수 있는 것인데. 그러나 너희들에게 주신 것이니까 너희들을 시험하려고 하셨다. 그렇다면 서로 경쟁해서 여러 가지 좋은 일을 하는 너희들 모두가 돌아갈 곳은 알라의 곁이다. 그렇게 되었을 때 알라께서는 너희들이 논쟁하고 있는 문제에 대해 일일이 가르쳐 주실 것이다. (5 : 48 부분)

——— 첫 행의 '각자'는 유태교도, 그리스도교도, 이슬람교도의 삼자(三者)를 가리킨다.

'너희들에게 주신 것'이란 유태교도에 대한 모세의 5서(五書), 그리스도교도에 대한 성서(聖書), 이슬람교도에 대한 코란을 가리킨다.

무법자들

믿는 사람들아, 유태교도나 그리스도교도를 벗으로 해서는 안 된다. 그들은 서로서로가 벗이다. 너희들 속에 그들을 벗으로 하는 자가 있으면, 이 자들도 그들과 한 통속이다. 알라께서는 무지막지한 백성을 인도하시지는 않으신다. (5 : 51)

——— 코란에는 언제나 이슬람교가 갖는 유태교나 그리스도교와의 대결이 그 문제점으로 떠오른다. 시대에 따라 수용하는 면에서도 다르다. 메디나시대의 코란 계시는 이슬람교가 확립됐다는 것을 보인다.

당시 계전의 백성은 음으로 양으로 이슬람을 파괴하려고 하여 이슬람은 단호히 단결하여 맞섰다. 사이비 신도들은 애매한 태도를 취하여 이 계시가 내렸다.

이 계시 구절은 그후 이슬람을 신봉하는 여러 민족과 기독교도의 국민과의 관계에서 서로의 오해를 불러일으키고 많은 정치적 곤란을 야기하는 요인이 되었다.

반 삼위일체

'참말로 알라는 세 분 중의 한 분이시다'라고 하는 자는 이미 믿지 않는 자이다. 한 분의 알라 이외에 딴 신은 없다. 그런 말을 그만두지 않는다면 믿음을 배반하는 이런 자에게는 반드시 고통스러운 벌이 내리게 될 것이다. (5 : 73)

——— 그리스도교에서의 '삼위일체설'은 아버지와 아들과 성령(聖靈)의 3개가 유일한 신의 세 모습이라고 일반적으로 이해되고 있는 것 같다.

그러나, 무함마드가 접촉한 그리스도교는 동방계(東方系)로 불리는 네스토리우스파의 것이었기 때문에, 예수와 마리아와 여호와의 셋 모두를 신으로서 숭배하고 있었다.

'신은 삼자 중의 세 번째이다'라는 말이 있는 것은 그 때문이다. 삼위일체의 교회에 대해 이 구절 계시는 언급하고 있다. 이 교리의 확정은 니케아 공회의였다.

이 구절은 기독교적 신관이 전적으로 거부되고 삼위일체 등은 있을 수 없다고 주장한다. 유일 절대신은 알라이시다.

사 도

마리아의 아들 메시아는 단지 사도에 지나지 않는다. 그보다 이전에도 많은 사도가 나왔다. 또 그의 어머니는 성실한 여자에 지나지 않았다. 두 사람 다 음식을 먹었다. 우리가 어떻게 그에게 증거를 분명히 하고 있는가를 보라. 그리고 그들이 어떻게 의심하고 있는가를 보라. (5 : 75)

——— 앞의 해설에서도 설명한 바와 같이, 무함마드가 접촉한 무렵의 그리스도교에서는 예수와 마리아와 여호와를 모두 신으로서 숭배하고 있었다.

그러나, 무함마드가 숭배하는 유일신 알라는 인간 앞에 그 모습을 나타내는 일이 없으며, 하물며 음식을 먹거나 마시거나 하는 것은 생각조차 할 수 없는 일이었다.

따라서, 만약에 예수와 마리아가 신이라면 음식을 먹을 리가 없을 터인데, 두 사람이 모두 음식을 먹고 있는 것이다.

그리스도교도에 대한 무함마드의 마음이 변함에 따라 그리스도교 그 자체에 대한 태도가 변해 간 모양을 잘 알 수 있다.

그러나, 그리스도교에 관한 무함마드의 지식이 반드시 언제나 정확했다고는 할 수 없다. 그것은 모두 귀로 들은 학문에 의해 몸에 지닌 것이었기 때문이다.

예컨대 코란의 6장 74절에는, '아브라함이 그의 아버지 아잘에게 말했을 때'라고 있으나, 구약 성서에 의하면 아브라함의 아버지는 아잘이 아니라 테라프이다.

또 19장의 28절에는, '아론의 누이여'라는 말이 나오는데, 이것은 그 전후의 문장으로 보아 예수의 어머니 마리아에 대한 부름의 말이란 것이 틀림없다.

그러나, 이것은 마리아를 아랍어로는 마르얌이라고 발음하기 때문에 모세의 형인 아론의 누이, 밀리암과 혼동한 것으로밖에 생각할 수 없다.

이 구절은 예수의 신성을 반박하는 몇개의 논거를 제기하고 있다. 예수는 여인의 몸에서 태어났다. 다른 인간들과 마찬가지로 그도 밥을 먹지 않으면 배가 고팠고 물을 마시지 않으면 목이 말랐다. 자연 법칙에 따랐고 자연현상의 지배를 받았다.

적의(敵意)

그대는 믿는 자에 대해 더 심한 적의를 가진 것이 유태교도와 다신교도라는 것을 알고 있을 것이다. 또 그대는 믿는 자에 대해서도 더 친숙한 애정을 가지고 있는 것이 '우리들은 그리스도교도입니다'라고 자칭하는 사람이 있음을 알고 있을 것이다. 왜냐하면 그들 중에는 사제(司祭)라든가 수도사(修道士)가 있어서 일없이 교만하게 굴지 않기 때문이다. (5 : 82)

——— 무함마드는 처음에는 유태교도나 그리스도교도의 어느

쪽에 대해서도 친근(親近)한 감정을 가지고 있었다.

그래서 무함마드는 기독교 국가인 아비시니아(이디오피아)에 이슬람교도를 메카의 박해를 피해 피난시킨 적도 있었다.

그리고, 유태교도와 대립하게 된 후에도 어느 시기까지는 그리스도교도를 자기 편으로 생각하고 있었다. 이 계시는 그 무렵의 것이다.

그러나, 마침내 그리스도교도에 대해서도 의구심을 품게 되어, 양자에 대해서 적의를 갖는 계시가 내린다.

신의 아들

유태교도는, '신의 아들인 에즈라'라고 말하며 그리스도교도는, '신의 아들인 그리스도'라고 말한다. 이것은 그들의 입바른 말이고, 지난날의 배신자들의 말에 따르고 있다. 알라께서 그들을 토벌해 주시었으면 좋겠는데, 참말이지 얼마나 위선의 길을 걷고 있는 자들인가. (9 : 30)

—— 에즈라는 기원전 5세기에 살았다. 그는 지위가 높은 성직자의 후손으로서 자신도 성직자단의 일원이었다. 에즈라, 즉 사제라고 알려졌다. 그는 당시 중요한 유지 중의 한사람으로서 유태교의 발전에 큰 영향력을 행사하였다. 이스라엘의 예언자들 중에서도 그는 특히 추앙을 받았다. 메디나의 유태인들과 하드라마우트의 유태교파는 그를 하나님의 아들이라고 믿었다. 유태교의 랍비 교리에서는 모세를 통해 율법이 주어지지 않았더라면 그를 통해 율법이 전해졌

을 것이라고 높이 평가하고 있었다. 그는 느헤미야와 함께 일했으며 바빌로니아에서 120세로 죽었다.

기독교

믿는 사람들, 유태교도, 사비아인, 그리스도교도, 배화(拜火)교도 및 다신교도, 참으로 알라께선 부활의 날에 이들 사이에 판결을 내리신다. 알라께선 모든 것을 다 보고 계시다.(22 : 17)

——— 이 계시 구절은 일반적인 표현이지만 이슬람과 다른 모든 종교들을 시험할 수 있는 기준을 말하는 것이다. 이들 모든 종교가 진리라고 간주하는 것은 아니다. 그 기준은 이들 종교들 중에서 참된 종교가 부활의 날 다른 종교들을 압도하여 신의 곁에 간다. 그런데 이는 코란에서 본다면 이슬람교도, 유태교도, 사비아 사람, 기독교도, 배화교도들은 한쪽 측의 참된 종교고 다신교도들은 다른 허위의 종교로 본다고 생각된다.

그러나 이슬람이 무함마드의 지도로 아라비아 반도에 퍼짐에 따라 그의 기독교에 대한 태도도 냉담해졌다. 처음부터 어떤 평화적인 화해도 불가능했다.

'유태교도나 기독교도는 그대가 그들의 종교를 신봉하지 않는 한 만족하지 않을 것이다. 말하라. "알라의 인도만이 진실한 인도이다"라고. 만약 그대가 지식을 얻은 다음에도 그들의 욕망에 따른다면 알라로부터 떨어져 그대

를 보호할 자도 도울 자도 없다.'(2 : 120)

무함마드는 유태교도나 기독교의 교리에 따르고 양보한다는 것은 있을 수 없는 일이다. 그는 이슬람 신앙공동체를 세우는 데 전력을 다하고 신의 의지에 따라 신앙을 바탕으로 하는 정치적인 형태의 집단을 형성하는 일은 예언자의 임무라는 확신을 갖게 되면서 기독교도에 대한 태도도 냉각되어 갔다. 이슬람은 이슬람의 신앙이 있고, 기독교는 기독교의 신앙이 있으며 서로 다르다는 태도를 보인다.

무함마드가 기독교도와의 접촉을 깊이 함으로써 그 관계는 유태교도와의 관계처럼 악화되지 않을 수 없다.

무함마드는 예수를 예언자로서 앞서 온 예언자들 중에서 최대의 예언자로 예수를 인정하였다. 그러난 그 단계에서 기독교도의 신조와 실천과 무함마드가 계시받는 코란의 기본교리와 실천 사이에는 맞물리지 못하는 것도 있었다. 기독교측에서도 무함마드의 코란 계시 중 몇가지는 승인할 수 있다 할지라도 무함마드를 현세, 이 세상에서의 신의 대리자로 승인하고 그에게 절대 복종하는 것을 의무로 하여 승인할 수는 없었다. 여기서 대립이 생긴다.

종 복

예수는 오직 종의 한 사람에 불과하다. 우리는 그에게 은혜를 주어 이스라엘의 표본으로 삼았다. 우리가 그런 생각을 한다면, 너희들 중에서 대지를 이어받을 천사를 만들어낼 수도 있다. 예수는 그때가 오는 것을 교시(敎示)하는 자. 이 일을 의심하지 마라. 나를 따르라. 이거야말로 옳은 길이다. (43 : 59~61)

――――― '너희들 가운데서 지상에서 뒤를 이을 천사들을 낳게 할 수도 있다'라고 한 말은, 그리스도의 탄생을 큰 기적이라고 생각하고 있는 사람들에게 알라는 더 이상한 일이라도 해 보일 수가 있다고 선언(宣言)하여 그 위대성을 표시하고 있는 것이다.

천사들은 인간들을 위한 본보기나 귀감으로서의 역할을 할 수가 없기 때문에 신은 인간으로 하여금 신의 의지를 인간에게 전달하고 인간 자신을 위한 본보기나 귀감으로서의 역할을 하도록 위임하였던 것이다.

그리스도교도에 대해서는 처음에 매우 친근한 마음을 품고 있던 무함마드이지만, 이 계시가 있은 무렵에는 다소 대립적인 심정으로 되어 있었다는 것을 잘 알 수 있다.

신은 예수에게 예언자로서 인간들에게 신의 사신(使信)을 보냈다. 신의 아들로서 신의 자격으로 온 것은 아니다. 다만 예수가 신의 능력에 따라 아버지 없이 동정녀 마리아에게서 태어나게 함으로써 신의 전지전능을 교훈으로 했다.

8. 싸 움

살해(殺害)

그러한 자들과 마주치면 어디서든지 싸워라. 그대들이 추방된 곳에서 그들을 추방하라. 박해는 살해보다 더 나쁘다. 그들이 그대들에게 싸움을 걸지 않는 한 신성한 예배당 근처에서는 싸움을 하지 마라. 불신자에 대한 보답은 이와 같다. (2 : 191)

―――― 여기서 말하는 '박해'는 이슬람교도들이 메카에서 핍박받는 것을 가리킨다. 그에게는 그것이 얼마나 고통스러웠는가를 알 수 있다. 이 계시는 후년(後年), 무함마드가 메카에 돌아갔을 때의 것이다.

'신성한 예배당'이란 메카의 중앙부에 있는 카바 신전을 말한다. 이 신전은 이슬람 이전부터 같은 위치에 있었으며, 이 지방 사람들의 숭배의 대상이 되어 있었다.

당시의 신전 안에는 많은 우상으로 가득 차 있었다. 그것들을 모조리 때려 부수고, 이 신전과 그 주변을 이슬람교의 성지로 정한 것이 마호메트인 것이다.

'카바'라는 말은 입방체(立方體)를 의미하는 아라비아어로서, 이 신전이 입방체 모양을 하고 있기 때문에 이 이름으로 불려 고유명사화한 것이다.

오늘의 신전은 세로 10.6m, 가로 12.6m, 높이 15m의 석조 건축물로서 입구는 북동쪽에 있고, 그곳에는 아름다운 조각이 새겨진 은제(銀製)의 큰 문이 달려 있다. 그러나 평소에는 닫혀 있고, 안에 들어가는 것은 허가되지 않는다.

건물의 내부는 금은의 램프가 달려 있을 뿐이고, 먼지 한 점도 없을만큼 청결하게 해두고 있다.

그리고, 주위의 벽면은 코란의 문구를 금실로 자수한 호사로운 비단막[幕]으로 장식되어 있고, 건물의 바깥쪽도 금실로 자수된 키스와라 불리는 흑색의 비단막으로 씌워져 있다.

카바 신전이 '메카의 신부'라는 등의 시적인 이름으로 불리는 것은, 그 모습이 흑의(黑衣)로 몸을 감싼 신부와 비슷하기 때문이다.

이 키스와도, 신전 안의 비단막도 매년 새것으로 바뀌어진다. 은제의 큰 문이 열리는 것은 이때뿐인 것이다. 그리고, 바뀌어진 비단막은 작은 천조각으로 잘라 부적으로 순례자들에게 팔고 있다.

입구에 가까운 동쪽의 한구석에 높이 약 1.5m가량 되는 유명한 흑색 돌이 박혀 있다. 일설에는 운석이라고도 전해지고 있으나, 이슬람 이전부터 이 신전에 있었고, 사람들의 신앙의 대상이 되어 왔었다.

그리고, 이슬람 시대를 맞이하고부터는 매년 메카에 순례하러 오는 수십만의 신도들이 이것을 쓰다듬고 키스를 하기 때문에 중앙부가 움푹 들어가 있다.

카바 신전은 세로 200m, 가로 150m에 가까운 비잔틴 양식의 회랑(回廊) 건축으로 그 주위가 둘러싸였고, 이 회랑에는 이슬람 사원의 상징인 마나레(첨탑)가 6개 서있다.

그리고, 이 회랑의 안쪽에는 600개에 가까운 돌기둥이 줄지어 있고, 중심에 있는 신전에 회랑을 향해 대리석의 박석(薄石)이 방사선 모양으로 깔려 있다.

'잠잠 우물'로 불리는 우물은 이 회랑 가운데에 있다. 순례자 가운데는 이 우물물을 그릇에 담아 고향으로 가지고 돌아가는 사람이 많다.

또, 순례자 가운데는 흰 비단천을 이 우물물에 적셨다가 회랑 안의 박석 위에서 말려 소중하게 가지고 돌아가는 사람도 있다.

이것은 죽은 사람에게 알라의 가호(加護)가 있기를 염원(念願)하는 마음에서, 그 시체를 싸기 위해서이다.

이 절의 계시는 실제로 전쟁이 벌어졌을 때의 상황을 말하고 있다. 불신의 무리들이 먼저 싸움을 걸어왔을 때만 그들과 싸울 것을 명하고 있다. 그러나 카바 신전 근처에서는 싸워서는 안 된다.

신성월의 전투

신성월(神聖月) 동안 싸우는 것에 대하여 여럿이 그대에게 묻는다면 답하여라. '신성월에 싸우는 것은 중죄이다. 그러나 알라의 길을 방해하고 알라 및 메카 성전에 대하여 불경한 태도를 취하고 그곳으로부터 사람들을 내쫓는 것을 알라께서 보시면 더 큰 죄가 된다. 박해는 살해보다 더 중한 죄다.' 그들은 만약 할 수 있다면 그대들에게 종교로부터 떨어질 때까지 싸움을 걸 것이다. 그대들 중 신앙을 버리고 배신자인 채로 죽는다면 그자들은 자기 행위가 현세에 있어서나 내세에 있어서 도로(徒勞)에 돌아가고 지옥의 불길의 주민(住民)이 되어 영원히 그곳에 머물 것이다. (2 : 217)

——— 이슬람 이전 아랍력 1월, 7월, 11월, 12월은 신성월(아샤하르하람)로 불리며, 일체의 전투 행위가 금지되어 있었다.

이것은 무함마드가 정한 것이 아니라 옛날부터 있었던 아랍 사회의 전통적인 습관이다.

그런데 624년 7월, 무함마드의 명을 받은 여러 명의 이슬람교도는 예멘에서 메카로 돌아오는 쿠라이시 족의 대상(隊商)을 기습하는 데 성공하였다. 지금은 타인(他人)을 습격하여 금품을 탈취하는 것은 큰 죄로 생각된다.

그러나, 당시의 사막 유목민에게는 그것은 합법적인 생활 수단이며, 오히려 그것에 성공하는 것은 큰 명예라고조차 생각되고 있었다. 적자생존의 원칙이다.

그리고, 이 습격은 무함마드가 메디나로 이주한 후의 최초의 것이었던 만큼 그 성공은 그의 부하들을 크게 기쁘게 하였다.

그러나, 이 습격이 마침 7월이라는 신성월에 감행되었기 때문에, 전통적인 감정 속에서 생활하고 있는 많은 메디나 시민들로부터 큰 비난을 받는 결과를 초래하였다. 이 계시는 그 시기에 내려진 것이다.

그 첫머리에, '신성월에 싸우는 것은 중죄이다'라고 되어 있는 것은 과연 무함마드도 그들의 전통적인 감정을 무시할 수 없었기 때문일 것이다.

그러나 그 뒤에서, '알라의 길을 방해하고……'라고 태도를 바꾸어 '이슬람교도들을 메카에서 쫓아낸 무리들 쪽이 신성월 기간 중에 싸움을 걸어온 자보다도 죄가 무겁다'고 역습하여 자기의 입장을 정당화하고, 메디나 시민의 비난을 살짝 바꿔치기하고 있다.

이 계시를 보기만 해도 무함마드가 이슬람교의 유능한 지휘자였던 동시에 뛰어난 정치가이기도 했다는 것을 엿볼 수 있다.

만약 불신의 무리들이 신성월에도 신성함을 깨뜨린다면 주저없이 신성월에도 그들을 처벌해야 한다고 신자들에게 말한다.

우후드 전투

그대가 이른 아침에 가족의 곁을 떠나, 전쟁을 위해 신자를 배치한 일을 생각하라. 알라께서는 모든 것을 듣고 잘 알고 계시다.

너희들이 두 부대가 불안에 떤 그때도, 알라께서는 수호자이셨다. 그러니까 신자는 알라께 기댈 수밖에 없다. (3 : 121~122)

———— 이 계시는 무함마드가 이끄는 이슬람 공동체를 파괴하려

는 적과 충돌하였던 당시의 상황을 보인다. 625년 태어난지 얼마 안 되는 이슬람교단에게 메디나 교외 우후드에서 벌어진 전투는 커다란 시련이었다.

우후드 전투가 있었던 전년인 624년, 이슬람 공동체의 지도자인 무함마드의 기력과 지혜와 역량은 바드르(지명 이름) 전투에서 메카군을 전면적인 패배로 이끌었다. 메카측은 이런 불명예를 회복하고 메디나의 이슬람공동체를 없애려고 3천 명의 군대를 이끌고 메디나를 공격한 것이다. 이에 메디나의 이슬람군은 메디나 북방 약 3km 쪽에 있는 우후드 산기슭에서 약 1천명의 병력으로 진을 치고 이를 요격했다.

적을 향해 북쪽에 진을 치고 깎아내린 것 같은 우후드 산기슭에 50명의 화살부대를 배치하여 위험에 대비했다. 처음은 이슬람군에 유리하게 전개되고 적은 동요하기 시작했으나 이때 화살부대의 어떤 자가 명령을 무시하고 전리품의 분배를 받으려고 위치를 이탈했다. 여기에 이슬람군에 있던 사이비 신자 3백명이 배반하고 싸움터를 떠났다. 왼쪽의 화살부대가 없는 틈을 타 적은 다수의 병력을 이용하여 배후로 돌아와 이슬람군을 앞과 위에서 공격하여 이슬람군이 곤경에 빠지게 되었다.

이때 예언자 무함마드의 삼촌인 함자를 비롯하여 여러 순교자를 냈다. 무함마드 자신도 머리나 얼굴의 부상을 입었고 앞니도 잃었다. 그러나 굴하지 않고 용감히, 냉정하게 지휘를 계속했다. 이에 이슬람군도 이에 격려되어 용감히 싸워 적의 부대는 메디나에서 철수하게 되었다.

우 세

약한 마음을 가져서는 안 된다. 슬퍼해서도 안 된다. 너희들이 믿고 있으면 윗자리에 있게 되는 것은 너희들이다. (3 : 139)

——— 한 민족이나 한 국가나 개인이 강하게 되고 강한 상태를 유지할 수 있는 원리를 구체화하고 있다. 약한 마음을 가져서는 안 되고 슬퍼해서도 안 된다. 약한 마음이란 지나간 일에 대한 과오와 불운에 대한 것으로 장래의 위험에 대처하는 것이고 슬퍼하지 말라는 것은 민족이나 국가의 성원이 책임을 깨닫고 노력한다는 것이다.

죽은 자

알라의 길에서 살해된 자는 결코 죽은 자라고 생각해선 안 된다. 그들은 주 곁에서 부조(扶助)를 받고 살고 있다. (3 : 169)

——— 알라의 길을 위해 지하드(노력)를 하는 것도 때로는 순교까지도 한다.

하디스(전승)에 의하면 순교자의 영혼은 천국에 사는 녹색의 새떼 무리 속에서 휴식을 취하다가 부활을 맞이하고 편안한 천국으로 들어간다. 이같은 종교적 믿음이 자기를 희생하는 지하드 정신이 된다.

불멸의 생명은 죽지 않고 살아 있다 함을 말한다. 신의 곁에서 영원히 산다는 믿음이 불멸의 정신이다. 육체적 생명이란 물적 양식에 위하여 유지되고 기쁨과 쾌락은 잠시뿐이다. 현세에서만 맛볼 수 있는 순간적인 것이다. 순교는 순간적인 기쁨이 아니라 영원한 기쁨이다.

기회주의

너희들 중에는 우물쭈물하면서 뒤에 처지는 자가 있다. 만일 너희들에게 재난을 당했을 때 '그것 봐라, 이것도 알라의 은혜이며 저들과 같이 순교자가 되지 않고 끝났다'라고 말한다. 그런데 반대로 너희들이 알라로부터 은혜를 받았다고 하면 그 자들은 마치 아무것도 아닌 듯한 표정을 지으며 '아, 저들과 같이 있었으면 좋았을 걸. 그렇게 되었더라면 큰 덕을 보았을 걸'하고 말했을 것이 분명하다. (4 : 72~73)

——— 이 구절 계시는 이슬람 내부에 있는 위선자인 사이비 신자나 적에 관한 것으로 이들의 두 가지의 두드러진 성향에 대해 언급하고 있다.

헌 신

때문에 현세를 버리고 대신 후세를 바라보고자 마음속으로 작정한 자들은 알라의 길을 위해 싸워야 한다. 알라의 길을 위해서 싸우는 자는 누구든지 전사하건 또는 개선하건 알라로부터 큰 상을 받게 될 것

이다. (4 : 74)

──────── 요사이 팔레스타인의 이슬람교도 중 젊은이들이 이스라엘의 요지에 들어가 자폭하는 자들이 있다. 이로써 이스라엘의 군사력과 대결하려 한다. 이들은 극단적인 이슬람 원리주의자들로 전투성을 전면에 내걸고 있는데 이슬람의 정통파 이슬람 법학자들은 벗어난 행동이라고 비난한다.

자폭한 테러분자는 이 계시 구절을 믿고 생명을 던지는 것이다. 그러나 그의 행위로 다른 무고한 사람이 다친다는 것은 죄악이다.

알라의 전리품

믿는 사람들이여, 너희들이 알라의 길에 설 때 사물을 잘 관찰하라. 이쪽에 인사의 말을 건네오는 사람에 대하여 '너는 믿는 자가 아니다'와 같은 말을 해서는 안 된다. 너희들은 현세의 이득을 추구하려고 하지만 알라 곁에는 많은 전리품이 있다. 너희들은 언제나 그러했지만 지금은 너희들은 알라의 은혜를 입은 몸으로서 사물을 잘 관찰하지 않으면 안 된다. 알라께서는 너희들의 행위를 전부 알고 계시다. (4 : 94)

──────── 이슬람이 정복시대에 들어갔다는 것을 연상케 한다. 알라를 위해 행하는 싸움이 성전이며, 알라의 길을 위해 신자들은 성전에 나선다.

이 계시는 이슬람의 전도가 사상이나 신학에 관계되지만 동시에 전투와도 상관된다는 것을 알 수 있다. '한손에 칼,

한손에 코란'이란 말은 여기서 나왔다. 이 계시는 예언자 무함마드를 선두로 이슬람교도들은 주변의 아랍 유목민을 교화하는 데 있었다.

유목민이 이슬람의 새로운 전도대상이 되었을 것을 의미하고 사막에서 생활하는 유목민의 용맹한 무력을 이슬람 전도를 위해 이용하려는 것을 시사하고 있다. 현세에서도 싸움에 이기면 전리품이 있고, 죽는다 해도 천국에 들어가 영생의 복을 누릴 수 있다고 한다.

이주와 집

누구든지 알라의 길을 위해 고향을 버리고 떠나는 사람은 이 지상에 얼마든지 몸을 의지할 장소와 여유를 발견하게 될 것이다. 또 누구든지 집을 뒤로 하여 알라와 그 사도에게로 거처를 옮기면 그 후에 죽었을 경우 이에 대한 보수는 알라께서 책임을 지실 것이다. 알라께서는 관용하시고 자비로우신 분이다. (4 : 100)

———— 우상숭배의 근거지였던 메카에서 다신교를 부정하고 유일신 알라에 대한 신앙을 설교한 무함마드와 초기의 신자들은 메카에서 우상숭배자들로부터 반역자로 탄압을 받았다. 메카의 박해에 대처하기 위해 메카 북쪽 약 500km 지점에 있는 메디나로 무함마드와 신자들은 이주하여 이슬람 공통체를 구성하고 이슬람의 기초를 닦았다.

징 벌

알라와 그 사도에 싸움을 걸고 지상에 해악을 뿌리려 하는 자가 받는 벌은 살해되든가 십자가에 박히든가 손발을 반대쪽부터 절단하든가 그렇지 않으면 국외로 추방할 수밖에 없다. 이것은 현세에서 받는 그들의 굴욕이며 내세에서도 그들에게는 큰 벌이 기다리고 있다. (5 : 33)

——— 국가나 사회에 해악을 끼치는 자가 있으면 이슬람은 극단적인 조치를 취한다. 이성과 건전한 판단력에 따라 대중적 범죄에 대한 징벌을 규정한다. 여기 규정된 징벌은 네 가지 범주가 있지만 해당 상황에 따라 벌의 종류가 달라진다.

등을 돌리지 말라

믿는 자들아, 믿지 않는 자들이 진군(進軍)해 오는 것을 만났을 때, 그들에게 등을 보여서는 안 된다. 한 때를 피하여 다음 싸움을 준비한다든가 다른 부대와 합류하기 위해서라면 별문제지만, 그날의 적에게 등을 보이는 그런 자는 반드시 알라의 노여움을 사고, 가는 곳은 지옥의 불, 무서운 곳이다. (8 : 15~16)

——— 코란 제8장은 전리품의 장이다. 624년 3월 메디나의 이슬람군이 바드르에서 메카군에게서 승리를 거둔 후의 계시인데, 성전(聖戰)이라는 개념이 이슬람 신앙에 중요성을

갖는다. 죽음이 아니면 진격이고 승리라는 전사의 신조가 있다.

이 계시로 이슬람에서 말하는 성전이라는 개념이 이슬람 신앙상 중요성을 띠어간다. 무함마드가 622년 메카를 탈출한 후 2년 6개월이 되어 메카에게서 승리하는 기회를 잡았다는 것이 이슬람 신자들한테는 중요했다.

바드르 패전으로 메카 주민들은 아라비아 반도에서의 상업패권을 상실했으나 한편 이슬람은 신에 대한 신념이 고무된 종교적 의의가 크다.

시 련

그들을 죽인 것은 너희들이 아니다. 알라께서 죽이신 것이다. 사살한 것은 그대였어도 실은 그대가 사살한 것이 아니다. 알라께서 사살하신 것이다. 이것은 신자들에게 고마운 은총을 경험시키려 하신 것이다. 참으로 알라께서는 모든 것을 들으시고 다 아시는 분이시다. (8 : 19)

——— 이미 메디나로 이주해 있던 무함마드는 624년 3월 1천 마리의 낙타로 짜인 대상(隊商)이 시리아에서 메카를 향해 돌아가고 있다는 정보(情報)를 입수하였다.

더더구나 그 대상을 호위하고 있는 것은 일찍이 메카에서 이슬람교도를 계속 박해해 온 아부 자하르의 군대라는 것을 알았다.

무함마드가 이 대상에 습격을 감행한 것은 말할 나위도

없다. 그리고, 그 결과는 이슬람군의 압도적인 대승리로 끝났다. 이것이 유명한 바드르 전투이다.

승리의 원인에는 여러 가지 요소가 있었겠지만, 무함마드의 작전과 지휘가 뛰어났다는 것과, 병사들이 용감하게 싸웠다는 것이 그 중요한 이유이다.

자기들만의 힘으로 두 배나 되는 대적(大敵)을 격파할 수 있을 리가 없다. 이것은 진정 알라의 가호와 원조가 있었기 때문이다. 따라서, 이 대승리를 이슬람교도에 대한 알라의 최대의 은혜로 받아들였다.

그리고, 이 빛나는 전과에 의해서 이슬람교도들의 싸움에 대한 자신이 깊어지고, 알라에의 신앙이 더욱 높아졌다. 이 계시는 그와 같은 상태에 있는 무함마드에게 내려진 것이다.

이 계시는 바드르 전투 승리시에 내려졌다. 여기서 의미하는 것은 알라의 은총이며 전지전능한 신으로 이슬람 신도들 앞에 나타났다는 데 의의가 있다. 이 싸움이 단서가 되어 그후 메디나의 이슬람 신도들과 이교도 메카와의 항쟁이 되풀이되고 종국에는 이슬람의 승리로 이끌어진다.

전리품(戰利品)

너희들이 잘 알고 있어야 할 일은 어떤 전리품을 얻었다 해도 그 5분의 1은 알라의 것, 그리고 사도의 것, 그리고 근친자(近親者) · 고아(孤兒) · 빈민 · 여행자의 것이다. 만일 너희들이 알라를 믿고, 또 우리들이, 저 구제의 날 즉 양쪽 군이 부딪친 그날에 우리들의 종에게 계시한 것을 믿는다면 진실로 알라께서는 전능하시다. (8 : 41)

——— 5분의 1의 전리품의 사용은 이슬람 공동체의 공익을 위해 쓰여져야 한다. 5분의 4의 전리품은 전사간에 분배하는 것이 정해졌다. 전투로 비이슬람 신도들한테 뺏은 무기나 말 또는 부동산을 전리품이라 한다. 전리품의 5분의 4는 전쟁터에 있었고 직접 또는 간접으로 전투에 참가한 자에 의해 배분된다.

위 협

너희들은 그들에 대해 할 수 있는 한의 군세(軍勢)와 말을 준비하여라. 그것으로 알라의 적과 너희들의 적을 위협해 주어라. 그리고 그 외에도 너희들이 알지 못하는 것이 많이 있다. 알라께서만 그들을 전부 알고 계시다. 너희들이 알라를 위해 쓰는 것은 어떤 것이든 반드시 충분하게 돌려 주신다. 결코 부당하게 처리하시지는 않으신다. (8 : 60)

——— 종교에서 본다면 전쟁이란 어떤 의미를 갖는지, 역시 전쟁과 전투는 적의 침범에 대비한 준비가 필요하다고 본다. 신도 자기를 굳건하게 하고 믿음이 있는 자에게 도움을 준다. 무함마드가 메카 다신교도의 공격에 대비할 때 받은 계시이다.

이 계시절은 이슬람 신자들에게 효율적인 대비만이 전쟁

을 방지하는 최선의 수단임을 말해주고 있다. 국내뿐만 아니라 국경에도 적절한 군대를 주둔시켜야 하며 믿음과 힘으로 작전을 짜야 한다.

이 구절은 전쟁을 할 때는 아낌없이 무력을 써야 할 필요성을 지적하고 있다.

또 신자들에 대한 경고와 예언을 담고 있다. 그 예언이란 이교도인 메카측의 아랍만이 그들의 적이 아니라는 것이다. 가까운 미래에 그들을 공격할 다른 민족들이 있다는 것이다. 이 예언은 예언자 무함마드가 죽은 후 곧 이슬람 신자들이 싸워야 했던 비잔틴 제국과 페르시아의 사산 왕조를 가리키는 것이다.

믿는 힘

예언자들아, 믿는 자들을 모아서 전쟁터로 향하게 하여라. 너희 중 인내심이 강한 자가 20명 있으면, 2백 명은 충분히 이길 수 있다. 만일 너희들이 백 명 있다면 믿지 않는 자의 천 명 정도는 충분히 이길 수 있다. 뭐라 해도 아주 머리가 둔한 자들이니까. (8 : 65)

———— 전투부대를 만들 수 있는 최소한의 숫자로 20명을 본다. 신을 믿는 신앙인이라면 10배의 적인 2백명을 물리칠 수 있다. 백명이면 1천명이다. 믿지 않는 자는 무지한 백성들이다.

관 용

그런데 신성월(神聖月)이 지났으면, 다신교도를 발견하는 즉시 죽여라. 잡아라. 억류하라. 모든 길에 복병(伏兵)을 두고 기다려라. 그러나 만일 그들이 회개하여 예배를 지키고 희사(喜捨)를 한다면 방면해 주라. 알라께서는 관용하시고 자비로우신 분이시다. (9 : 5)

——— 메카는 630년 전까지는 다신교도의 거주지였고 이슬람교도를 압박했다. 바드르 전투(624년), 우흐드 전투(625년), 한다크(참호) 전투(627년)를 겪으면서 이슬람은 아라비아 반도의 패권을 장악했다. 그리고 630년 메카를 무혈 정복하고 메카에 거주하고 있는 쿠라이시 부족을 이슬람에 받아들였다. 신성월이란 3개월 간이고 이달에는 전투가 금지되어 있다. 이 기간동안 모든 적대 행위는 중지되나 이 기간이 끝나면 이슬람의 적임이 명백해진 적에 대한 전쟁 행위가 시작된다.

반역(反逆)

맹세를 어기고 사도의 추방을 꾸미고, 거기에다 최초에 너희들에게 공격을 해왔는데 너희들은 그자들과 싸우지 않는가. 너희들은 그들을 무서워하고 있는가. 만일 너희들이 믿는 자라면, 알라를 두려워하고 공경할 일이다. 그들과 싸우라. 그렇게 하면 알라께서는 너희들의 손으로 그들을 벌주고 욕주고 너희들을 도와서 그들을 이기게 하여 믿는 사람들의 가슴의 병을 고쳐 줄 것이다. (9 : 13~14)

――――― 이슬람교단이 있는 메디나 내부와 주위에 있는 부족들은 예언자 무함마드가 메카 북방의 타북 지방에 반항하는 부족을 진압하러 간 사이에도 또 다른 부족들은 무함마드가 이룩한 이슬람 공동체에 대항하도록 충동하여 무함마드를 쓰러뜨리려는 음모를 꾸몄다.

그자들과 싸우지 않는가라는 구절은 신앙이 없는 메카 주민들을 말한 것이 아니라 메디나 내부와 주위에 살면서 공개 또는 비밀로 신앙을 받아들이지 않았던 자들을 말한 것이다.

알라의 길에 일어서라!

믿는 사람들아. '알라의 길을 위해 출정(出征)하라'라고 말하였을 때 왜 땅에 앉았는가? 너희들은 내세보다도 현세에 만족하는가? 현세의 즐거움은 내세에 비하면 하잘것없는 것에 지나지 않는다. 만일 너희들이 출정하지 않으면 너희들은 심한 징벌에 처하여 다른 백성과 바꾸었을 것이다. 너희들은 저분(알라)을 해칠 수 없다. 그런데 알라께서는 모든 일을 하실 수 있다. (9 : 38~39)

――――― 헤지라 9년(630) 무함마드는 이슬람군을 이끌고 메카 북방에 있는 타북라는 곳에서 출정했다. 대원정에 따라가 전투를 하지 않으려 하는 신도들에게 내린 계시이다. 이때

약 3만 명의 군이 동원되었다고 한다.

이슬람군의 병사들이라 할지라도 그 모두가 항상 용감했다고는 할 수 없다. 특히 전국(戰局)이 좋지 않을 때에는 땅바닥에 주저앉는 자, 우물쭈물하는 자, 잔류를 기뻐하는 자 등 지휘자로서의 무함마드의 마음을 상하게 하고 괴롭히는 자도 적지 않았던 모양이다. 그래서 무함마드는, '싸우는 자에게는 알라의 포상이 있다'고 말하고, 때로는 '싸우지 않으면 알라의 벌이 있다'고 협박해서라도 그들을 전열(戰列)로 내보내려고 생각하였다.

이들의 계시를 보면, 겁쟁이나 기회주의자의 궁둥이를 두들겨 자기의 전력(戰力)을 강화하려고 노력한 무함마드의 고뇌를 잘 알 수 있어 매우 흥미롭다.

이슬람군이 타북에 원정했다는 정보를 듣고 동로마제국 즉 비잔틴 제국의 그리스인들이 시리아 국경에 집결했다. 이에 무함마드가 인솔하는 약 3만 명의 이슬람군은 이와 대결하고자 헤지라 9년, 메디나를 출발했다. 이때의 계시이다.

저 항

무법한 일을 당해서 싸우는 사람들에게는 그것은 허락되어 있다. 알라께선 이렇게 사람들을 돕는 능력을 가지고 계시다. 즉 이것은 오직, '우리들의 주는 알라이시다'라고 말한 것으로 부당하게 고향을 쫓겨난 사람들의 일. (22 : 39~40 부분)

무함마드가 메카에서 포교를 시작할 때(610년)에는 신자의 수도 적고, 또 눈에 띈 반대도 없었다. 그러나, 4년의 세월이 흐르고 시내의 젊은이들이 무함마드의 주위에 모이기 시작하면서부터 그에 대한 박해가 일어났다. 박해의 선두에 선 것은 대상인층이었다. 무함마드가 설교하는 일신교가 퍼지자, 지금까지 왕성했던 다신교의 종교 행사가 끊어지고, 그 때문에 수입이 없어질 것을 두려워했다.

또, 메카의 정국(政局)에 야심을 품은 자들도 점차로 젊은이들의 인기를 모아가는 무함마드를 장래의 강적으로 생각하고 박해에 가담하였다. 그리고, 그 박해는 이슬람교도에게도 미치기 시작하였다. 615년, 83명의 신도가 아비시니아(현재의 이디오피아)로 피난한 것은 그 때문이다.

619년, 그의 최대의 보호자였던 숙부(叔父) 아부 따리브의 사망에 의해 그는 자기의 생명을 안전하게 유지하는 것조차 곤란하게 되어, 드디어 신도들과 메디나로 이주한다. '부당하게 고향을 쫓겨난 자'란 이와 같이 해서 메카에서 박해받고 메디나로 이주한 자들을 말한다.

신도들의 생활을 유지하고, 메카의 경제를 파괴하기 위하여 마침내 이슬람군은 메카의 대상들을 습격한다. 이 계시는 습격에 참가하는 신도들을 격려하기 위한 것이다.

공정한 심판

만일 믿는 자들이 두 파로 갈리어 싸우게 된다면, 너희들이 양자를 중재하여 주어라. 만일 양자 중에서 어느 한쪽이 다른 한쪽에 죄를 범하였다면, 그들이 알라의 명령을 받기까지 너희들도 그들과 싸우도록 하여라. 만일 가라앉으면 양자의 사이를 공평하게 진정시켜라. 공정하게 하는 것이다. 알라께서는 공정한 자를 사랑하신다. (49 : 9)

——— 이슬람 국가의 안전과 결속을 해치는 요인들 중에는 이슬람에서도 서로 다른 집단과 파벌간에 생길 수도 있는 논쟁과 싸움이다. 이러한 의견 차이를 해결하기 위한 효과적인 대책을 이 계시는 제공하고 있다. 1차적으로는 이슬람 신자들의 파벌간의 분쟁을 해결하는 문제를 다루고 있으나 이에 못지않게 진정으로 효과적인 국제간의 기구를 수립할 수 있는 확고한 기반에 대해 구체적인 언급을 또 하고 있다. 이 계시 구절은 국제 평화를 유지하기 위한 확실한 원칙을 주장하고 있다.

적(敵)

오, 믿는 자들이여, 나의 적도, 너희들의 적도 벗으로 삼지 마라. 너희들에게 주어진 진리에 등을 돌리고, 너희들이 주가 되시는 알라를 믿었다고 해서 사도와 너희들을 내쫓은 그들에게 우정을 보이려 하는가? 비록 너희들이 나의 길을 위해서 성전(聖戰)에 힘쓰고, 나를 기쁘게 하고자 했다 한들, 몰래 그들에게 우정을 표시한다고 하면 나는 너희들이 감추고 있는 것도, 드러내고 있는 것도 잘 알고 있다. 너희들 가운데서 그와 같은 짓을 하는 자는 올바른 길에서 벗어난 자들인 것이다. (60 : 1)

——— 알라는 인격신이다. 적을 가지고 있다는 것을 공언(公言)하며, 화를 내고, 벌을 주고, 복수를 생각하는 등 참으로 인간적이다. 그 때문에 친근감을 느낀다는 사람도 있지만, 그리스도교에서 말하는 신과는 너무 다르기 때문에 당혹감을 가지는 사람이 있는 것도 부정할 수 없다.

이 절의 금지명령은 매우 엄격하다. 무함마드와 그의 교우를 고향에서 내쫓고 이슬람을 멸망시키려고 하였던 자들인 적들인 그들과 친밀한 관계를 가져서는 안 된다. 이런 점에서 심지어 가까운 혈족관계의 유대 또는 인연에 의해서도 이 절의 명령을 위반해서는 안 될 포괄적인 명령이다. 이슬람의 적은 누구이든간에 신의 적이다.

친 척

오, 믿는 자들이여, 너희들의 아내들이나 자식들 가운데도 적이 있을 거다. 그들을 경계하도록 하라. 하지만 만약 너희들이 용서하고 보고도 못본 체, 참아 주겠다 한다는 것이라면 진실로 알라는 너그럽게 용서하시는 분, 자비로우신 분이시다. (64 : 14)

——— 메카에서 이슬람에 귀의한 신자들 중 아내와 자식들의 만류로 메디나로 얼마동안 이주하지 못했다가 이주한 신자들이 있었다. 이들이 그후에 메디나로 이주해 와 신앙공동체의 일원이 되고 이슬람을 더욱 굳게 믿고 무함마드를 추종했다. 메디나 이주를 만류하였던 아내와 가족들을 나무란 것이 이 계시 구절이다.

9. 최후 심판과 내세

청 산

그대들은 알라 곁에 불려가는 날을 두려워하라. 그때에는 각자 벌은 것만큼 지불될 것이다. 누구든지 부당하게 취급되어서는 안 된다. (2 : 281)

최후심판일은 언제 닥칠지 모르지만 반드시 온다.

'그때에는 각자 벌은 것만큼 지불될 것이다'란 이 세상에서 한 일이 선악의 여하를 불문하고 모두 청산(淸算)되는 것을 말한다. 자기가 한 일만큼 보상되기도 하고 벌도 받는다.

인간은 최후 심판의 날에 한사람 한사람 신에게 불려가 선행과 악행의 많고 적음을 저울로 다루게 된다. 그 다음에 '곧은 길'이라는 다리를 건너게 된다. 그곳에서 선행 쪽에 저울이 기울어진다면 이 다리를 넘을 수 있고 구제를 얻으며 낙원에 들어간다.

죄가 많은 자는 다리를 넘지 못하고 지옥으로 떨어진다. 지옥의 고통을 맛보게 된다.

지 진

사람들아, 너희들의 주를 두려워하고 공경하라. 진실로 그때(최후의 심판일)의 지진은 소름끼치는 일이다. 너희들이 그것을 보는 날, 젖을 먹이는 여자는 모두 자기의 젖을 빠는 아이를 잃고, 임신한 여자는 태아를 유산할 것이다. 사람들은 모두 취한 것처럼 보일 것이나 실은 그들은 취한 것이 아니다. 알라의 징벌이 처절한 까닭이다. (22 : 1~2)

——— 최후 심판의 날은 반드시 온다고 믿는 것은 이슬람의 다섯 번째의 신앙 개조이다. 인간은 사후 육체가 어디에 있든지 심판일에 소생, 즉 부활한다. 그런데 그날의 광경은 산이 무너지고 땅이 갈라지는 지진이 일어나고 모두가 넋을 잃는다. 최후 심판일의 광경이다.

이 계시를 다른 각도에서 살펴보면 한 나라의 국민을 바탕부터 뒤흔드는 국가적 재앙이라는 의미로서도 해석할 수 있다. 역사적으로 보면 다신교도의 보루인 메카가 정복되고 이들의 정치적 세력과 사회제도가 파괴되어 멸망이 박두했음을 나타낸다.

한편으로는 세계전쟁의 형태를 인류에게 닥칠 끔찍한 재앙으로, 닥쳐오는 비참한 상황을 의미할 수도 있다.

그때의 지진이 엄청난 것임을 나타내기 위해 3개의 비유 또는 은유를 사용하고 있다. 어머니에게는 젖을 먹이고 있는 애기보다 귀중한 것이 없을 것이며, 여인이 자기 애를 버리고 남자가 미쳐 날뛰는 것보다 더 무서운 것은 없을 것이다. 임신한 여인이 태아를 유산한다면 인류의 자손이 끊긴다는 것이니 최후 심판일이 얼마나 무서운 날인지 알 수 있다.

이산(離散)

나팔을 불었을 때, 그날에는 그들 사이에 어떤 혈연관계도 없어지고 서로 묻는 일도 없을 것이다. 저울눈이 무거운 자는 번영한다. 저울눈이 가벼운 자는 자기 신을 잃고 지옥의 불에서 영원히 머물 것이다. 불길이 얼굴을 태우므로 두려움에서 얼굴을 찡그릴 것이다. (23 : 101~104)

———— 심판의 날에 천사 이스라필이 두 번 나팔을 분다. 그의 처음 나팔 소리로 그때 생명을 갖고 있던 것들이 한순간에 사멸하고 산은 무너지고 대지는 편편해진다. 다음 두 번째 나팔로 모든 죽은 자가 소생하고 심판을 받는다.

징벌이 사람들에게 닥치는 날, 혈연, 가문, 친척관계 등은 아무런 소용이 없고 현세에서 행한 선행만이 사람들에게 혜택을 가져다 준다.

이날 신을 거부한 자들은 지옥으로 떨어져 증오와 비난을 받으며 지옥의 불기둥 가운데서 죽지도 못하고 살지도 못한다.

그 때

사람들은 그대에게 '그때가 언젠가'라고 물으리라. 말하라, '그때를 아는 건 알라뿐이시다. 너희가 어떻게 알겠는가. 그때는 벌써 여기까지 오고 있는 것을.' (33 : 63)

——— '그때'란 '최후의 심판일'을 가리킨다.

일설에 의하면 최후 심판의 날, 신자들을 염려하는 예언자 무함마드는 열두 곳의 다른 장소에 모습을 나타내 그들의 죄를 중재한다 한다. 그러나 현세에서는 최후 심판일이 언제 닥쳐올지 누구도 모른다.

인간의 지식이나 지혜로는 알 수 없는 게 그날의 그때, 심판의 시기이다. 이는 신의 영역이다.

불가항력

그들은 말한다. '너희들이 진실을 말한다면 그 약속의 날은 언제 나타나는 것인가?' 말하라, '너희들에게 정하여 준 그날이 오는 시간은 너희들은 한 시간이라고 하더라도 이르게 할 수도 없고 늦게 할 수도 없다.' (34 : 29~30)

——— '약속의 날'도 '최후의 심판일'을 가리킨다.

'너희가 진실을 말한다면'이라는 구절은 무함마드와 이슬람 신자들을 가르키고 있다. 이슬람 신자들은 반드시 최후 심판일이 온다는 것을 믿고 있다.

신호의 나팔

나팔이 한 번 울려퍼지면, 알라의 뜻에 맞는 자를 제외한 천지의 모든 것은 실신(失神)한다. 이어 나팔이 다시 울려퍼지면 그들은 일어나서 주위를 본다. 대지는 주의 영광으로 빛나고, 행위의 기록이 갖추어지며, 예언자와 증인이 모두 자리를 같이한다. 그들은 진리에 근거하여 재판을 받으며 부당한 처우를 받지 않는다. 모든 사람은 그 소행에 대한 충분한 보상을 받는다. 알라는 그들의 소행을 가장 잘 아시는 분이시다. (39 : 68~70)

——— 심판의 날에 나팔이 불면 신앙의 길을 바르게 걷고 선행을 행한 자는 이에 대해 자세히 기록한 두루마리 책을 오른손에 받으며 악행을 한 불신자는 두루마리 책을 왼손으로 받게 된다. 또 인간은 한사람 한사람, 선행과 악행의 다과를 저울에 단다. 겨자씨만큼의 신앙심을 갖고 있다 하더라도 영구히 지옥에 살게 되지 않는다.

언젠가는 구제된다. 심판의 날에는 천사 이스라필이 두 번 나팔을 분다. 최초의 나팔 소리로 그때 생명을 갖고 있었던 것은 한순간에 사멸하고 두번째 나팔 소리로 모든 죽은 자가 살아나고 심판을 받는다.

낙 원

또는 그대들은 이미 지나간 옛날 사람들이 경험한 것과 같은 것을 당하지 않고 낙원에 들어갈 수 있다고 생각하느냐? 그들은 고통과 재난을 맛보고 지진에도 동요된 끝에 사도나 믿는 사람들도 '언제 알라께서 구해 주시나'하고 비탄할 것이다. 아, 알라의 도움은 바로 곁에 있는데. (2 : 214)

——— 낙원은 천국이라고도 한다. 이 세상에서 신앙을 갖고 선행을 한 사람은 그 보답으로 낙원에서 살게 된다. 콸콸 샘물이 솟아나고 녹색으로 물든 나무그늘에서 아름다운 처녀가 시중을 들어주는 속에서 좋은 음식이나 술을 마신다. 천국은 고생을 두려워하지 않고 예언자 무함마드를 따라가는 신자들에게 있다. 이슬람을 받아들이고 믿는다는 것은 단순한 것이 아니다. 신자들의 숭고한 믿음에 이르기 전에 심한 시련과 고난을 겪어야 한다는 것을 강조하고 있는 계시 구절이다.

지상의 쾌락

사람들의 눈에는 여러 가지 욕망의 추구만이 아름답게 보인다. 여자, 아이들, 쌓인 금 · 은의 산, 명마, 가축 이외의 전답 등, 그러나 이런 것은 다 현세의 쾌락에 지나지 않는다. 알라 곁이야말로 훌륭한 안식처

이다. (3 : 14)

——— 이 세상의 쾌락이 열거된다. 물질문명이 진보된 현대의 여러 기계나 가구, 쾌적한 생활환경, 의복, 식사도 이에 포함된다. 덧없는 한순간에 지나가는 것뿐이다.

이 계시는 이슬람이 격동을 거치고 난 후 현세에서 이슬람의 신앙을 내세와 연관하여 설교한다.

이슬람은 이 세상에서 좋은 것들을 즐기고 사용하는 것을 금하고 있지는 않다. 그런 것들에 몰두하여 자기 인생의 목적으로 삼는 자들을 경고한다.

서두르라!

불신자를 위해 만들어진 지옥의 불을 두려워하라. 그리하여 알라와 사도에 복종하라. 그러면 너희들은 자비를 받을 것이다. 주의 용서와 천지만큼의 넓은 낙원을 손 안에 넣기 위해서 서둘자. 이것은 두려워하고 공격하는 자를 위해 만들어진 것이다. (3 : 131~133)

——— 이 세상에서 신앙을 갖지 않고 불의를 행한 자는 그 벌로 불길이 치솟는 지옥에서 내세에 영원히 살게 되고, 믿고 선행하는 자는 그 보상으로 내세에 천국에 들어간다.

이슬람의 가르침에 따르라고 권고하고 있다. 신자들은 현세와 내세에서 낙원의 혜택을 입을 수 있다. 낙원을 손에 넣기 위해서는 선행을 하는 데 서둘러야 한다.

깨끗한 아내

그리고 믿음을 갖고 모든 일에 선을 행하는 사람들이라면 아래에 냇물이 흐르는 낙원으로 들어가 거기서 영원히 살게 할 것이다. 그곳에는 청순한 처가 몇이고 있다. 또 선선한 나무그늘로 들어가게 할 것이다. (4 : 57)

——— '깨끗한 아내'는 아랍어로는 '자우자 무타하라'로 불린다. 전해 오는 말에 따르면, 이슬람교 신자는 낙원에 들어가면 아름다운 그녀에게 맞아들여지고, 그가 지상에서 단식한 날짜와 쌓아올린 선행의 횟수만큼 그녀와 교합이 허용된다고 한다.

이것은 이슬람교에서 천국의 관능적인 정경을 표시하는 것으로서 자주 논의의 목표가 되고 있는데, 그녀는 이슬람 이전부터 천국에 살고 있다고 믿어져 온 전설적인 여성이다.

더더구나 영원히 처녀라고 믿어지고 있다.

현세에서 선행을 쌓고 천국에 들어오는 게 허락된 자는 그 다과에 따라 처녀의 깨끗한 아내와 교섭이 허락된다. 그녀들은 육체의 더러움, 성격적인 결함이 없고 언제나 깨끗한 처녀로서 모습을 나타내고 있다. 천국에 관한 다른 묘사와 함께 지복을 나타내는 비유로서 술해졌다.

최상의 것

이 세상의 향락은 잠시뿐이며 알라를 공경하는 자는 내세에서 보다 좋은 것을 얻게 된다. 너희들은 실 한 오라기만큼의 부당한 취급도 받게 되지 않을 것이다. (4 : 77 부분)

——— 이 세상에서 아무리 잘살고 영화를 누린다고 하더라도 현세의 즐거움이나 쾌락은 잠시 잠깐이며 그런 삶은 덧없이 지나간다. 현세의 삶에서 자기가 맡은 일을 신에 대한 믿음 안에서 성심성의껏 다하고 신의 길에 들어가서 진리와 정의를 위해 바르게 정진할 때 인간은 죽음의 두려움에서 벗어나고 내세의 무궁한 행복이 기다린다는 신념을 갖게 된다.

눈뜨라!

현세의 생활은 노는 것이나 유희에 지나지 않는다. 두려워하고 공경하는 사람들이 내세에 살 곳이야말로 아주 훌륭하다. 너희들은 깨닫지 못하는가. (6 : 32)

——— 이슬람은 현세를 찰나적이고 덧없는 것으로 본다. 종교로서의 본질을 나타낸다. 내세는 영원하다. 깨닫지 못하는가 라는 말은 내세가 현세보다 좋다는 것은 이해 못하는가 하는 물음이다. 영원한 내세에 비해 현세는 찰나적

인 것이다.

천국에서의 기도

그러나 믿고 여러 가지 선한 일을 하는 자에게는 주께서 그들의 신앙으로 하여 바른 길로 인도해 주실 것이다. 천국의 낙원에 있어서 그들의 아래에 냇물이 흐를 것이다. 거기에서 그들이 하는 소리는 '알라여, 영광이 있으시라'이고, 그들의 인사는 '평안하라'이고, 그들의 기도는 '만유(萬有)의 주이신 알라를 찬송하라'로 그친다. (10 : 9~10)

——— 신에 대한 찬미는 자연스러운 것이고 본능적인 것이다. 천국에서는 사물의 실체와 본질이 인간에게 명백히 밝혀지고 인간은 신의 행위가 깊은 지혜에 바탕을 두고 있음을 깨닫게 될 것이다. 이런 깨달음으로 인간은 본능적이고 자연스럽게 '오 하나님, 영광이 당신께 있나이다'라고 외치게 되는 것이다.

이 계시 구절은 믿는 자들의 끝은 항상 행복하다는 것을 암시하고 있다. 신의 영광을 찬송함으로써 그들의 희열을 표현하고 있다.

우는 소리

알라께서는 불신자를 저주하여 그들에게 화염을 준비하신다. 그들은 바꿀 사람도 도와줄 사람도 없이 열화 속에 영원히 살리라. 그들은 지옥의 불길 속에서 얼굴을 좌우로 내두르며 '알라께 복종하고 사도들을 따랐으면 좋았을 것을'이라고 말한다. 그들은 '주여, 우리들은 우리들의 수령이나 지도자를 좇아왔습니다. 그것이 우리를 미궁에 빠지게 했습니다. 주여, 그들에게 두 배의 징벌을 내리십시오. 더 저주해 주십시오' 라고 말한다. (33 : 64~68)

—— 이 계시 구절은 불신앙자의 지도자에 대해 언급하고 있다. 어느 집단이든 지도자를 잘 만나야 번창한다. 폭군을 만난 백성들의 처지는 오죽하겠는가.

다른 면에서 이 구절을 보면 자기가 저지른 나쁜 일에 대해 타인에게 전가하려는 인간의 나쁜 면의 본성을 말한다. 내가 잘못해서 지옥에 떨어진 것이 아니라 지도자가 잘못 인도하여 떨어졌다는 자기변명이다. 누구도 최후 심판 시는 자기가 저지른 행위에 책임을 져주지 않는다.

자쿰나무

불의를 행하는 무리를 위하여 자쿰나무를 징벌로서 만들어 주었다. 그것은 지옥의 밑바닥에서 자라는 나무로서, 그 열매는 마치 사탄의 머리와 같다. 그들은 그 나무의 열매를 먹고 배를 채우고, 거기다 끓인 물을 마시고, 돌아갈 곳은 지옥이다. (37 : 63~68)

—— 자쿰나무는 지옥의 밑바닥에서 자라나는 나무이며 그 열매는 악마의 머리이고 가시가 돋혀 있고 아무리 먹어도 배부르지 않는다. 코란에는 지옥에 대한 기술이 많은데 그 조

성이나 구조에 대해서는 상세한 기술이 없어 후세 사람들의 상상력을 자극하여 여러 해석이 있다.

죽음의 음식이란 뜻으로 이 나무 열매를 먹게 되면 영적인 죽음을 당하게 된다는 것도 의미한다. 이 사악한 불신의 나무는 인간에게 커다란 해악의 근원이 된다. 또 인간이 이 불신의 나무 열매를 먹게 되면 지옥의 밑바닥으로 떨어지게 된다.

지옥의 문지기

믿지 않는 자들은 집단을 이루어 지옥으로 쫓겨갈 것이고, 거기에 이르면 문이 열리며 문지기가 그들에게 '너희들 중에서 사도가 나와 너희들과 함께 있으며, 주의 계시를 독송하지 않았느냐? 이 날을 맞으리라고 경고하였을 터이다.' 배신자들에게 징벌의 말씀이 사실로 나타나게 된 것이다. (39 : 71)

——— 지옥의 경비를 맡아보고 문지기를 하는 천사를 말리크라 부른다. 이들도 천사로서, 맡은 임무가 문지기이며 경비이다. 그리고 지옥에서 책벌을 맡아보는 천사가 사비니야인데 힘이 무척 강하다고 한다. 맡은바 임무를 한치의 오차도 없이 수행한다. 신에 대한 절대적 순종성이 천사에게는 요구된다. 신과 인간의 중간적 존재로 믿어지고 있다.

주의 환대

그러나 '우리의 주는 알라이시다'고 말하고 정도(正道)를 걷는 자에게는 천사들이 내려가서 '무서워하지 마라, 슬퍼하지 마라, 너희들에게 약속된 낙원(樂園)의 복음을 듣도록 하라. 우리는 현세와 내세에 있어서 너희들의 보호자이다. 그러므로 너희들의 마음이 바라는 것은 거의 주고 있다. 너희들이 바라는 것은 거의가 너희들의 것이다. 이것이 자애로우신 분이며 잘 용서해 주시는 분의 환대라는 것이다'라고 말한다. (41 : 30~32)

——— 신앙심이 깊은 자들은 가혹한 시련과 고난 속에서 인내심을 발휘할 때 천사들은 현세에서도 그들에게 내려와 위안과 위로를 준다. 이것이 주님의 환대이다.

샘이 있는 낙원

경건한 자는 안전한 곳으로 들어간다. 즉, 낙원의 샘물 사이로 들어가서, 명주나 비단을 두르고 마주앉는다. 이렇게 하여 우리는 그들에게 눈이 크고도 흰 살결의 처녀와 짝짓게 해준다. 그들은 그곳에서 거리낌없이 온갖 과일을 얻는다. 여기서 그들은 처음 한 번의 죽음을 경험하는 외에는 죽음을 맛보지 않으며, 알라께서 그들을 화염의 형벌로부터 지켜주신다. 이거야말로 그대의 주께서 베푸시는 은혜이다. 참말로 위대한 성공이라는 것이다. (44 : 51~57)

——— 이 구절은 내세의 생활이 무위의 생활이 아니라 영원하고 끝없이 발전하는 생활이라는 것을 밝힌다. 줄기차게 솟아나는 샘물가에서 아름다운 아가씨들이 시중을 들고, 맛이 있는 음식이 수북히 있고, 향기 가득찬 술을 마시며 천국의 주민들은 생활한다.

이처럼 코란은 지옥의 고통과 대비하여 천국의 행복과 즐거움을 감각적으로 그리고 있다.

풍족한 물

경건한 자에게 약속된 낙원 안에는 썩는 일 없이 물이 흐르는 하천, 맛이 변하지 않고 젖[乳]이 흐르는 하천, 달콤한 미주(美酒)가 흐르는 하천, 맑은 꿀이 흐르는 하천 등이 있으며, 모든 종류의 과일이 있고, 주께서는 그들에게 들어가도록 허락하신다. 이러한 자들과 지옥의 불 속에 영원히 살며 창자가 끊어질 만큼 뜨거운 열탕(熱湯)을 마시게 되는 무리와 같을 수가 있는 것일까? (47 : 15)

——— 코란에는 일반적으로 낙원(잔나)이라고 일컬어지는 천국을 묘사하는 구절들이 있다. 현세에서 신앙을 갖고 선행을 한자는 그 보답으로 여기에 살 것이 허용된다. 그들은 그곳 천국의 낙원에서 물이 솟아나는 샘물 곁에서, 젖이 흐르는 하천가에서, 기쁨을 주는 좋은 술이 흐르는 강가에서 영원히 산다.

사막에 살던 아랍인들에게 가장 탐스러운 것이 물이 흐

르는 강이며 풍족한 물이 있는 곳이었다. 그래서 천국은 풍족한 물이 있는 곳으로 표현되었다.

갈증난 낙타

그리고 나서 오오, 길 잃은 자여, 거짓말을 하는 자여, 너희들은 자쿰나무 열매를 먹고, 배를 채우게 될 것이며, 거기다가 펄펄 끓는 물을 마시게 될 것이다. 갈증으로 병이 든 낙타처럼 마시게 될 것이다. 이것이 심판날 그들이 받을 대접인 것이다. (56 : 51~56)

——— 천국과 지옥, 이슬람 이전의 아랍인들은 인간은 다만 태어났다가 죽기만 하는 존재, 있는 것은 이 세상의 생활뿐이라고 생각하고 있었는데, 무함마드의 설교와 코란을 통하여 최후의 심판이나 지옥이 있다고 전해졌다. 그렇기 때문에 처음에는 놀라고, 또 고개를 갸우뚱하면서도 그중에는 내세의 생활을 생각해서 이슬람의 신앙에 들어가는 자와, 그 행실을 삼가는 자가 점점 늘어났다.

그것은 알라의 계시를 통해서 무함마드가 설교한 천국이나 지옥의 모양이 참으로 구체적이어서 그들에게는 매우 이해하기 쉬웠기 때문이다.

실제로 사막 속에서 살아 보면, 그곳에서의 가장 고생스러운 일은 더위와 물의 부족이라는 것을 잘 알 수가 있을 것이다.

그런데, 내려쬐는 땡볕을 피하기 위해서는 천막을 쳐서

인공적으로 그늘을 만드는 것밖에는 방법이 없었다.

그래서, 나무그늘이 있고 수목(樹木)들이 무성하다고 설교된 천국이 그들에게는 얼마나 근사하고 멋있게 생각되었겠는가 짐작된다.

천국의 묘사 가운데 나오는 강물에 대해서도 같은 말을 할 수 있다. 물에 목이 타고, 그 부족에 고민하면서 살고 있는 그들에게, 언제나 물이 흐르고 있다고 설교되는 천국은 현실의 고통을 잊게 하는 멋있는 세계였던 것이 틀림없다.

그곳에는 또 여러 가지 과일이 있다고 설교하고 있는데, 사막 속에서 손에 넣을 수 있는 과일은 극히 적은 것을 생각하면, 여러 가지 과일을 먹을 수 있는 세계라는 것 또한 그들의 마음을 강하게 사로잡았을 것이다.

하물며 명주나 비단옷을 입고 아름다운 처녀들에게 받들리면서 맛있는 술을 마실 수 있다고 하는 그곳에서의 생활에 동경(憧憬)을 느낀 그들의 심정을 잘 알 수 있을 것 같다.

그 반대로, 지옥의 묘사에는 그들의 고통을 더해 주는 것만이 기술되고 있다.

더위에 허덕이면서 살고 있는 그들에게, 쓰디쓴 자쿰나무 열매를 먹으면서 불길의 옷을 입어야 하고, 끓는 물을 마셔야 하고, 화염 속에서 영원히 살지 않으면 안 되는 생활이란 생각만 해도 소름끼치는 일이었을 것이다.

다만, 여성에 대해서 여러 배려를 한 데도 불구하고, 천국에 들어간 여성이 맛보는 기쁨이 전혀 말해지지 않고 있는 것은 어째서일까?

역시 남성 중심의 당시 사회생활에 영향을 입은 것일까? 아니면 여성은 죄를 범하는 일이 적으므로 새삼스럽게 설명하지 않더라도 모두 천국에 갈 수 있다고 생각했기 때문일까?

이 계시의 절은 내세에서 죄지은 자들에게 가할 형벌을 그들의 죄악에 어울리는 언어로써 묘사하고 있다. 그들은 다른 사람들이 땀흘려 이룩한 것들은 탐욕스럽게 집어삼켰고 부에 대한 그칠 줄 모르는 욕망으로 온갖 수단 방법을 통하여 부를 축적하고 신의 말씀을 거부했다.

그 형벌로 그들은 자쿰나무를 먹게 될 것이며 그들의 속을 태우게 되었다. 또 그들은 갈증을 풀기 위해 마시는 것은 끓는 열탕의 물이며 병들고 목마른 낙타와도 같이 그들의 목마름은 채워질 날이 없을 것이다.

심 판

하늘이 찢어질 때, 수많은 별이 흩어질 때, 바다가 넘칠 때, 수많은 무덤이 파헤쳐질 때, 영혼은 이미 성취한 일, 뒤에 남긴 일을 안다. (82 : 1~5)

——— 코란이 왜 심판의 날을 내세워야 했는가는 아라비아 반도의 기후 풍토와도 관련된다. 아랍인들은 자연현상 앞에

인간이 얼마나 무기력한가를 안다. 아라비아 반도의 거친 사막 속에서 유목생활로 삶을 이어나가서이다. 최후 심판은 아라비아 반도의 변화무쌍한 기후보다 더 무섭다. 인간은 자기가 매장되었던 무덤에서 파헤쳐져 일어나 죽기 전의 모습으로 된다. 이것이 부활이다. 최후 심판일은 천지의 변화와 부활과 심판이 삼박자가 되어 일어난다. 종말의 날이다. 내세의 시작이다. 그러나 인간은 언제 심판의 날이 오는지 모른다.

천국과 지옥의 길

네 귀에 은폐에 대한 말이 달했느냐? 그날 수그릴 수많은 얼굴이 있다. 일에 지쳐서, 타오르는 불길 속으로 들어가, 펄펄 끓는 샘물을 퍼마시고, 주어진 음식은 가시돋친 풀뿐. 그것은 영양분도 없고, 빈 속을 채워 주지도 못하는 음식. 또 그날 기뻐하는 수많은 얼굴도 있다.

스스로 정진한 덕분에 만족하고, 높은 낙원에 살면서, 이제는 헛소리하나 듣는 일 없다. 거기에는 흘러나오는 샘이 있고, 푹신한 침대가 있고, 제자리에 놓인 술잔이 있고, 나란히 펴진 잠자리가 있고, 바닥에 깔린 융단이 있다. (88 : 1~16)

──── 은폐란 덮는다는 아랍어의 번역으로 어마어마한 압도적인 사태를 뜻한다. 내세라는 새로운 세상이 그늘처럼 덮어지는 것을 나타낸다. 최후 심판의 날의 광경이다.

1절에서 7절은 불신자들의 운명을 말하고 8절에서 16절은 신을 믿고 두려워하며 공경하는 자들의 미래를 말한다. 전자는 지옥이고, 후자는 극락이다. 진리에 반대되는 독재자들의 권세나 옳지 못하게 축적된 부는 그로 인해 쇠퇴와 멸망을 받게 되는 것이 고금의 진리이다. 의로운 길을 걷고 있는 사람은 현세에서 좌절이나 실패에 대한 두려움 없이 살 것이고 천국에 들어간다.

심판의 기준은 현실에서의 신앙과 행위이며 재산, 지위, 권력, 혈연관계는 소용없으며 누구도 다른 사람을 도울 수 없다.

최후 심판일의 광경

대지가 심하게 진동하고, 대지가 그 짐을 튕겨내고 어찌된 일인가, 하고 사람들이 말할 적에, 그날 대지는 모든 소식을 이야기하리라, 당신의 주님께서 계시하신 것을. 그날 사람들은 삼삼오오 나타나서 자기의 행한 일을 나타내 보인다. (99 : 1~6)

——— 최후 심판일의 광경이다. 우선 대지가 격렬하게 흔들린다. 최후의 심판이 시작되었음을 알린다. 땅속에 매장되었던 시체나 보물들이 밖으로 밀어 내쳐지고 인간은 상상밖의 변화에 놀라고 당황한다. 무릇 인간들이 행했던 지상에서의 비밀스런 행동이 증언된다.

이런 변화는 인간이 만든 제도들이 토대채 흔들리고 과학과 지식분야를 초월한 양상이 나타난다는 것을 나타내고 있다. 이 과정에서 지상에서 행한 인간의 일이 선이든 악이든 보답되어 천국에도 들어가고 지옥에도 빠진다.

최후의 심판과 인간

무엇에 대해 너희들은 서로 묻는 것인가? 저 위대한 음신(音信)에 대해서, 그들의 의견은 나눠진다. 보라! 언젠가 그들은 알게 되리라. 보라! 다시 말하지만 언젠가 그들은 알게 되리라. 우리는 대지를 융단처럼 펼치고, 산들을 말뚝처럼 세우지 않았던가? 우리는 너희를 남녀로 구별해서 만들고, 너희가 잠자는 것을 휴식을 위해 마련하고, 밤을 덮개로 만들었으며, 낮을 삶의 수단으로 해주었노라.

너희들 머리 위에 일곱 개의 하늘을 튼튼하게 만들어 주고 찬란히 호롱불 밝혀 주고, 구름으로부터 넉넉한 비를 내려, 그것으로 곡식이나 초목을 자라게 하고, 낙원을 울창한 숲으로 무성케 하지 않았던가.

진실로 심판의 날은 정해진 시간. 나팔이 울려퍼지는 날, 너희들은 떼지어 몰려온다. (78 : 1~18)

——— 천지가 진동하면 사람들은 무엇이 일어났는지 어떻게 되었는지 서로 물어본다. 코란은 최후 심판에 일어나는 일들을 말하다가 사람들이 무엇인가 하고 물으니 이 의문에 대해 이런 계시가 내렸다.

알라는 창조의 주이시다라고 한다면 무엇을 창조하였는지 계시는 차차로 이어져 창조에 대해 표명하고 있다. 그리고 알라와 최후 심판의 날이 코란에서 어떻게 말하여지는

지를 엿볼 수 있다. 최후 심판의 날의 주재자는 알라이다. 이는 코란 개경장에도 말해진다.

이 계시는 최후 심판의 날이 반드시 온다는 것은 신의 창조인 천지와 자웅의 짝을 지우게 했고 이들을 살도록 양식을 만들어 준 것을 보면 알 수 있다.

인간행위 기록 보관소

아니 정말이지 방탕자의 기록은 싯진 속에 보관되어 있는 것이다. 싯진이 무엇인가를 누가 네게 가르쳐 주랴. 그것은 영원히 기록된 장부이다. (83 : 7~8)

그것에 반해, 경건한 자들의 기록은 일린 속에 보관되어 있다. 일린이 무엇인가를 누가 네게 가르쳐 주랴. 그것은 모든 것을 기록한 장부이다. (83 : 18~20)

심판의 날은 내세에서 천국과 지옥으로 들어가는 일을 가름하는 날이다. 인간 각자가 현세에서 행하였던 행위를 천사들이 기록하고 있다. 인간의 오른쪽에 있었던 천사는 좋은 일을 한 것을 기록하고 왼쪽에 있었던 천사는 나쁜 일을 한 것을 기록하였다가 인간이 죽으면 나쁜 일을 한 기록은 '싯진'에 보관해두고 좋은 일을 한 기록은 '일린'에 보관해 두었다가 최후 심판의 날에 심판을 받기 위해 신 앞에 그 기록을 갖고 서게 된다.

'싯진'이란 단어는 아랍어로 감옥이라는 뜻으로 그 말 자체에 죄를 벌준다는 의미를 내포하고 있다.

'일린'은 높은 곳 또는 높아지게 될 것이라는 뜻을 갖고 있으며 신을 경외하는 신자들이 누리게 될 가장 높은 지위를 의미한다. 선과 악이라고 하는 인간의 성질을 궁극적 기준을 신 앞에서 판결받는다는 것이 만물의 창조주로서의 유일신에 대한 신앙이다.

갈라짐

하늘이 갈라져서, 참다운 모습으로 주님의 말씀을 듣게 될 때, 대지가 펼쳐지고, 땅속의 것이 일체 내던져져서 텅 비게 되고 참다운 모습으로 주님의 말씀을 듣게 될 때, 오, 인간이여, 참으로 너희는 주님 앞으로 나가기 위해 정진(精進)하는 자, 기필코 주님을 만나 뵈올 몸인 것이다.

오른손에 자신의 장부가 주어지는 자는, 수월하게 청산을 받고, 그 식구들 곁으로 기뻐하며 돌아갈 것이다. 이에 반해 등 뒤에 장부가 주어지는 자는, 죽었으면 좋겠다고 외치면서, 불길 속에서 타 죽으리라. 확실히 그는 지난날 식구들 있는 데서 즐겁게 지내고 있었다. 소환당하리라고는 꿈에도 생각지 않았었다. 그것은 정해진 사실이다. 주님은 그의 행실을 꿰뚫어보셨던 것이다. (84 : 1~15)

——— 천지종말의 날이 오고 사람들은 심판받기 위해 부활하며 심판되는 과정을 그리고 있다 존재하고 있는 모든 것이 끝이 나고 새로운 세상에 들어간다.

진실한 새로운 세계(내세)의 나타남을 하늘이 갈라져 산산조각이 나고 대지가 한결같이 편편해지고 그 비밀이 폭로된다. 하늘은 넓고 끝닿는 데가 없으며 영원하고 시간이란 없는데도 신의 의지에 따라 변화가 없으나 한번 파괴의 명령이 내리면 그 명에 따라 모든 것이 소멸된다. 창조된 것은 창조자의 명에 따라야 한다. 대지도 그렇다.

이 세상은 고생과 불행으로 가득차 있으나 우리들에게 가르치는 영원한 희망이 만약에 없다면 시나 철학이 염세적으로 인상을 주게 되고 희망도 암담해질 것이다.

실은 행복이란 잘한 옳은 일로부터의 보답이며 불행은 악의 결과이다. 착한 일을 위해 노력하고 고생한 자는 즐거움이 있을 것이고 생각없이 이 세상에서 즐거워했던 자들은 그 어리석음 때문에 울게 될 것이다. 그리고 모두는 신의 청산 때문에 신판의 자리 앞에서 신을 만날 것이다.

넓은 의미로 해석하면 모두는 자기와 가까운 자에 돌아갈 것이다. 옳은 일은 행한 자는 늦든 빠르든 어느 시기에 갈 것이나 죄를 저지른 자는 죽기를 바라고 없어지기를 원하나 그들은 살 수도 없고 죽을 수도 없는 지옥에 떨어지게 된다.

이 구절의 배경에는 메카의 쿠라이시 부족의 대상인층이 무함마드에게 정치적 · 경제적 이유로 박해를 가할 때 코란은 현세의 덧없음을 천지종말로 경고하고 있다.

헐떡이는 말과 유목부족

콧김을 내뿜으며 질주하는 전사들의 말들에 맹세하고. 그 말, 쇠굽에 불꽃 튕기며, 이른 새벽에 급습해서, 모래먼지를 일으키며, 적진 깊숙이 난입한다. 실로 인간은 주님께 대하여 배은망덕하다. 스스로가 그 증인이다. 그는 돈을 사랑하는 데만 열렬하다. 모르느냐, 무덤 속에 있는 자들이 부활되고, 마음속에 있는 것이 폭로될 때, 그날 주님은 그들의 일을 모조리 아시게 되리다. (100 : 1~11)

———— 이슬람 이전의 아라비아 반도의 유목부족들의 생존을 위한 투쟁이 묘사되고 있다. 그들은 일정한 땅에 머무르는 정착민과는 달리 언제나 이동하며, 물과 물을 찾아 헤매고 계절마다 다른 곳으로 간다. 때로는 근처에 있는 다른 부족을 습격하여 전리품을 얻으려고 약탈하고 여자와 애들은 노예로 한다. 또는 대상을 습격하기도 하기 이를 호위하는 데 고용되어 습격에 대비하기도 한다.

다른 부족의 약탈을 받았다면 다음에는 그것에 대한 복수가 자행된다. 유목부족들은 생존을 위해 이슬람 이전시대에는 자나깨나 싸움에 대비해야 했다. 이슬람의 발흥은 이슬람 이전시대의 전통에 대한 저항이다.

역사학의 용어로 이슬람 이전 시대를 자힐리야 시대라고 한다. 이슬람을 모르고 싸움만 하는 무지몽매의 시대가 자힐리야이다. 이 시대에 아라비아 반도의 대부분이 유목생활에 의해 지배되었던 시대이다. 메카의 쿠라이시 부족과 같은 정착민의 예외는 있지만 아랍유목민이 코란이 계시될 당시에는 아랍사의 주역이었다.

아랍 유목민은 여러 부족으로 나뉘어져 혈연중심 위주로 이루어졌다. 그들은 양의 털로 짠 장방형의 천막에서 살다가 이동시에는 천막과 가재도구 모두를 낙타 등에 싣고 간다. 그들의 주된 생업은 낙타, 산양, 양 등을 기르는 것이었다. 그들은 낙타와 산양의 젖을 마시고 낙타의 털로 짠 옷을 입고 때로는 낙타나 양을 잡아먹는다. 이들의 생활을 바탕으로 잘못된 전통적 관습을 고치려고 일어난 것이 이슬람이다. 이 바탕이 코란이다.

이 장의 이름은 뛰는 말의 장이다. 아라비아 반도는 명마의 산지이다. 물론 무함마드 시대에도 준마는 있었을 것이다. 이슬람 이전 시대의 토속적인 것을 말을 통해 반영한 계시이다. 이슬람 전 시대의 부족간의 싸움은 이런 것이었다. 앞으로의 이슬람은 전 시대와 결별하고 용감하게 이슬람을 반대하는 적을 향해 새벽녘에 말발굽에 불꽃을 튕기며 공격하는 것처럼 전 시대를 부정하는 새 시대가 올 것이라고 맹세한 것으로도 본다.

신의 은총에 고마움을 모르고 현세적인 재물에 눈이 어두운 자들은 최후 심판의 날에 징벌될 것이라는 경고이기도하다.

축적과 심판

너희들은 가진 물건 자랑으로 세월을 보내누나, 무덤을 향해 갈 때까지도. 집어치워라, 이제 알게 되리라. 다시 한 번 말한다, 집어치워라, 이제 알게 되리라. 집어치워라, 뚜렷하게 알면 좋겠지만. 너희들은 꼭 지옥을 보게 되리라. 더구나 그것을 확실한 눈으로 보게 되리라. 그리고 그날 너희들은 향락에 대해서 힐문당하리라. (102 : 1~8)

——— 탐욕과 재산 축적 때문에 사람다움을 저버린 인간에 대한 경고이다. 코란은 이런 자들이 최후 심판의 날에 지옥에 떨어질 것이라고 했다.

교훈적이며 이 계시가 내려질 때의 메카의 사회를 반영하고 있다. 아니 지금의 우리 사회를 비치고 있다고 해도 좋다. 이렇게 심판의 날의 엄격함이 얘기되는 것은 한편 유태교의 영향이 아닌가도 하지만 계시 당시의 메카의 사회환경의 영향이라고 생각된다.

돈 벌겠다, 무엇을 하든지 부자되는 것만이 행복한 삶을 영위할 수 있다고 생각하는 자들에 대한 경고이다.

이슬람 이전 시대부터 아랍 유목부족들에게는 전통적인 관습으로 부족의 족장이 부유한 사람이 가난하고 약한 사람을 도와야 하는 책임이 있었다. 한편 메카의 주민들은 쿠라이시 부족인데 이들은 소위 국제무역에 종사하면서 대상(隊商)을 조직하여 여름에는 시리아 방면인 북부쪽, 겨울에는 예멘 방면인 남부쪽으로 갔다. 한번의 여행에 낙타 1천 두가 동원되었으니 얼마나 그 규모가 큰지 짐작된다.

이들은 장사꾼이 되면서 그전까지 가졌던 부족간의 연대의식이나 약소자를 도와주는 전통적 윤리의식이 희박해지고 이기주의만 팽배했다.

어디에서나 돈밖에 모르는 자는 남을 도울 생각을 하지 않는다. 재벌의 횡포는 노동운동을 낳게 한다.

상기 코란 102장은 물질만능의 개인주의는 징벌을 받는다는 것이다. 당시 메카사회에 일어나고 있던 변화는 부족적인 집단위주의 사회에서 개인주의적인 이익만을 좇는 약육강식의 사회였다. 이런 사회적 모순을 코란의 계시들은 지적한다. 지금의 우리 사회에 흐르고 있는 물질만능의 풍조도 이 계시를 참고할 만하다.

코란은 내세에 궁극적 가치를 둠으로써 현세적인 것을 상대화했다. 부는 절대적 가치를 가지지 못하며, 그 재산이 많고 적음에 있지 않고 신앙과 바른 일을 행하는 데 있다고 강조한 것이다.

심판의 판정 기준

심판을 거짓이라 비방하는 자를 알고 있는가? 이들은 고아를 배척하고, 가난한 자에게 식사 제공하길 권장하지 않는 자. 재앙 있으라, 예배하면서도 예배에 전념하지 못하고, 겉만 꾸미고, 적은 자선을 거절하는 자에게. (107 : 1~7)

코란은 변화무쌍하다. 23년간의 계시이지만 이를 읽어 보면 산이 있고, 계곡이 있는 것을 볼 수 있다. 이는 또한 예언자 무함마드의 생애를 얘기하기도 하는데 그 생애는 참으로 황막한 아라비아 반도에서 오아시스를 형성하는 것이다.

우리들은 빵만으로 사는 것이 아니라 신의 말씀으로 산다라는 성서의 말이 있듯이 무함마드도 상인으로 생활하다가 기독교에 접하여 이 말을 알았을 것이고 예언자로서의 사명을 띤 후 마지막 예언자이며 최대의 예언자로서 아라비아 땅에서 신의 말씀을 전파했다.

그런데 당초 신의 말씀인 계시가 거짓말이라고 무함마드는 항의를 받게 된다. 그리고 2절은 고아에 대해 언급되어 있는데 무함마드는 어려서 부친과 그리고 모친을 연이어 잃었기 때문에 이 구절을 넣었을 것이다. 현실성을 바탕으로 심판일을 암시하고 있다.

신의 은혜를 모르는 자는 고아를 학대하고, 가난한 자를 불쌍히 여기지 않고 있다. 오죽 사람이 되지 않았으면 자기는 식사를 하면서도 굶주려 밥 한끼를 달라는 불쌍한 사람에게 음식도 주지 않고 가라고 내쫓겠는가. 이런 자들은 세상에서 그럴듯하게 외양은 꾸미지만 뒤로는 부정하게 자기 속만 차리는 자이다. 이런 자들은 심판의 날에 심판을 받고 징벌을 받을 것이다.

무함마드 생존 당시나 지금이나 이런 자가 판치는 사회는 개혁되어야 한다. 현세적인 경고의 서가 코란이다.

10. 재 판

죄의 경감

오, 믿는 자들이여, 살인의 경우에 보복법은 자유인에게는 자유인, 노예에게는 노예, 여자에게는 여자라고 정하여져 있다. 그러나 그 형제로부터 얼마간의 용서를 받는다면 선의로써 이에 따르고 성의껏 지불하여야 한다. 이것은 주께서 내린 경감(輕減)이며, 자비이시다. 그런데 그 후에도 이것을 위반하는 자가 있으면 통렬한 징벌이 있을 것이다. (2 : 178)

―――― 이슬람 이전의 아라비아 반도에서는 한 사람이 살해당하면 피해자(被害者)의 상속인은 살해자뿐만 아니라 그 일족까지도 죽이고 복수하는 것이 습관이었다. 동해복수 관습이다. 이에 의해서 부족의 안전이나 단결이 보전되어 있었던 것은 사실이다.

그러나, 무함마드는 쓸데없는 인명 손실과 부족 사이의 증오심의 증대를 막기 위하여 그들의 복수심을 만족시키면서 그 수를 제한할 것을 생각하였다.

그것은 피해자의 상속인이 피해자가 받은 것과 같은 정도의 보복을 가해자(加害者)에 대해서 행하는 것을 인정한 것으로서, 이 계시의 전반은 그것을 정한 것이다.

그리고 이 원칙은 상해(傷害)에 대해서도 적용되어, 피해자는 가해자에 대하여 자기가 받은 상해와 같은 정도의 상해를 가할 권리를 인정하였다.

그러나, 그는 만약에 피해자 쪽이 허락한다면 낙타나 금품을 줌으로써 피의 복수에 의한 손실을 조금이라도 경감시킬 것을 생각하였다.

그와 같은 소원에 대해서 내려진 것이 이 계시의 후반이다.

살인의 죄를 보상하기 위한 낙타는 100마리를 기준으로 삼았다. 더구나 그것은 머리수만 갖추면 되는 것이 아니라, 100마리 중의 30마리는 4세 이상의 암컷이어야 하고, 40마리는 새끼를 배고 있는 낙타가 아니면 안 되는 것으로 되어 있다.

또, 상해에 대한 배상액도 부상의 장소나 그 정도에 따라서 차이가 있으나, 퍽 고액인 경우가 많다.

이 계시 구절은 중요한 민법의 원칙, 즉 인간의 평등과 법을 위반한 자들에게는 차별없이 죄과에 따른 벌을 주어야 한다는 것이다. 단 법을 위반한 자를 희생자의 친척이 용서하고 그러한 용서가 상황을 개선시키기 위해 계산된 것이라면 예외로 한다.

살인에 대한 처벌은 의무적인 것임을 보여주고 있다. 법을 어기는 자에 대한 처벌을 하지 않는 것은 신의 계율을 위반하는 것과 같다. 범죄자를 처벌하는 의무는 복수나 보복형태로 살해당한 자의 상속인에게 주어지지 않고 법과 질서를 유지할 책임이 있는 당국에 주어지는 것이다.

처벌함에 있어 법을 위반한 자들 사이에 구별을 두고 있지 않다. 여기에 나오는 계시의 말은 일반적인 것이며 지위나 신분 또는 종교에 관계없이 살인죄를 지은 모든 범죄자에게 적용되는 것이다.

계급 또는 신분에 관계없이 살인한 자는 희생자의 친척들이 용서했다고 해도 그것이 관계당국의 재가를 받지 못하면 사형을 당하게 되어 있다.

맹 세

알라께서는 그대들의 맹세시에 경솔한 말을 책하지 않으신다. 다만 그대들이 마음으로 행한 일만은 책하신다. 알라께서는 관대하시고 자비로우시다. (2 : 225)

———— 맹세를 한다는 것은 중요한 문제인데도 어떤 사람은 아무런 의미없이 맹세하는 것이 습관처럼 되어 있다. 생각없이 습관에 의해서, 또는 충동적인 감정에 의해서 하는 맹세는 속죄를 받을 수 없다.

약속을 파는 무리

알라의 계약이나 자신의 서약을 싼값으로 파는 자, 이런 자에게는 내세에서 아무런 몫도 없다. 알라께서는 그들에게 말도 하지 않으시고 부활의 날에 그들을 돌아보지도 않으시고 그리고 죄를 깨끗이 씻어 주지도 않으신다. 그들에게는 무서운 징벌이 있을 뿐이다. (3 : 77)

——— 신앙이란 인간의 신에 대한 약속이라고 이슬람은 본다. 인간은 현세에서 신이 기꺼워하는 것을 실행하도록 노력해야 한다.

신은 신을 팔거나 약속을 지키지 않는 자에게는 자비와 동정으로 대하거나 그들을 순수하다고 여기지 않는 것이다.

약속의 의무를 이행하는 것은 알라에 대한 봉사이다. 이기심이나 자존심에서 잘못된 생각을 하고 신의 말씀을 무시하고 또는 자기에게 불성실한 것이 마치 자기에게 이득이나 되는 것처럼 생각한다. 그런데 이런 행위는 자기의 영혼을 악마에게 파는 일이다. 말할 수 없는 손해이다.

최선의 해결

믿는 자들이여, 알라의 말씀을 준수하며 또 이 사도와 그리고 너희들 중의 권위 있는 사람들의 말씀을 잘 지켜라. 어떠한 일로 너희들이 서로 다툴 경우에는 지체하지 말고 즉시 알라나 그 사도에게 가는 것이 좋겠다. 만일 너희들이 참으로 알라와 최후의 날을 믿고 있다면 그것이 제일 좋겠다. 그리고 그것이 제일 좋은 결과가 되기도 한다. (4 : 59)

——— 율법에 따라 적절하게 구성된 권위에 복종하는 것은 신

과 신의 사도에 복종하는 것과 같다. 이를 알리기 위해 알라의 말씀을 준수하며, 또 이 '사도'와 또 뒤에 나오는 '사도'의 두 낱말을 강조하고 있다. 다른 경우 즉시 '사도'에게 가는 게 좋겠다라는 표현은 간곡한 명령이다.

알라의 말씀이란 코란 계시이다. 알라의 말씀을 준수하며 사도와 권위있는 사람들의 말씀을 잘 지키라는 말은 명령구로 통치자와 피통치자 사이의 견해자 또는 피통치자 자신들 사이의 의견차에 관련된 명령이다.

전자의 경우 통치자와 피통치자 사이의 의견의 불일치가 있으면 코란의 가르침에 비추어 판단해야 한다. 여기서 이슬람의 신정(神政)일치의 정치바탕이 마련되어 있다. 코란이나 하디스(무함마드 언행록)에 어떤 일에 대한 언급이 없으면 이슬람의 제반문제를 관리할 권한이 부여되는 사람인 이슬람 법학자에게 가야 한다.

공 정

믿는 사람들이여, 알라의 앞에서 증언자로서 공정(公正)함을 지켜라. 다른 사람들에 대한 증오에 복받쳐 공정함을 잃어서는 안 되겠다. 항상 공정하라. 이것이야말로 참으로 경건함에 가깝다. 알라를 두려워하고 공경하라. 알라는 너희들이 하는 일을 다 알고 계시다. (5 : 8)

——— 이슬람의 적이었던 다신교도와 불신자들에게도 공정해야 한다는 것은 믿는 자들의 의무라고 제하고 있다.

도둑에 대한 징벌

도둑은 남자든 여자든, 죄의 대가로 양손을 절단하라. 이것이야말로 알라의 징벌. 알라께선 위력 있으신 총명한 분이시다. (5 : 38)

――――― 도둑질한 자가 그 손을 절단당한다는 형벌은 무함마드 시대만의 것은 아니다. 샤리아법(이슬람법)을 적용하는 사우디 아라비아에서는 지금까지도 실제로 집행되고 있다.

더더구나 그것은 범죄 방지의 효과를 노린, 사람들에의 본보기의 의미를 포함하고 있기 때문에, 매주 금요일 오후에 수도 리야드의 시청 앞 광장에서 공중(公衆)의 면전(面前)에서 집행되고 있다. 그러나 집행되기 전에 범인이 회개하면 용서받을 수 있다.

다만, 이 계시대로 물건을 훔친 자는 즉시 두 손이 잘리는 것이 아니라, 초범자에게 있어 절단되는 것은 오른손뿐이다.

더구나 옛날과는 달리 옆에 구급차가 준비되어 있어서 즉시 병원으로 운반되어 치료를 받도록 되어 있다.

그리고 재범(再犯)은 왼손, 3범(三犯)은 오른발, 4범(四犯)은 왼발의 순서로 절단된다. 그러나 실제로는 두 손을 절단당한 자가 도둑질할 수 없기 때문에, 두 발까지 절단되어 오뚝이처럼 되어 있는 사람은 없는 모양이다. 미성년자는 형벌의 대상이 되지 않는다.

도둑질은 여자보다 남자에게 더 흔하므로 이 구절에서 '도둑은 남자든'하고 여자라는 말보다 앞에 나와있다. 도둑질에 대한 징벌이 너무 가혹한 것처럼 여겨질지 모른다. 징벌을 본보기로 하여 경고적인 의미를 갖는다. 모든 사람이 잘못에 빠지고 많은 사람을 망치는 것보다는 한사람에게 가혹한 벌을 내려 천명을 구하는 것이 낫다.

전신을 살리기 위하여 썩은 사지를 주저없이 잘라내는 의사가 훌륭한 의사이다. 오늘날에도 코란에 규정되어 있는 도둑질에 대한 징벌이 집행되고 있는 사우디아라비아에서는 도난 사례가 거의 없다. 즉, 도둑질하는 자가 거의 없다.

동해(同害) 복수법

우리들은 그 속에서 '목숨에는 목숨, 눈에는 눈, 코에는 코, 귀에는 귀, 이에는 이, 받은 상처는 그 상처만큼 돌려주는 것이다'고 규정되어 있다. 그러나 이것을 스스로 포기하는 자에게 그것은 속죄(贖罪)가 된다. 알라께서 내리신 성전에 의거하여 재판을 받지 않는 자들이야말로 불의의 무리이다. (5 : 45)

——— '목숨에는 목숨으로…… 돌려주는 것이다'라는 말이 있는데, 이것은 유태인에게 내린 모세의 율법을 가리킨다.

'눈에는 눈'이라고 하는 복수는 이슬람 이전, 한번의 손해를 복수하면 또 이에 대한 보복의 응수가 되풀이 되었다.

이슬람은 이를 전면적으로 금지하고 있지 않지만 적어도 한번만으로는 한정하고 있다.

고의적인 아닌 실수나 정신이상자에 의해 저질러진 상해 사건에서 피해자는 가해자에게 관용을 베풀어 일정한 보상이나 관용으로 가해자를 대함은 피해자로서는 다른 일에 대한 자기의 속죄가 될 것이다.

이교도(異敎徒)의 요구

알라께서 내리신 성전에 의거하여 그들을 재판하라. 그들이 좋아하는 것을 따라서는 안 된다. 모처럼 알라께서 내리신 것이니까 조금이라도 떨어져 헤매지 않도록 조심하여라. (5 : 49 부분)

——— 알라가 무함마드에게 내린 코란의 계시와 율법으로 이교도를 신판해야 한다. 치외법권이란 있을 수 없다.

진실한 증언

말하여 주어라, '나와 너희들 사이의 증인은 알라로 충분하다. 알라께서는 그 종들의 일을 잘 알고 계시고, 잘 보고 계시다.' (17 : 96)

——— 진실한 증인은 영원히 살아있는 알라밖에 없다. 알라는 영원하고 무소부재하다. 마음을 비우고 반성과 회개를 구원을 청하면 알라는 인간을 바른 길로 인도한다.

간통의 벌

간통한 여자와 남자에게는 각각 백 번씩 회초리로 때려라. 너희들이 알라와 최후의 날을 믿고 있다면 알라의 종교를 행함에 있어 동정을 하여서는 안 된다. 믿는 사람들의 일단을 그 벌에 입회를 시켜라. (24 : 2)

———— 기혼자, 미혼자를 불문하고 결혼이란 합법적인 관계 이외에 성적 교섭을 갖는 것을 간통이라 한다.

간통죄를 범한 남녀는 돌로 때려 죽이는 것이 아랍에서는 옛날부터의 습관이었다. 이 습관은 원칙적으로는 그후에도 계속 지켜지고 있다.

그러나, 간통 사실을 본인이 자백하지 않는 한 그 입증(立證)에는 남자 네 사람의 증언이 필요하게 되어 있다.

더구나, 그 증언은 간통 현장을 직접 본 자가 그 모양을 상세하게 설명하지 않으면 안 되기 때문에 실제로는 거의 불가능하다.

다만, 아내가 간통하고 있는 현장을 그 남편이 발견한 경우는 아내와 정부(情夫) 양쪽을 그 자리에서 죽여도 좋게 되어 있다.

아내와 흑인 노예의 간통 장면을 보고 격노(激怒)한 임금이 대뜸 두 사람의 목을 자르고 여행길에 오르는 이야기로 시작되는 것이 《천일야화(千一夜話)》이다.

그런데, 간통한 남녀에 대한 벌로서 100번의 태형(笞刑)

은 다소 가벼운 듯한 느낌이 들지만, 거기에는 다음과 같은 에피소드가 있다.

메디나에서 지반(地盤)을 굳힌 무함마드는 그 세력 범위를 넓히기 위하여 각지로 원정(遠征)을 거듭하여, 627년 1월에는 무스타리크라는 이름의 부족을 습격하여 이를 지배하게 되었다.

그런데 이 원정으로부터의 귀로(歸路) 도중, 어찌된 이유에서인지 아내인 아이샤가 대열에서 떨어져 이튿날 아침에 젊은 유목민 사나이와 함께 돌아왔다.

당시는 남녀가 단둘이서 하룻밤을 새우면 그 사이에 성관계가 있었다고 의심을 받아도 하는 수 없었다. 따라서, 이 일이 사람들 사이에 크게 소문이 퍼진 것은 당연했다.

이 계시가 그 시기에 내려진 것을 생각하면, 간통자는 돌로 때려 죽여야 한다는 생각이 남은 가운데 아직 아내에의 애정을 끊어버리지 못하고 있던 무함마드의 마음을 잘 알 수 있을 것 같다.

그렇지 않고서야 어찌 이와 같이 가벼운 벌로 끝내도록 하는 계시가 내렸겠는가.

한편, 무함마드와 대립적인 입장에 있던 이븐 우바이가 그 소문을 퍼뜨리는 데 크게 주력했다는 것을 무함마드는 알고 있었다.

간통의 평판을 퍼뜨리면서 네 사람의 증인을 갖출 수 없는 자는 비난하는 계시(다음 이야기)가 같은 시기에 내려져 있는 것을 함께 생각해 보면 한층 더 흥미가 있다.

도덕적 덕성으로서의 정조는 이성간의 관계를 지배하는 이슬람 율법의 규약 속에서 중요한 관심사로 되어 있다. 이 계시 구절은 이를 보호하기 위한 포괄적인 계명이다.

정조에 대해 이슬람이 민감한 것은 이 계시 구절에 규정된 징벌에도 반영된다. 징벌은 죄인이 기혼 또는 미혼에 관계없이 매질 100대이다. 여기의 계시 구절에 따르면 돌을 던져 죽이는 것이 아니라 채찍질이 규정된 징벌이다. 간통이나 그밖의 어떠한 심각한 범죄에 대해서도 코란에서는 돌을 던져 죽이는 것이 징벌로 규정되어 있지 않다.

이슬람에서는 살인, 집단 강도행위, 국가에 대한 반역, 안녕질서의 교란 등과 같이 간통보다 더 중대한 범죄에 대해서도 무조건적인 사형을 규정하고 있지 않다. 이런 범죄에 대한 최고형은 사형이지만 초범인 경우에는 배상금 납부, 기타 범죄에 대해서는 투옥이나 추방이 대안으로 규정되어 있다.

코란의 다른 계시 구절에 결혼한 여종의 간통에 대한 징벌이 술해졌는데 그 내용은 결혼한 자유민 여성의 간통에 대해 규정된 징벌의 반만큼 여종의 간통에 그 절반만큼 징벌을 받도록 되어있다.

네 사람의 증인

정숙한 부인을 중상하면서 네 명의 증인을 내지 못할 때는 이 자에게 회초리로 여든 번을 때려라. 이후 이런 자들의 증언을 결코 받아들

여서는 안 된다. 이런 자는 무뢰한이다. (24 : 4~5)

——— 아주 나쁜 사회적 죄악으로는 죄없는 사람에 대한 모략이다. 이 구절에서는 중상모략자에게 부과될 징벌의 형태에 대해 다음과 같이 언급하고 있다. ① 매질과 같은 육체적 처벌, ② 위증자로 낙인찍히고 증언이 무효화되는 것, ③ 죄인으로 판결되는 것이다.

11. 무함마드

사 도

주여, 그들 가운데 그들의 한 사람을 사도로서 보내어 그들에게 당신의 표적을 읽어 주고 그들에게 성전과 지혜를 가르치고 그들을 정화하여 주소서. 참으로 당신은 전지전능하십니다. (2 : 129)

——— 사도는 그가 태어나고 살던 곳과 집단에서 신에게 소명되어 신의 말씀을 전하고 사람들을 인도한다.

무함마드는 메카에 거주하고 있는 쿠라이시 부족의 일원으로 태어나 그가 40세 무렵인 610년 메카에서 신의 계시를 처음 받았다. 그가 공공연히 대중전도를 개시한 것은 614년 후이다.

무함마드가 메카에서 포교활동을 할 무렵, 메카는 우상숭배의 다신교도가 많았다. 그가 설교하고 있는 종교개념은 유일신, 즉 하나님을 믿으라는 것이었다.

그가 대중전도에 나선 후 메카의 유력자들은 그에 대해 박해를 가하기 시작했다. 그들은 다신교신자였고 무함마드의 일신교 주장이 퍼지게 되면 다신교의 종교의식인 메카 순례행사도 폐지되어 수입이 끊겨진다는 경제적 이유도 있었다.

그는 박해를 피해 622년 메디나로 이주했다. 메디나에서 그는 이슬람교단을 조직하여 메카와 몇번 충돌하여 마침내 메카를 630년 무혈정복하고 아라비아 반도를 이슬람의 기치아래 통일했다. 그가 타계한 것은 632년이다.

610년 예언자로서 소명을 받고 632년 타계할 때까지 간헐적으로 신으로부터 계시받은 것을 모은 것이 코란이다.

코란에 의거하여 이슬람이 전파되고 그의 후계자들이 아라비아 반도 주위를 정복하고 이슬람화시켰다. 이때에는 종교가 국가를 지탱하는 지도이념이다.

행운과 재난

그대에게 찾아온 행운은 알라로부터, 너희에게 떨어진 재난은 전부 너희 자신으로부터 생긴 것이다. 알라께서는 그대를 사도로 하여 사람들에게 보내셨다. 이에 대한 증인은 알라만으로 충분하다. (4 : 79)

―――― 인간의 자연적 능력과 기능은 신으로부터 부여받는 것이다. 이를 잘 살리면 인생에서 성공할 수 있고 잘못 사용하면 스스로를 곤경에 빠지게도 한다.

무함마드는 성격이 곧은 사람으로 자기가 맡은 책임을 다하여 여러 사람으로부터 '정직한 분'이라는 별명을 얻었다. 그에게도 이슬람 포교 이래 곤난한 때도 있었으나 모두 극복하여 사도로서의 임무를 다했다.

최초의 귀의자(무슬림)

말하라. '내 예배도, 내 수행(修行)도, 내 삶도, 내 죽음도 모두 만유(萬有)의 주이신 알라께 속한다.' 알라께서는 여하한 공동자도 없으시다. 나는 이 일에 대하여 명령을 받았다. 나는 귀의자 중의 첫째다. (6 : 162~163)

—— 행위가 자기를 위한 것이라 할지라도 또는 가족이나 사회나 국가를 위한다 할지라도 그 근본 동기는 무함마드가 신의 사도로서의 자기의 임무를 다하며 신을 경애하는 데 있다. 여기서 '귀의자'란 아랍어로는 이슬람교도를 칭하는 '무슬림'이다.

무함마드의 삶의 모든 단계는 활동의 전부를 통해서 본다면 알라를 위한 것이다. 또 그가 종교를 위하여 죽음을 택했다면 그것 역시 알라를 기쁘게 하기 위한 것이다.

무력(無力)

말하라. '알라께서 뜻이 없으신 일이라면 나는 자기의 이해일지라도 좌우할 수 없다. 만일 내가 보이지 않는 것을 알고 있었다면 크게 행복을 끌어당겨 불행한 일을 만나지 않았을 것인데 나는 단지 일개의 경고자, 믿는 사람들의 복음 전달자에 지나지 않는다.' (7 : 188)

—— 무함마드는 신의 소명을 받은 모든 사람들에게 대한 경

고자이다.

무함마드는 최후심판이 온다고 경고하고 복음을 전달할 뿐이다. 인간 개인으로서의 불행이나 행운이 오는 것은 알지 못하며 좌우할 수도 없다. 이 계시는 그의 아들이 사망했을 때 내린 것이다.

단절(斷絶) 선언

만일 그들이 그대를 거짓말쟁이라 한다면 '내게는 나의 할 일이 있고, 너희들에게는 너희들의 할 일이 있다. 너희들에게는 내가 하는 일에 대한 책임은 없다'라고 대답해 주어라. (10 : 41)

———— 무함마드는 자기를 알라의 사도라 믿고, 최후의 심판이 있다는 것과 천국 · 지옥의 존재를 설교해 왔다.

그러나 그의 말을 의심하고, 그를 사람들을 현혹시키는 큰 거짓말쟁이라고 깎아내리는 자도 있었다.

좀체로 화를 내는 일이 없는 무함마드였으나, 그런 자들을 상대하고 있다가 언제까지나 결말이 나지 않자, 그도 때로는 화를 내는 일이 있었던 것 같다.

그리고, 자기를 거짓말쟁이라고 말하는 자에 대하여 스스로 단절(斷絶)을 선언하고 싶어진 것이 틀림없다. 이 계시는 그와 같은 그의 심정의 반영으로 내려진 것으로 생각된다.

코란 109장의,

'나는 너희들이 숭배하는 것에 대한 숭배자가 아니다. 너희들은 내가 숭배하는 것에 대한 숭배자가 아니다. 너희들에게는 너희들의 종교가 있고, 내게는 나의 종교가 있다.'

라는 계시와 함께 그의 고뇌(苦惱), 성격, 결의 등이 그대로 나타나 있는 것같이 생각되어 매우 흥미롭다.

각 민족의 언어

우리들이 사도를 보냈을 때는 반드시 그 민족의 말을 쓰게 하였다. 그것은 그들에게 잘 이해시키기 위해서다. 그렇게 한 후에 알라께서는 원하는 자에게는 길을 잃게 하고 원하는 자를 인도하신다. 알라께서는 존엄하시고 총명하신 분이시다. (14 : 4)

———— 무함마드는 이 세상의 모든 것을 창조하고, 또한 지배하고 있는 것은 유일의 신이신 알라이며, 알라는 영원하고 불변한 것으로 신앙하였다.

따라서, 유태교에서의 '신'도, 그리스도교에서의 '신'도 그것을 믿는 민족의 언어에 의해서 그 호칭(呼稱)은 다르지만 본질은 알라라고 생각하였다.

이것은 이슬람교의 가장 근본적인 사상이다. 아랍어로 번역된 성서 가운데서 '신'이라는 말이 모두 '알라'로 되어 있는 것은 그 때문이다.

그러므로, 무함마드는 모세도 그리스도도 자기와 마찬가

지로 알라의 사도이며, 모세는 헤브라이어를 사용하는 민족을 위하여, 그리스도는 아랍어를 사용하는 민족을 위해 보내진 자라고 생각하였다.

이 계시는 그의 이와 같은 사고가 반영하여 내려진 것으로 생각된다.

예언자와 인간

그들은 또 말한다. '이 사도는 왜 밥을 먹고 거리를 돌아다니느냐? 왜 그에게 천사가 내려와 그와 더불어 경고자가 되지 않느냐? 또 그의 밑으로 재물이 내려지거나 따 먹을 수 있는 과수원이 그의 것으로 되지 않는가.' 또 의롭지 못한 자들은 '너희들이 따르고 있는 사람은 마술에 걸린 남자에 지나지 않는다'라고 말한다. (25 : 7~8)

——— 믿지 않는 자들은 스스로 만든 기준으로 사도 무함마드의 예언자 됨을 평가하고 있다. 신의 사도로 파견된 예언자는 보통의 인간이 아니라 천사에 버금가는 존재로 음식도 먹지않고 사람들과 어울려 거리를 걷지 않고 기적을 행하는 자라고 그들은 여긴다.

사도 무함마드는 자기들과 함께 생활하면서 보통사람처럼 행동하니 사도일 리가 없고 만일 사도라고 주장한다면 기적을 행해 보라고 요구한다. 믿음이 없는 자들은 당시의 메카 주민들을 말하지만 새로운 종교와 예언자를 접하여 사람들이 의문을 제기한 것이다. 이런 의문에 이 계시가 내렸다.

일반적인 메카 주민들은 무함마드에 그다지 신경을 쓰지 않았으나 메카의 지도층은 사태가 극히 심각하다고 느꼈다. 무함마드를 예언자로 인정한다는 것은 단지 종교적인 차원의 문제가 아니라 전통적 권위 위에 구축된 메카 사회의 질서를 파괴하는 것을 의미했다. 무함마드의 가르침에 바탕이 있는 사회적 정의감이 메카 젊은이들의 마음을 붙잡으면 무함마드가 다음 세대의 메카 지배자가 되는 위험을 그들은 감지하고 무함마드와 그를 따르는 추종자, 즉 이슬람교도들을 메카에서 박해하기 시작했다. 무함마드 반대에 앞장선 자들은 무함마드와 동년배인 메카의 대상인층이었다.

특 권

오오, 예언자여, 우리들은, 너희가 혼자(婚資)를 준 여자, 알라가 전리품 중에서 너희의 오른손의 소유로 삼으신 여자, 너희 친가 쪽의 숙부 및 숙모의 딸, 외가 쪽의 숙부 및 숙모의 딸로서 너희와 함께 이주한 자, 스스로 예언자에게 몸을 맡기고 싶다는 여신자로 예언자가 결혼하고 싶다고 생각한 자들을 너희의 법에 맡는 아내로 정했다. 단 이것은 그대에게만 특별히 정한 것으로, 신자들은 별도이다. 우리는 처와 여자노예에 관하여 신자에게 정해진 것을 잘 알고 있다. 그것은 너희들의 비난을 없애기 위한 것이다. 알라께서는 잘 용서하시는 분, 자애가 두터우신 분이시다. (33 : 50)

무함마드에게 많은 아내들이 있었다는 것은 잘 알려진 사실이다. 그리고 한편, 장기간에 걸쳐서 그에게 내려진 계시 가운데 결혼에 관한 것도 적지 않게 포함되어 있었다. 그런데 그 계시들을 모아서 검토해 보면, 무함마드의 결혼 방법 가운데 그 계시들이 표시하는 규정으로부터 빗나가는 예가 나타난다. 무함마드에게 적의를 품고 있는 무리들에게서 이것을 비난하는 소리가 나오는 것은 당연하다.

그런데, 그 무렵의 무함마드는 점점 계시라는 체험에 익숙하여져서 그 내리는 방법에도 좀 색다른 것이 사라져 가는 경향이 다소 있었다. 최초의 시기의 계시가 무함마드의 의지와는 관계없이 알라의 쪽에서 주체적으로 내려져 있는데 비해서, 후년의 계시는 무함마드 쪽이 주체적으로 움직여서 알라에게 물으면 즉시 거기에 응하는 '답(答)'이 내려지는 일이 많아졌다.

계시가 규정하는 바와 자기의 실생활과의 사이의 모순을 공격받은 그는 그 비난을 어떻게 모면하는가에 고심한 것이 틀림없다. 그래서, 그 고통을 그대로 알라에게 고했더니 즉시 내린 것이 이 계시이다.

예언자 무함마드에게는 이슬람 선교를 확대하고 사회를 구제하기 위해서는 여러 부류의 부인을 맞이하는 것이 허용되었다. 결혼할 때 이슬람 남성교도는 여성에게 혼자금을 지불해야 한다. 불신자들과의 전쟁에서 얻어진 여성들도 맞이할 수 있다.

'이것은 그대에게만 특권'이며 '네가 비난을 받지 않도록 정한 것이다'라고 한 말을 보면, 진짜 지혜자(知慧者)는 무함마드가 아니었을까 하는 생각도 든다.

여자를 위로함

그대는 그녀들 가운데 누구라도 생각나는 대로 뒤로 돌리거나 동침해도 좋다. 한 번 그대가 버린 여자를 되불러도 좋으며, 그것이 죄가 되지는 않는다. 그것이 그녀들을 즐겁게 하고, 슬픔을 없애고, 그대가 베푼 것을 그녀들 모두가 만족하는 가장 가까운 방법이다. 알라께서는 너희들의 마음속을 꿰뚫어보신다. 알라께서는 밝게 아시는 분, 관대한 분이시다. (33 : 51)

———— 복수(複數)의 아내를 공평하게 취급하는 것은 남편의 의무이다. 따라서, 불공평하게 되지 않도록 순번을 정해놓고 그 아내와 교합하는 것이 남편의 의무로 되어 있다.

그러나, 무함마드만은 특별하여 마음이 내키지 않는 여자는 뒤로 돌려도 좋다는 계시이다.

무함마드는 부인들에게 그의 동료로 남아있을 것인지 그렇지 않으면 물질적 편안함 속에서 영화를 추구할 것인지에 대한 선택권이 주어져 있고 무함마드에게는 어느 부인과 그대로 살 것인지 이혼할 것인지 선택할 수 있는 권리가 주어졌다.

무함마드의 부인들은 주저하지 않고 그와 함께 있기를 바랐고 그도 모두와 같이 있기를 바랐다. 이것이 '그대가 베푼 것을 그녀들 모두가 만족하는' 의미이다.

사도의 길

그대는 사도(使徒)이니라. 정도(正道)를 걷는 자이니라. 힘이 강하신 분, 깊이 자애로우신 분의 계시에 의하여, 부조(父祖) 이래 이제껏 경고받지 않고, 때문에 사려(思慮)라곤 없는 백성에게 경고하기 위해서 보내진 자이니라. (36 : 3~6)

——— 정도를 걷는다 함은 신이 지시한 올바른 길을 걷는다 함을 말한다. 철학자는 진리를 발견하려고 오랜 세월 동안 학문적 노력을 하는데도 때로는 의문을 헤쳐나가지 못하고 있다.

신이 선택한 예언자는 가장 짧은 시간에 가장 짧은 길을 거쳐 진리를 발견한다.

철학자와 달리 예언자는 추상적이고 난해한 개념의 늪속에서 헤매는 것 없이 신의 계시에 의해 진리에 인도된다.

신의 사도를 거부한 민족

그들보다 이전에도 거짓말쟁이라고 말한 자가 있었다. 즉 노아의 백성, 라스의 무리들, 사무드, 아드, 파라오, 롯의 백성, 총림(叢林)의 무리들, 튭바의 백성 등. 이들은 모두 사도들을 거짓말쟁이라고 말하였다. 그 때문에 내가 경고한 것이 사실이 되어 나타났다. (50 : 12~14)

이 계시 구절에 있는 종족에는 그 종족이 번창했을 때 신의 은총을 잊어버려 신은 사도를 파견하여 이를 경고하려 했다. 그러나 그들은 이를 거부하고 사도를 배척했다. 무함마드도 아라비아 반도 메카가 있는 히자즈 지역에 보내진 신의 사도이다.

무함마드가 알라의 사도로서의 인격이 잘 나타나고 있다. 그가 사도로서 전파한 코란은 무함마드 시대부터 오늘날까지 신의 계시로 수용되고 있다. 이는 이데올로기이다.

코란의 극적인 계시 문구가 무함마드의 후계자들로 하여금 코란인가 검인가 하여 이슬람은 전파되고 중세에 다마스쿠스에 수도를 두었던 우마이야조, 그리고 다음에 바그다드에 수도를 두고 13세기에 사라진 압바스조 시대에 지적으로 높은 수준의 이슬람 문명을 구축했다. 그런 의미에서 무함마드는 사도이며 예언자인 동시에 정치가였고 사회개혁의 씨앗을 코란을 통해 뿌렸다.

이슬람이 일어나는 7세기 초, 사산조 페르시아와 동로마제국인 비잔틴이 서로 상쟁하고 있었다. 이들은 아랍보다 고도의 문화를 갖고 있으면서 정복당했다. 그 이유를 당시 사회 속에서 봐야 할 것도 있지만 한편 코란 그 자체 속에 있다고 본다. 무함마드의 뒤를 이은 칼리프(이슬람 공동체 지도자)들은 코란 속에서 이슬람 정복이 성전이며 알라의 길이라고 여기고 이슬람 전파를 위해 비잔틴제국과 싸웠고 페르시아를 정복했다.

고대문명의 주권자는 왕이었으나 무함마드는 상인에 지

나지 않았다. 그의 입을 통해 전해진 코란은 서민적이었다는 게 특질이지만 신의 말씀이라는 데서 이슬람이라는 거대한 문명을 구축하는 데 초석이 된다.

미혹과 인도

그대 주께서 베푸시는 은혜 덕분에 너는 잡귀에 들린 자가 아니다. 그대에게는 무한한 보수가 주어지리라. 그대는 위대한 덕성을 갖춘 자. 언젠가는 그대도 보고, 그들도 보리라. 너희들 가운데서 누가 잡귀에 들린 자인가를. 주께서는 길 잃은 자를 잘 아시는 분. 인도하는 자를 잘 아시는 분이시다. (68 : 2~7)

——— 이슬람 이전의 아라비아 반도에서는 카힌이 큰 활약을 하였는데, 카힌이란 신과 인간 사이에 '신의 말'을 인간에게 전하는 능력을 가진 것으로 믿어졌던 자이다. 우리나라의 무당에 가깝다.

이 카힌이 '귀의 말'을 전할 때에는 사납게 몸을 움직이면서 일종의 광란에 가까운 상태 속에서 대단히 긴장감을 주는 짧은 말을 띄엄띄엄 토해 낸다. 무함마드가 알라의 계시를 받았다면서 말하기 시작한 초기는 이 카힌의 말과 아주 비슷했다. 따라서 그가, "나는 예언자다.", "알라의 사도다."라고 강조해도 사람들은 그를 카힌과 비슷한 자로도 생각하고, 귀신들린 자라고도 했다. 이 계시는 그와 같은 세상 사람들의 말에 대해서 내려진 것이다.

어떤 지식과 학식을 갖고 예언자 무함마드의 주장을 시

험한다 하더라도 그는 불신자들이 말하듯이 잡귀에 들렸거나 미친 자가 아니고 누구보다 더 건전하고 현명한 사람이라는 것이 입증된다.

그는 신이 내려준 임무를 차질없이 수행하고 타락한 백성들의 생활을 고치고 변혁하는 데 성공했다. 이런 변혁은 그의 죽음과 함께 끝나지 않고 그의 가르침에 따르는 자들을 바른길을 걷게 하고 새로운 생명력을 불어넣는다.

최초의 계시 구절

오, 겉옷을 걸치는 자여! 일어나서 경고하라. 그대의 주를 찬양하라, 그대가 입을 옷을 깨끗하게 하라, 부정한 것을 피해라. 여분의 보수를 생각하면서 베풀지 마라. 그대의 주를 위해 참고 견디어라. (74 : 1~7)

메디나 이주 후 이슬람 교단이 생기고 신자의 증가(增加)에 따라 종교가, 전쟁의 지휘자, 재판관, 정치가 등의 여러 가지 역할을 다 해낸 무함마드이지만, 계시를 받을 때까지의 그의 인품은 퍽 달랐다.

청년 시대의 무함마드는 남이 말을 걸어오면 명확하게 대답하지만, 자진해서 남에게 말을 거는 일은 거의 없고, 혼자서 생각에 잠기는 일이 많았다. 그리고, 웃을 때에도 소리를 내는 일 없이 조용하게 미소짓고 있었다고 전해지고 있다. 그리고, 그 성격은 결혼한 후에도 계속되었다.

그러나, 40세쯤 되자 의미가 잘 통하지 않는 말을 하며 신들린 것과 같은 상태에 빠지는 일이 많아지고, 때로는 땀을 흘리며 몸에 경련을 일으키며 고통을 겪는 일조차 있었다. 그리고, 그와 같은 발작이 일어나면 그는 머리 위로 옷을 뒤집어쓰고 방구석에서 웅크리고 있었다고 한다.

610년 어느 날, 평소와 같이 히라산 동굴 속에서 명상하던 그는 천사의 모습을 눈앞에 보고 두려워 떨며 집으로 달려와 옷을 뒤집어쓴 채 꼼짝않고 있었다. 따라서, '겉옷을 걸치는 자여'라는 말은 무함마드에 대한 알라의 말씀이다.

이 7절은 최초의 계시로 전해지고 있다. 경고란 다가오는 최후 심판의 날(이슬람의 다섯번째 신앙개조)에 대한 경고이고, 알라의 사도로서의 사명자각과 그의 종말관에서 나왔다고 본다.

눈살을 찌푸리는 자

미간을 찡그리고 등을 돌려댔다. 장님이 곁에 왔기 때문에. 어떻게 알았을까, 그들이 몸을 깨끗하게 할지도 모르며, 교훈을 받고, 그것이 유익할지도 모르는데. 그런데 아무 용무도 없는 패거리들에게, 왜 그토록 신경을 쓰는지. 그가 몸을 정갈하게 했다 한들, 당신과는 아무 상관이 없음에도. 한편 열심히 구하며 당신에게로 오는 자로서, 항상 외경(畏敬)의 염을 가진 자에게는, 당신은 전혀 신경을 쓰려고 하지 않는다. 이것이야말로 정말 교훈이다. (80 : 1~11)

——— 이 계시 구절은 무함마드의 언행록처럼 기술되어 있다.

무함마드가 메카의 유력인사들을 설득하는 것보다 깊은 신앙심이 있는 이슬람교도가 더 중요하다는 내성적 계기를 보이고 있다.

이 계시의 배경은 무함마드가 쿠라이시 부족의 권력자들을 설득하고자 노력하고 있을 때 맹인이 다가와 코란에 대해 끈질기게 질문하였다. 그러니 중요한 말이 중단되어 무함마드가 눈살을 찌푸렸다. 이 맹인은 후에 메디나시의 시장까지 되는 인물이다.

이 구절은 무함마드의 눈살을 찌푸린 행위 때문에 알라로부터 들은 꾸지람이다. 그에게 깊이 자기를 들여다볼 기회를 준 이 계시는 예언자 무함마드가 인간의 대표자라는 것을 말한다.

주의 힘

그대의 주께서는 그대를 버리신 것이 아니다. 미워하시는 것도 아니다. 그대에게 있어서 내세는 현세보다 훨씬 좋은 것. 주님께서는 틀림없이 그대가 기뻐하는 걸 내려주시리라. 주님께서는 고아였던 그대를 발견해서 보호해 주시지 않았느냐? 길 잃은 그대를 인도해 주시지 않았느냐? 가난한 그대를 발견해서 부유하게 만들어 주시지 않았느냐? 고아를 괴롭히지 마라. 거렁뱅이를 꾸짖지 마라. 주님의 은혜를 언제나 말해 주어라. (93 : 3~11)

——— 이 계시는 무함마드가 전도(傳道)를 시작한 지 수년 후,

메카의 쿠라이시 부족의 박해가 심해갈 무렵에 내려진 것이라 한다.

이슬람의 길을 전도하면 할수록 사람들로부터 미움을 사고, 그 박해가 심해감에 따라 무함마드는 크게 고민하고 때로는 절망에 빠졌다. 그때에 그가 들은 말은, '주는 그대를 버리신 것이 아니다. 미워하신 것도 아니다'라는 위로와 격려였다. 그리고 그것을 뒷받침하는 것으로서, '주는 고아였던 그대를 발견하여…… 가난했던 그대를 부유하게 해주시지 않았는가'라고 말하고 있다. 자기 인생의 전반(메카에서의 포교 활동)을 부각시킨 이 짧은 말에 의하여 용기를 되찾고, 자기의 신념을 계속 실행에 옮긴 무함마드의 면모가 눈에 선하다.

무함마드의 위대한 성공과 일시적인 좌절, 기쁨과 고통, 밤의 기도와 낮의 활동은 신이 무함마드와 함께 있었다는 것을 보여준다. 그리고 그의 생애에서의 모든 순간들은 바로 전 순간보다 더 나은 것이었다.

610년 신의 소명을 받은 이래 23년간 무함마드의 예언자로서의 생활은 참으로 고난의 생활이었다. 고아로 자란 그에게는 어려운 삶의 연속이었지만 결혼한 후부터 생활이 편안해졌다. 이런 그에게 신의 계시가 내리고 일생동안 신의 가호가 있었다. 그러므로 그는 인류사상에 위대한 업적을 남길 수 있었고 그가 숭배한 유일신 알라를 지금도 10억의 인류가 숭배하고 믿고 있다.

어려움 뒤의 낙

우리는 그대의 가슴을 펴, 무거운 짐을 덜어 주지 않았느냐? 네가 등에 진 그것을. 또, 그대의 명성을 드날리게 해주었다. 괴로움은 낙과 더불어 있고, 낙은 괴로움과 더불어 있다. 여가가 있으면 괴로움을 새겨서 그대의 주님께 간구하라. (94 : 1~8)

——— '어려움은 낙과 더불어 있고'라는 구절은 어려움을 극복하면 낙이 오고 오르막길이 있으면 내리막길도 있다는 말이다. 무함마드의 일생을 보면 그는 영웅도 아니고 비극적인 순교자도 아니지만 단지 신이 명하는 대로 생애를 성실히 살다 간 한 사람이다.

그러나 그의 발자취는 이슬람의 원점으로 후세에 위대한 영향을 준다. 도덕적으로 타락하고 금권만능의 사회에서 사회개혁을 이슬람의 기치로 내걸고 하고자 했다. 이에 대한 반동은 그에 대한 사회보수층의 박해를 받았으나 오히려 그들을 제압하고 신 앞에 무릎을 꿇게 했다. 고난은 일시적인 것이고 그의 성공은 영원한 것이다.

최초로 계시된 계시 구절

읽어라, '창조주이신 당신의 주님의 이름으로. 주님은 응혈로부터 인간을 만들어 주셨다.' 읽어라, '당신의 주님은 한없이 마음 넓으신 분,

붓 잡는 법을 가르쳐 주시고, 인간에게 미지의 일을 가르쳐 주셨다.' 그러나, 인간은 교만해서 스스로 족하다고 도취하고 있다. 그가 돌아갈 곳은 주님 곁. (96 : 1~8)

——— 25세에 결혼한 무함마드는 부인 하디자의 덕으로 물심양면에서 안정되었다. 이런 결혼생활이 15년이 지났을 무렵 그가 40세 된 610년 어느 날, 메카 교외에 있는 히라산의 동굴에서 명상과 기도를 드리고 있을 때 알라로부터 계시를 돌연히 받았다.

무함마드는 천사 가브리엘의 소리를 듣고 숨이 막힐 정도로 답답해졌다. 성실한 무함마드에게는 자기가 신의 사도라고 완전히 깨달을 때까지는 시간이 좀 걸렸다. 자기가 악령 이 들렸는지 의혹을 가졌으나 이런 생각을 쫓아버리고 그에게 신의 예언자라는 자신을 심어주고 그리고 맨 먼저 이슬람신도가 된 사람은 다름아닌 사려깊고 아름다운 그의 아내 하디자였다.

코끼리의 해

당신의 주님이 코끼리의 무리를 어떻게 다뤘는지 너는 보지 못했느냐? 주님은 그 음모를 궤멸시키지 않았더냐? 주님은 그 위에 떼지은 새들을 보내셔서 벽돌장을 우박처럼 그대들에게 팔매질하고, 그들을 다 갉아먹은 나무줄기처럼 만드셨도다. (105)

——— 코란 105장은 코끼리의 장(章)이라고 하는데, 570년경

예멘을 지배하고 있던 이디오피아의 왕 아브라하가 코끼리 부대를 앞세우고 메카를 공격해 왔다. 이해에 무함마드가 태어났기 때문에 코끼리의 해라고 한다.

불에 구운 작은돌, 즉 벽돌장이란 실제로는 천연두였다는 해석도 있는데 이디오피아군은 사막의 열사에서의 강행군으로 쓰러지는 자들이 속출하여 겨우 예멘으로 도망갔다고 한다. 코란은 이 사건을 메카의 쿠라이시 부족에 대한 신의 은총으로 말하고 있는데 아브라하의 코끼리군의 공포는 오랫동안 메카 사람들의 기억에 남아서 이 해를 코끼리의 해라고 불렀다.

쿠라이시 부족

쿠라이시 부족의 보장을 위해서, 겨울과 여름의 대상(隊商)의 여행한다는 보장을 위해서, 그들로 하여금 이 신전(神殿)의 주인을 숭배하게 하라. 그들의 굶주림을 막고 음식을 주고, 공포를 제거하여 평안하게 해주신 분을. (106)

——— 메카라는 도시의 기원은 오래전이다. 메카는 6세기경부터 중요성이 더해져 아라비아 반도에서 가장 번영한 도시였고, 무함마드가 태어난 곳이다.

메카에 살던 부족이 쿠라이시 부족이다. 쿠라이시 부족은 완전히 부계(父系) 혈연집단이었다.

땅이 척박하고 물도 귀한 메카에서는 농업이란 거의 불

가능했다. 쿠라이시 부족은 가축사냥에 만족하지 않고 메카의 지리적 이점을 충분히 이용하여 아라비아 반도의 남북에 걸쳐 원격지 통상에 나섰다.

무함마드 시대에는 매년 두번씩 여름엔 시리아로, 겨울에는 예멘으로 쿠라이시 부족 전체로 구성된 낙타의 대상을 파견했다.

메카에는 시장이 열렸고 상점도 있었으며 상점에는 반드시 장부와 저울이 있었다고 한다. 싸움을 좋아하는 아랍 유목부족도 메카에서는 싸움이 불문율로 금지되어 자연히 각 부족이 들어와 물건을 팔고 필수품을 사가지고 가니 메카는 상업으로 번창해졌다.

이 신권의 주님이란 것은 메카의 카바 신전 이전을 가리키며 그 주님이란 알라를 말한다.

이 신전이 신성한 것은 신전의 임자가 알라이기 때문이며 그 때문에 신전이 있는 메카에서는 싸움으로 피를 흘리는 것이 금지되었기 때문에 메카가 평화로워져 안정되었기에 상업도시로 무함마드 탄생시에는 번창했었다. 무함마드는 젊은 시절 여기서 대상을 따라다니며 상인으로서의 생업에 종사했다.

화염의 불길

멸망하는 게 좋아, 아부 · 라합의 양손. 그도 멸망하는 게 좋다. 그의 부(富)도 소득도 아무 소용이 없으리. 불길이 일고 있는 화염 중에 타

리라. 그의 아내는 장작을 운반하는 일꾼이 되고, 목에 굵은 새끼를 매단 채. (111)

——— 코란의 계시들 중에 무함마드의 개인적인 원한의 생각을 언급한 계시는 이 계시말고는 별로 없다. 619년 예언자 무함마드는 그의 집안의 가장이며 그를 돌보던 숙부와 그의 아내를 잃었다. 숙부의 죽음으로 다른 숙부인 아부 라합이 하심가의 가장이 되었다. 현재의 요르단 왕국의 왕이 하심가 출신이다.

아부 라합은 부와 권력의 유혹에 빠져 무함마드에 대한 하심가의 보호를 취소했다. 이슬람 이전 아랍사회는 복수가 관습적인 전통으로 상해받은 것만큼 복수하는 것이다. 살인에는 살인으로 복수하는 보복이다. 씨족 또는 부족의 보호를 취소당했다 함은 이런 전통적 제도의 보호로부터 버려지는 것이다.

아부 라합이란 '화염의 아버지'라는 아랍어이다. 새로 가장이 된 숙부의 별명이다. 이같은 별명은 성격이 급한 적에게 적용된다. 미국의 부시 대통령이 지칭한 '악의 축'이란 말은 아부 라합이라는 말과 의미가 상통한다.

조카를 돈 때문에 적에 넘기려 했던 무함마드의 다른 숙부 아부 라합은 영원한 이슬람의 적이다. 요새도 돈 때문에 나라를 파는 자도 있으니 그때나 지금이나 다를 것이 없는 세상이다.

아부 라합의 아내도 무함마드를 박해하는 데 앞장선 여

인이다. 무함마드의 노여움이 오죽하면 지옥의 불을 때는 장작을 나르는 벌을 받게 될 것이며 목에 새끼줄이 감겨 있다고 계시되었을까.

12. 알라(유일한 신, 절대자)

양식의 결실

알라께서는 그대들을 위해 땅을 침상(寢牀)으로 하고 하늘을 천개(天蓋)로 하여 하늘로부터 비를 내리게 하면서 그대들의 양식으로 실과(實果)를 여물게 하신 분. 이를 안다면 알라에 대등자(對等者)를 세워서는 안 된다. (2 : 22)

——— 마치 건물이나 지붕이 그안에 살고 있는 사람을 보호하는 것처럼 우주의 멀리 떨어져 있는 부분들도 지구를 보호하는 역할을 하고 있음을 암시하고 있는 표현이다. 무한 공간으로 자신들의 궤도를 운행하는 다른 천체들이 우주의 안전과 안정에 기여하고 있는 것을 알 것이다. 물질적인 세계의 완벽함이란 지구와 천체의 힘 사이의 균형에 의존하고 있는 것도 암시하고 있다. 이 모두가 우주의 주 알라의 섭리에 따라 움직인다.

인간을 배려한 양식으로 비를 내리게 하여 모든 종류의 과일을 생산하게 하였다. 모두가 유일신 알라의 권능이며 은총이다. 만물의 창조주로서 이를 주관하고 있는 것이다.

우상이란 아무것도 창조하지 못하며 인류에게 양식도 주지 못함을 우상숭배자들도 알 것이다.

'알라에 대등자(對等者)'란 우상을 가리키며, 그것을 만들어 배례(拜禮)하는 것을 금(禁)하고 있다. 다신교와의 대결이다.

동서남북을 다스림

동쪽도 서쪽도 알라의 것. 때문에 어디에 얼굴을 돌려도 알라의 얼굴이 보인다. 참으로 알라께서는 넓고 크시고 모든 것을 다 알고 계시다. (2 : 115)

——— 신(알라)은 전지전능하며 무소부재(無所不在)이며 무소불능(無所不能)이라는 것을 강조한다.

이슬람은 처음에는 동쪽에서 퍼진 것이나 나중에는 서쪽에서 갈 것이라는 예언을 구체적으로 표현하고 있다.

주여 용서하소서

주여, 우리들이 잊거나 잘못을 저질러도 꾸짖지 마소서. 주여, 우리보다 먼저 간 사람들에게 지워 주신 것 같은 무거운 짐을 우리들은 짊어지지 않게 하여 주소서. 우리들의 죄를 면하고 우리들을 사하여 주소서. 우리들을 불쌍히 여기소서. 당신께서는 우리들의 보호자이십니다. 믿지 않는 무리들에게 이길 수 있도록 우리들을 도와주소서. (2 : 286 부분)

——— 여기에는 신도들의 기원하는 마음의 말 그 자체가 나타

나 있다. 코란이 알라로부터 내려진 계시이기 때문이다.

그러나 제3자적인 입장에서 보면, 그것은 때로 무함마드의 소망이며, 기대이며, 발상(發想)이라는 것이 적지 않다.

적어도 무함마드의 입에서 새어 나온 말이라는 것은 확실하다. 그리고, 이 계시는 그리스도교도의 기도의 말과 어딘지 닮아 있다.

이 구절은 신의 노여움을 사지 않도록 이슬람을 보존하고 보호하며 신자들을 보호해 달라는 집단적 기도이기도 하다.

결정된 수명

그분이야말로 흙으로 너희들을 만들고 수명을 만드신 분이시다. 수명은 가슴속에서 분명히 정하신다. 그래도 너희들은 의심하고 있다. 그분이야말로 하늘과 땅에 계시는 알라, 너희들이 안으로 감추는 것과 밖으로 나타내는 것, 모든 것을 알고 계시고, 너희들이 어떤 벌이를 하고 있는가도 알고 계시다. (6 : 2~3)

———— 여기에는 무함마드가 숙명론자(宿命論者)인 점이 다분히 보인다. 여기서 말하는 숙명론자란 세상의 모든 일이 전부 알라의 의지에 의해서 결정된다는 사고방식을 그가 가지고 있었다는 것을 의미한다.

세상에는 자기 의사(意思)와 반대되는 일이 자기의 소원이나 기대(期待)와는 관계없이 너무나 많이 일어나고 있다.

사람들은 그것을 '우연', '운명(運命)'이라 하고, 또한 '천명(天命)'이라 말해 왔다.

무함마드는 그것을 모두 '알라의 의사에 의해서 일어난다'고 생각하였다. 그 점에서는 숙명론자였다고 말할 수 있을 것이다.

불신에의 보답

아담의 자손들아, 너희들 속에서 사도들이 나타나 내 계시를 너희들에게 얘기하는 경우 두려워하고 공경하는 행실을 바로하는 자는 무엇이든 두려워할 것이 없으며, 또 슬퍼할 것도 없다. 그러나 우리의 계시를 거짓이라 말하고 이것에 거만한 태도를 취하는 자는 지옥의 불 속에 사는 무리가 되어 거기서 영원히 머물러 있게 될 것이다. (7 : 35~36)

——— 전반(前半)에서는 살뜰한 정이 있는 투의 말인 '나'라고 단수(單數)로, 후반(後半)에서는 존엄을 뜻하는 '우리'라고 복수(複數)로 되어 있는데, 모두 알라의 자칭(自稱)이다.

코란 속에는 이와 같이 일치하지 않는 것이 곳곳에 보인다. '아담의 자손들아'라는 말은 과거에 살았던 사람들과 아담 직후에 온 사람들에게 한 말이 아니라 무함마드 시대의 사람과 앞으로 태어날 세대에게 한 말이다.

최고의 말씀

가령 너희들이 사도 무함마드를 돕지 않는다 해도, 배신자들이 그를 쫓았을 때, 알라께서는 그를 도와주셨다. 그가 한 사람의 친구와 두 사람이 동굴 속에 있었을 때 상대자에게, '슬퍼하지 마라. 알라께서는 우리들과 함께 계시다'라고 말했다. 그때 알라께서는 그의 위에 모습을 내리셔 눈에 보이지 않는 군대로 원조해 주시었다. 그리고 배신자들의 말을 최저(最低)까지 내리셨다. 알라의 말씀이야말로 최고의 것이다. 알라께서는 위력이 있으시고, 총명한 분이시다. (9 : 40)

——— 622년 9월, 쿠라이시 부족의 박해에 견디다 못한 무함마드는 드디어 메디나에의 탈출을 시도하여 추격자(追擊者)의 눈을 속이기 위해 메카 남쪽에 있는 타으루울 산의 동굴에 3일간 숨어 있었다.

그때 그와 동행(同行)한 사람은 무함마드의 뒤를 이어 초대 칼리프가 된 바크르 단 한 사람이었다. 글 가운데 '친구'라고 하는 것은 그를 가리키는 것이다.

적은 다수의 사람을 동원하여 그를 찾았지만 끝내 발견하지 못했다. 이 계시 구절은 그때의 것이다. 참으로 신앙이란 위급한 경우에도 마음의 편안함을 얻으며 신은 그를 도와주어 메디나에 무사히 도착케 한다. 드디어 이슬람의 빛나는 장래가 열리는 것이다.

대지를 만듦

알라께서는 대지를 넓히시고 거기에 요지부동 산악과 여러 가지의 하천을 놓으신 분이시다. 또 알라께서는 모든 과일에 대하여 자웅양성(雌

雄兩性)으로 만들고 밤의 장막으로 낮을 감싸게 해주셨다. (13 : 3 부분)

———— 천지만물의 창조자이며 지배자가 알라라는 것을 이슬람 교도들은 믿는다.

알라의 존재는 그 자체 창조와는 별도로 존재한다. 그러나 그 창조는 창조된 존재에서부터 다른 피조물의 존재가 생성한다는 형태로 된다.

이 계시 구절에서는 과일에 대해 언급하고 있으나 코란의 다른 구절에서는 신이 모든 물건을 암수의 쌍으로 만들었다고 술해졌다. 각각의 열매는 두 종류가 있다고 하였는데 색깔로는 하얀색과 검은색, 단것과 신것 등이 있다는 것이다.

악마를 쫓음

우리들은 하늘에 성좌(星座)를 만들어 올려다 보는 자를 위해 그것을 장식하였다. 그리고 모든 저주를 받을 사탄에게서 그것을 방위하였다. (15 : 16~17)

———— 아랍인들은 사탄의 존재를 믿고 있었다. 그리고, 사탄은 슬며시 천계(天界)로 올라가 천사들의 의논을 도청하고, 그것을 뒤엎어 악행(惡行)을 하는 것으로 생각하고 있었다.

사막의 밤하늘에 꼬리를 끌고 흐르는 유성은 사탄의 접근을 막기 위하여 천사들이 쏘는 화살이라는 것이 그들 사이에 전해지는 미신이다.

이 계시는 그것들도 모두 알라의 배려라는 것을 나타내고 있다.

악마의 고유명사는 사탄이며 이블리스이다. 신은 인류의 조상 아담을 흙에서 만들고 생명을 불어넣은 후에 천사들에게 아담 앞에서 꿇어앉도록 명했다. 그러나 불로 만들어진 자기가 인간보다 낫다고 여긴 악마는 이 명령에 복종치 않아 이 때문에 악마는 저주받는 존재가 된다. 단지 그에 대한 처벌은 최후 심판일까지 연기되었는데 그 사이에 악마는 많은 사람을 미혹시키고 있다.

천국에 있던 아담과 이브를 유혹하여 금단의 나무열매를 먹게 한 것도 악마의 소행이다. 그런데 악마와 그에게 유혹되었어도 회개치 않는 자는 후에 지옥의 불길에 휩쓸려 타게 된다.

인간과 진의 창조

우리들은 인간을 검은 진흙으로 즉 도토(陶土)로 만들었다. 그러나 진들은 그 이전에, 우리들이 이것을 작열하는 불로 만들었다. (15 : 26~27)

———— '진'이란 이슬람 이전부터 아라비아 반도에 믿어졌던 미신 속에 살아온 요정의 이름이다.

진은 남녀의 구별이 있고, 인간과 마찬가지로 먹기도 하고, 마시기도 하며, 아이를 낳을 수가 있고, 또 여러 가지 것으로 모습을 바꾸어 갑자기 나타나기도 하고 사라지기도 하는 것으로 생각해 왔다.

망막한 사막 속에서 신기루에 의한 환상의 호수에 미혹되고, 불어대는 모래 폭풍이나 불의에 내습하는 회오리바람에 시달림을 받으며 살아온 아랍인들이 이와 같은 요정의 존재를 상상하는 것은 당연하다.

그리고, 그것은 선의와 악의의 양쪽을 대비(對備)해서 생각되고 있었기 때문에, 그 도움을 받고 위해(危害)로부터 피하기 위해 그들은 항상 진을 숭배해 오고 있었다.

무함마드도 그 미신과 풍습을 무시할 수가 없어서 그 존재를 인정하고 나서, 그것은 알라에 의해서 인간보다 전에 만들어진 것이라는 계시를 받은 것으로 생각된다.

55장 14~15절에도, '인간을 도공(陶工)이 하는 것처럼 진흙을 빚어 만드시고, 진을 연기 없는 불로 만드셨다'라는 말이 보인다.

연기 없는 불에서 만들어졌다는 진은 흙에서 만들어졌다는 인간, 빛으로 만들어졌다는 천사와는 다른 종류이다. 좋은 진도 있고 나쁜 진도 있다. 지성이 부여되어 여러 형태를 취하고 각종의 일을 한다고 생각되고 있다.

알 라 (1)

우리들이 무슨 일이든 원한다면 단지 '저것'이라 말하면 된다. 그러

면 그대로 된다. (16 : 40)

—— 알라의 단 한마디의 말씀 '있을지어다'라고 말하면 그대로 사물이 존재한다는 것이다. 알라의 말씀이 창조력이라는 관념은 코란에서 대단히 중요한 사상이며 무에서 유를 창조하는 알라의 자유의지관이다.

알라의 세계를 최초에 강조했을 뿐만 아니라 그후에도 창조행위를 계속하고 있다. 이 세상에 존재가 계속되고 질서가 유지되는 것도 이 때문이다.

'있을지어다'라는 말은 이미 존재하는 무엇에 대해 명령을 내리는 것이 아니다. 이 말은 희망을 표현하는 것으로서, 알라가 희망을 이처럼 표현하면 그 희망이 곧 실물로 이루어지게 됨을 의미한다.

알 라 (2)

창조하신 만물을 최선의 것으로 하시고, 흙에서 인간을 창조하신 분이시다. 이어서 인간의 자손을 비천한 물의 정(精)에서 만드시고, 형상을 주시고, 그 속에 생명을 불어넣으신 분이시다. 너희들에게 귀와 눈과 심장을 주신 분이시다. 그럼에도 알라께 대한 너희들의 감사의 마음이 얼마나 부족한 것이냐. (32 : 7~9)

—— 인간의 창조도 알라의 뜻에 의한 것이다. 아담에 이어 이브가 창조되고 물(정액)과 핏덩어리, 그리고 살이 생기고

뼈가 형성되는 일정한 생물학적 순서에 따라 알라는 인간을 창조했다. 여기서 우주에 일정한 순서가 생긴다. 알라의 창조능력의 예증으로 생명의 발생을 코란은 여러 구절에서 보여준다.

알 라 (3)

알라야말로 너희들이 휴식하는 밤을 만드시고, 잘 보이도록 낮을 만드신 분이시다. 참으로 알라께서는 사람들에게 자비를 베푸신 분이시다. 그러나, 많은 사람들은 이 사실에 감사하지 않는다. 이러한 분이 만물의 창조자이시고 너희들의 주이신 알라이시다. 알라 이외에 신은 없다. 그럼에도 불구하고 너희들은 어디로 빗나가려 하는가? (40:61~62)

——— 이렇게 인간은 알라로부터 은혜를 입으면서 감사하다고 생각하지 않는다. 만물의 주이신 알라의 존재를 알지 못하거나 알더라도 이를 인정하지 않으려 한다. 이는 인간이 자기의 현세적인 힘을 과신하기 때문이다.

세계가 인간을 위해 창조된 이상 그 세계는 결코 부정되어서는 안 된다. 알라가 준 것을 충분히 향수하여야 한다. 코란은 이 세상에 존재하고 있는 모든 사물이 알라의 은총으로 본다.

천지 창조, 자연의 작용 등이 알라의 창조능력이며 인간에 대한 은총이다. 이것이 코란의 기본적 존재감각이다.

만물이 있고 온갖 생물이 살아간다는 존재감각 속에 알라가 모든 것을 창조한 주님이라는 사상이 깃들어 있다. 알라는 인간 생존을 위해 만물을 창조하였다는 사상이다.

코란은 우리가 살고있는 현세에서 이러한 알라의 은총을 인간이 고맙게 여기도록 바란다. 이것이 코란의 으뜸되는 사상내용이다. 여기서 인간은 알라의 은총에 감사해야 한다는 신앙개념이 성립된다. 이런 요지의 계시가 코란 36장 66절에 '그러니 그대는 알라를 숭배할지어다. 감사하는 자가 될지어다'이다.

그런데 한편으로 창조주이신 알라에 대해 감사의 마음을 잊고 있는 인간도 있다는 것이다. 그들은 알라한테 나눠 받은 이 세상것에 정신을 팔리고 마음을 뺏겨 알라보다 이를 절대로 여긴다. 여기서 집착이 생기고 싸움이 일어나 알라는 탄식한다.

그래서 알라도 감사할 줄 모르는 인간을 벌한다. 이들은 최후 심판일에 심판을 받아 지옥에 떨어지는 벌을 받는다.

코란은 일신교계 이슬람의 경전으로 같은 일신교계의 유태교와 그리스도교와 비슷한 설화를 갖고 있다.

그러므로, 그리스도교(구약 성서)의 말과 같은 것이나 비슷한 것이 있다면 그것은 당연하고, 비슷하면서도 다소 틀린 데가 있을 수 있다.

이 계시도 대자연의 설명할 수 없는 경이로움을 설명하기 위해 사용한 것으로 생각된다.

천지를 나누다

신앙이 없는 자는 모르는 것인가, 하늘과 땅은 서로 맞붙어 있던 것이었으나, 우리가 이것을 잘라 떼어놓고 또 물을 가지고 모든 생물을 창조했다는 것을 그래도 믿지 못하느냐? (21 : 30)

——— 이 계시 구절은 우주의 물질 이전의 상태를 언급하고 있는 것으로 보이는데 특히 태양계가 형체가 없는 성운(星雲)덩어리에서 발전된 것임을 말하고 있다. 신은 작동해 놓은 법칙에 따라 물질 덩어리를 쪼갰다.

두 개의 바다

두 개의 바다를 따로 갈라놓고 이쪽은 달고 맛이 있고, 저쪽은 짜고 맵게 해서 양자 사이에 장벽을 가로놓아 금지를 하신 분도 이분이시다. 물로 사람을 만들고 혈연과 인척을 설명하신 분도 이분이시다. 주께서는 전능하신 분이시다. (25 : 53~54)

——— '두 개의 바다'란 구체적으로 어디를 가리키는 것인지 잘 알 수 없다.

'바다'를 뜻하는 '바하르'라는 아랍어는 '큰 강'이라는 의미로도 흔히 쓰여지고 있기 때문에 '두 개의 바다'는 '강과 바다'라는 의미로도 생각된다.

두 개의 바다를 종교적 의미로는 참됨과 허위로 해석할

수 있다. 전자는 달콤한 과일과 곡식을 만들어 주고 갈증을 달래준다. 후자는 쓰고 짜고 마실 수 없다. 강물과 바닷물이다. 강물이 바다로 흘러 섞이면 그것도 역시 쓰고 짜게 된다. 참된 것과 허위가 합하면 참된 것이 없어지고 허위와 거짓이 된다. 서로 섞이지 않도록 보호해 주는 게 코란의 말씀이다. 강과 바다를 서로 분리하게 하는 튼튼한 장벽이 코란의 말씀이다.

신의 말씀

지상에 있는 모든 수목(樹木)이 붓이고, 대양이 잉크로서, 다시 7개의 대양(大洋)을 더하여 붓에 적시어도 알라의 말씀을 모두 다 쓸 수는 없다. 참으로 알라께서는 힘이 강하시고 총명하신 분이시다. (31 : 27)

———— 숫자 7은 큰수를 의미하는 아랍어의 표현이다. 알라는 사람의 말로, 사람들처럼 자기를 말하고 악인을 벌하고 믿고 바르게 사는 자에게는 보상하는 의로운 신이다.

또 회개하여 알라 곁에 돌아오는 자들에게는 모두 용서하는 신이다. 이슬람 교리로는 알라한테 천지의 주권이 속하며 누구를 용서하고 누구를 벌하는가는 모두가 알라의 마음대로라고 한다. 말하자면 신은 인간 이성의 척도를 초월한 존재이다.

알라는 말할 능력을 갖고 있다. 그의 말씀은 그의 본질 가운데 있다. 그의 언어인 신의 말씀인 코란은 인간에게 전해져 기억하거나 쓰여져 기억되었다. 그리고 또 말씀은 천지만물의 존재를 뜻하고 우주의 운행이란 삼라만상의 형상이다. 필설로 이를 다 말할 수는 없다.

만물을 앎

땅과 하늘에 있는 모든 것을 소유하신 알라께 영광 있을지어다. 내세의 영광은 알라의 것. 알라께서는 총명하시며 전지전능하신 분이시다. 알라께서는 땅속으로 들어가는 것, 땅속에서 나오는 것, 하늘에서 떨어지는 것, 하늘로 올라가는 것, 모든 것을 아신다. 알라께서는 너그러이 용서하시는 자애로운 분이시다. (34 : 1~2)

――― 알라의 지식은 한이 없다. 스스로의 본질을 알고 동시에 스스로의 속성을 알고 스스로 창조한 삼라만상을 창조자인 알라가 모를 리 없다. 신의 지식은 영원적인 것 이외는 아니다.

우리들의 지식은 그 무엇에 대해 지식을 얻으려는 경우 우리들의 지식은 그 대상에 선행하지 않는다. 그 대상이 우연히 갖추어졌기에 우리의 지식도 우연히 갖추어진 것이다. 그러나 알라의 지식은 전혀 성질을 달리하고 있다.

유일신 신앙

말하라, '하늘과 땅으로부터 너희들에게 양식을 주신 것은 도대체 누구이신가?' 말하라. '알라이시다. 우리들이건, 너희들이건 그 어느 쪽 하나는 정도(正道)를 걷고, 다른 하나는 분명히 사도(邪道)를 헤매고 있다.'

말하라, '너희들은 우리가 범한 죄에 대하여 문책을 받지는 않을 것이다. 또 우리들도 너희들의 소행 때문에 문책을 받지는 않는다.'

말하라, '주께서는 우리를 불러모으실 것이고, 진리로 재판하신다. 참으로 공정하게 재판하시고, 전지전능하신 분이시다.' (34 : 24~26)

——— 코란이란 한마디로 말하면 신이 한분밖에 없다는 것을 논증한 경전이다. 다신교적인 우상을 숭배하는 사람들로 하여금 유일신 알라에 절대적으로 귀의하여야 한다고 개종을 요구하는 것이 신으로부터 부여받은 무함마드의 사명이다.

그러나 다신교도인 여러 아랍 부족한테 그들이 전통적으로 믿는 우상들을 부인하고 파괴시키고 유일신 알라를 믿게 한다는 것은 쉬운 일이 아니었다. 또 그들은 코란의 말씀을 신의 말씀으로 애초에는 받아들이지 않았다. 때문에 코란은 여러 구절에서 알라를 유일신으로 믿을 것을 제창하고 있다.

알라를 믿고 좋은 일을 힘써 행하는 자는 이슬람교도라고 한다. 옳음과 그릇됨이 같이 있을 수 없음에도 사람에게는 좋은 것과 나쁜 것이 뒤섞여 있다. 그러나 이것은 신이 악과 함께한다는 뜻은 아니다. 정의로움은 사악함의 반대이며, 암흑은 광명으로 대립된다. 여기서 코란은 우상숭배

사회인 메카를 악의 구렁텅이로 보고 올바른 길인 알라에 대한 신앙에 들어가야 된다고 말한다.

코란은 우상의 종류로서 상징되고 있는 진실성이 없는 허위의 신들을 숭배하든지 그렇지 않으면 알라를 유일신으로 숭배하든지 하는 양자택일을 강요한 점에서, 알라의 진실성을 나타내 보이며 우상숭배의 허무함을 알린다.

우상숭배를 둘러싼 윤리나 도덕은 퇴폐해지기 마련이다. 비도덕적인 것을 믿지 않는 신앙체계는 유일신 신앙밖에 없다는 데 코란의 가르침이 있다.

새로운 생명

천지의 주권은 알라께 귀속한다. 알라께서는 뜻에 따라 창조하시고 뜻을 두신 자에게 여아를 주시는가 하면 또 남아도 베풀어 주신다. 또 남녀를 부부로 하시었고, 원하는 자에게는 불임(不姙)으로 정하시었다. 참으로 알라께서는 잘 아시는 분이시고, 할 수 있으신 분이시다. (42 : 49~50)

———— 요새에 들어와 지식과 기술의 발전과 진보에 따라 창조의 기능적 작용면이 어느 정도 해명되었으나 심오한 정신적인 여러 문제 같은 것은 도저히 사람의 지식이 미치지 못한다. 신의 뜻에 따라 창조한다는 영적인 면이다.

우리들이 우연히나 요행으로 어떤 목적을 달성했거나 행운을 얻었다 하더라도 모두가 신의 의도와 목적과 지배 아래에 놓여있다는 것이다.

성심으로

말해 주어라, '이분이야말로 알라이시며 유일한 분, 알라이시자 영원한 분. 낳지 않고, 태어나지 않고, 오직 한 분으로 그분에 견줄 자 없다.' (112)

──── 112번째의 장으로서 원어(原語)에서는 '수라틀 이흐라스'라고 부른다. '수라'는 코란의 장구를 의미하고 이흐라스는 112장의 명칭으로 성심으로 신앙하는 것을 의미하는 말로서, 이 장은 '권두(卷頭)의 장'과 더불어 이슬람교도 사이에 널리 애송(愛誦)되고 있다.

무함마드의 마음 한구석에 오랫동안 맺혀 온 일이 한 가지 있었다. 그것은 '자기는 알라의 사도이기는 하지만 어디까지나 인간의 아들이며, 인간에게서 태어난 자이다'라고 생각하고 있는 데 반해서, 그리스도교에서는 '그리스도는 신의 아들이며, 그것은 신이 태어나게 한 자'로 되어 있는 일이었다.

그래서, 그는 그리스도교와 근본적으로 다른 이슬람교의 입장을 선언하지 않으면 안 되겠다고 생각하였다.

이때에 내려진 계시가 이것이며, 장(章) 가운데 '알라는 낳으신 일 없고'라고 한 것은 그 점을 명확하게 한 것이다.

원문(原文)은 겨우 4절로 된 짧은 것이지만, 그 중에는

9개의 'L'음이 연달아 있어 그 독특한 울림은 알라의 유일성을 전하는 데 이상한 작용을 하고 있다.

코란 속에는 '무함마드는 시인이 아니다'라는 계시가 있는데, 그는 언어의 리듬이 인간의 마음에 주는 미묘한 작용과 힘을 충분히 알고 있었던 인물로 생각된다.

그리고 각운으로 계시 구절의 마지막 자가 'D'음으로 끝나 산문시의 형태를 띤다. 아랍어의 음운적 아름다운 효과가 극대화된 계시이고 그 내용이 신의 유일성을 강조하고 있는데 코란은 이 계시 구절을 '진수(眞髓)의 장(章)'이라고 부른다.

알라의 신성(神性)

그들은 말했다. '대체 우리들이 죽어 흙과 뼈가 되었을 때 부활될 수 있을까. 이전에 우리들도 조상들도 이것을 약속한 일이 있었지만 다 이것은 아무것도 아닌 전설에 지나지 않는다.'

말해 주어라, '너희들이 알고 있다면 대지와 그 위에 모든 것이 누구에게 속하는지.' 그들은 '알라의 것'이라고 말할 것이다. 말하라, '그렇다면 너희들은 반성치 않는가?'

말해 주어라, '일곱 하늘의 주이시며, 위대한 옥좌의 주는 누구인가?' 그들은 '알라이시다'라고 말할 것이다. 그러면 말하라. '그래도 너희들은 공경치 않는가?'

말해 주어라, '너희들이 알고 있다면 모든 것의 주권을 손에 넣으시고 보호를 받지 않으면서도 보호를 하여 주시는 분은 누구인가?' 그들은 '알라이시다'라고 말할 것이다. 말하라, '그러면 어찌하여 너희들은 유혹되는가?' 보라. 우리들은 그들에게 진리를 갖다 주었다. 그러하나 그들은 거짓만 말하고 있다.

알라는 자식을 주지 않았다. 또 더불어 있는 여하한 신도 없다. 만일 그렇다면 어느 신이라도 각자가 만든 것을 취하여 서로가 다른 것을 제할 것이다. 그들이 말하는 것을 초월한 알라께 영광이 있을지어다. 보이지 않는 것도 보이는 것도 다 아시는 분이시다. 알라께서는 그들이 대등하게 놓은 것보다 더 높은 곳에 계시다. (23 : 82~92)

——— 알라에 대한 문답이 있다. 알라의 신성(神性)이 강조되고 있는 코란 구절 중의 하나이다.

지난날의 모든 가치체계를 부인하고 허물어뜨림으로써 새로운 사회 기반을 구축하려 했다. 그것은 신의 유일성이다.

이슬람 이전의 아랍사회는 전통적으로 조상부터 내려온 우상을 숭배하고 있었다. 각 아랍 부족은 부족마다 숭배하는 우상을 갖고 있었다. 어떤 것은 돌이고, 어떤 것은 나무로 깎은 조상이었다. 지금도 카바 신전에 부착된 검은돌은 그때부터 있었던 것으로 여겨지고 있다.

천지의 주권은 신에게 속하고 전지전능하다는 이런 교리는 우상숭배자였던 당시의 메카 주민과 다신교도였던 아랍 유목 부족들에게는 혁명적인 슬로건이었다. 그들이 이 정도까지 공격의 목표로 된 것은 아직까지도 없었던 일이다. 이는 기존의 가치를 파괴하는 것이며 구체제에 대한 도전이며 전통질서의 부인이었다. 그때까지는 같은 핏줄로 연결된 인연이 무엇보다 귀중하다고 여겨지고 있었다.

코란이 내세우는 것은 유일신에 대한 신앙이며 이로써 사람들을 구분하고 경계선을 긋고 이슬람교단 공동체를 만드는 데에 있고 인종이나 피부색이 아니라 이슬람을 믿고 믿지 않는가에 따라 사람들을 나눈다. 이것이 오늘날까지 내려오는 이슬람권이다. 그들은 모두 형제로 통한다.

예언자는 신의 계시를 갖고 유일신 신앙을 전파하여 뿌리를 내리고 종교공동체를 지향한다. 그래서 오래 묵은 구질서가 허물어지고 사막으로 닫혀져 있던 아라비아 반도가 새로운 질서를 향해 문이 열려 이슬람이 확립된다. 이 과정에서 이슬람은 보수적 저항을 받고 무함마드와 그의 교우들은 메디나로 이주한다.

알라에 대한 찬미

찬미하라, 주님의 자비로우신 알라의 이름으로. 창조하고, 완전하게 해주시는 분. 결정하고, 인도해 주신 분. 목초를 키워서, 검게 썩은 퇴비로 만들어 주시는 분. 우리는 네게 낭독해 주마. 그렇게 하면 너도 잊진 않으리라. (87 : 1~6)

——— 알라는 속성이 가장 지고하다는 것이다. 그 능력과 유일성에 대한 예증을 코란 여러 장에서 계시했다. 이 계시는 인간은 주님의 영광됨을 찬미하여야 한다. 무에서 유를 창조하고 인간을 창조하고 갖추어 주고 살 수 있도록 한 알

라께 칭송하여야 한다. 인간들이 하여야 할 일이다.

알라는 인간이 단계를 거쳐 항상 진보할 수 있게 창조하였다. 목초처럼 창조된 인간도 제한된 수명을 가졌다. 목초로 표현된 구절은 인간의 일시적 욕구를 충족시키나 태양과 달과 지구와 같이 인간에게 영구히 소용되는 것은 우주가 계속되는 한 존재한다. 코란은 우주와 같아서 인간에게 시간의 종말이 올 때까지 안내자의 역할을 할 것이다.

13. 인 간

알라와 인간

말하라, '나는 가호를 구하느니, 인간의 주에게 인간의 왕, 인간의 신에게, 보일 듯 말 듯 출몰하여 속삭이는 자의 악에서 벗어나. 인간의 마음에 속삭이는 자, '요정'이나 인간이나.' (114)

——— 코란의 맨 마지막 장인 114장으로서, 원어로는 '스라투 안나스'라고 불린다.

이슬람교가 퍼짐에 따라 무함마드의 주변에는 세속적인 문제가 계속적으로 일어났다.

그 때문인지 그가 받은 계시 가운데 후반기의 것에는 다소 느린 산문적인 것이 적지 않다.

그러나, 그가 종교가로서의 활동을 개시한 당초의 계시에는 그 내용이 종교적으로 순수하고, 그 언어도 짧고 긴장된 계시가 많다. 이 장도 그 하나다.

그는 아무리 노력해도 악의 길로 달리기 쉬운 인간의 약함을 알고 있었다. 그러므로, 악마의 유혹으로부터 피하여 인간이 범하는 여러 가지 악행으로부터 탈출하기를 염원하고 있었던 것이다.

'인간의 마음에 속삭이는 자'란 계시 구절은 인간이 저지른 악으로부터라는 의미를 담은 말이다. 그러므로, 이 계시는 알라에 대한 인간의 마음의 기울임과, 오로지 알라에게 매달려 살아가겠다고 염원하는 인간의 심정이 그대로 반영된 것이다.

이 장을 외는 사람들은 알라에게 귀의(歸依)하고 싶은 마음이 이상하리만큼 솟아나온다고 한다.

그리고, 그것은 짧은 원문 속에 포함되어 있는 12개의 'S'계 자음이 계시 구절의 말미에 각운이 되어 듣는 자로 하여금 가슴을 뭉클하게 한다는 이유라고 설명된다. 확실히 그것도 하나의 이유일 것이다.

개경(開經) 장

온 세상의 주인이신 알라를 찬송할지어다. 참으로 자비로우시고 자애로우신 분. 심판일(審判日)의 주재자(主宰者). 당신을 우리가 믿고 당신한테 구원을 청하나니. 우리를 옳은 길로 인도하여 주소서. 당신께서 은총을 내려주신 사람들의 길로. 노여움을 산 사람들이나 길 잃은 사람들이 간 그런 길이 아닌 곳으로. (1 : 1~7)

———— 이 장의 이름은 아랍어로 '알파타하'(열다, 시작하다)이다. 즉 코란을 읽을 때 처음 읽어야 하고 코란을 열어 볼 때 처음에 있다는 뜻이다.

이슬람의 근본교리로 알라의 속성과 최후심판의 주관자가 알라시며 인간은 알라만을 숭배해야 하며 바른길을 걷도록 인도해 달라는 간원이 있다.

개경장 하나만으로도 신이 무엇이며 인간과의 관계가 어떤지를 말하고 있다. 요컨대 코란 전체는 개경장의 확대로 보면 된다.

코란의 서장인 개경장은 7절로 된 메카 계시로 유일 절대 신인 알라에 대한 신앙이 확립되었음을 알리는 계시이다. 이 장의 계시는 전 코란의 정수이며 신에게 표명하는 기도의 시범이고 중심적 계시로서 코란의 첫장으로 편집되었다고 한다.

'알라를 찬송할지어다'라는 구절은 알라에 대한 찬미이며 감사의 표명이다. '온 세상의 주인'은 전세계의 군주라는 뜻이며 '심판일의 주재자'에서 심판일은 최후 심판의 날을 가리킨다. 심판은 알라 자신이 관장하는데 이는 알라의 속성이 전지전능하기 때문이다. '옳은 길'이라고 하는 것은 코란의 교리이며 이슬람의 본질이다. 신에 기원하는 것이다.

또 대비가 되는 구절로는 '노여움을 산 사람'과 '길 잃은 사람'은 유태교도 혹은 죄지은 자로 해석하고 있다. '당신께서 은총을 내려주신 사람들'은 이슬람교도를 의미한다.

이슬람교도는 예배할 때마다 코란 개경장 1절에서 7절까지 원문대로 따라 외워 부르면서 예배의식을 진행한다.

인간과 신

너희들 중의 가장 존귀한 자는 보다 알라를 공경하는 자이니라. (49 : 13 부분)

———— 알라 앞에서 누구라도 평등을 향수하는 이슬람교도 사이에도 우열의 기준은 있다. 인간적 권리면에서는 평등할지라도 신을 공경하고 신앙이 독실한가에 따라 우열의 차이가 있다. 왕후장상이나 비천한 상놈이라도 그 인권면에서 본다면 아무런 차이도 없다. 그러나 신을 공경하는 신앙의 내용에서 사람들은 구별된다.

우리 한국사람으로서는 신을 공경하며 독실한 신앙을 갖는다 함은 정신세계를 상기할지 모른다. 그런데 이슬람은 현실의 생활면에서도 공평하고 정당하여야 하며 정의를 실현해야 알라를 공경하는 것으로 여긴다. 이슬람적 관점으로는 현실 세상이란 개개인의 신앙의 장이고, 여기서 옳게 행동함이 신을 공경하는 것으로 본다.

〈해 설〉

코란과 무함마드

코란은 무함마드에게 내려진 유일신 알라의 말씀을 모은 성전이다. 인간이 이를 읽고 이해할 수 있도록 인간이 사용하는 언어(아랍어)로 기술된 것이 코란이다.

코란은 무함마드가 40세 때인 610년경부터 632년 그가 세상을 떠날 때까지 약 23년에 걸쳐 생활과 관련되어 간헐적으로 유일신 알라가 그에게 내린 계시이다.

이슬람이라고 하면 세속적인 것과 종교적인 것으로 구분되는데 코란은 이런 두 영역으로 나눌 수 없는 하나의 총체이다. 그러면서도 인간의 삶의 문제가 개별적으로 극히 구체적인 형태로 나타나 있다.

때문에 예언자 무함마드의 생애와 그 당시의 아라비아 반도의 정치, 경제, 사회, 문화 상황을 아는 게 코란을 이해하는 데 도움이 된다. 무함마드가 이슬람교단의 지도자로서 '메카'와 '메디나'에서 활동하던 구체적 상황을 아는 것이 좋다.

무함마드는 메카에 살고 있는 쿠라이시 부족 출신이다. 그가 태어나기 6개월 전 아버지가 사망하였고 그의 어머니도 6세에 사망했고 할아버지한테 양육되다가 8세에 할아버지도 돌아가 고아로서 자랐다. 무함마드의 청년시절의 생활은 잘 알려져 있지 않으나, 대상(隊商)의 상업

활동에 참가하였고 그의 성실하고 정직한 인품은 동족 쿠라이시 부족민들로부터 '아민'(성실한 사람)이라 불리면서 사랑과 존경을 받았다고 한다.

그가 25세 되었을 때 연상의 미망인 하디자와 결혼했다. 그녀는 부유한 사업가로 대상 무역을 했는데 무함마드의 성실한 인품에 끌려 그녀가 무함마드에게 결혼을 신청하였었다. 이들 사이에는 7명의 아이를 두었으나 3명만 성장하여 결혼하고 1명만이 자손을 낳았다.

610년, 무함마드가 40세 무렵 그는 초자연의 소리를 듣고 유일신(알라)이 택한 신의 예언자로, 경고자로 또 새로운 지도자로 이슬람을 지도할 사명을 가졌다고 확신했다.

610년 신의 사도로서의 생애를 시작하여 13년을 메카에서 보내고 10년을 메디나에서 지냈는데, 코란의 3분의 2가 메카에서 이슬람을 전도할 때 받은 계시이고 3분의 1이 메디나에서 교단의 최고 지도자로 있으면서 받은 계시이다.

메카에서 받은 코란의 계시 구절들은 알라가 이 세계와 인류를 창조했고(제80장 7~8절) 곡식을 가꿔 인간생활의 양식을 보장(제80장 24~32절)하는 권능을 갖고 은총을 주었다. 그리고 현세는 인간들에게 일시적으로 스쳐 지나는 찰나적인 세상이니 영원한 낙원에서 살려면 절대자 알라 앞에 인간은 자기를 내던지고 이 세상에서의 자기의 행위에 책임을 져야 한다는 것이다.

무함마드가 이슬람을 메카에서 전도할 때 반대하는 자들은 메카의 귀족층인 대상인 계급이었다. 이들은 처음에는 무함마드의 이슬람 전도를 비웃기는 했으나 그리 반대하지 않았으나 가난한 자들과 젊은이들이 그의 주변에 모여옴에 따라 위기의식을 느껴 무함마드와 그의 추종자(이슬람교도)들에게 박해를 가하기 시작했다.

정치적인 면으로는 장래의 메카의 통치자로 무함마드가 되고 자기들이 쫓겨날지 모른다는 의구심이었고, 경제적으로는 이슬람이 유일신(알라)을 믿고 있기 때문에 다신교 숭배자인 여러 부족들이 메카의 우상숭배의 중심인 카바 신전에 순례를 오지 않을 것이라는 우려 때문이었다.

무함마드는 615년경 홍해 저편의 이디오피아에 소수의 이슬람교도들을 피난시켰는데 그후에 메카에 남아 있는 교도의 숫자가 얼마 되지 않았다는 것은 대상인층의 압박이 심하여 포교가 되지 않았다는 것을 말한다.

엎친데 덮친격으로 619년, 무함마드를 위로하고 격려하여 주던 아내 하디자와 어렸을 때부터 돌봐주고 이슬람 포교시절에도 그를 보호해주던 숙부 아부 땃리브가 잇달아 사망했다. 더욱 그를 불운하게 한 것은 또 다른 숙부인 아부 라합이 돈과 권력에 유혹되어 그의 씨족의 장이 되어 그에 대한 보호를 취소한 일이다. 이는 치명적 타격으로서 그의 생명조차 보장받지 못하는 일이었다.

메카에서의 포교가 불가능하다고 느낀 무함마드는 메카 동쪽의 고원도시 타이프에서의 포교활동을 하려 했는데 여기서도 쫓겨나게 되었다. 절망뿐이었다.

그러나 신은 그를 버리지 않았다. 620년 메카에 순례를 온 메카 북쪽 약 백리 밖에 있는 '야스리브'(후에 메디나)에서 온 순례자들이 이슬람을 포교했고 다음해에도 이 도시의 아랍인들이 메카에 순례왔을 때 만나 이들을 이슬람에 귀의시켰다. 622년 순례자들이 무함마드를 찾아와 그에게 충성할 것을 맹세했다.

당시 야스리브에 살고 있던 아랍 부족은 두 부족으로 서로 다투어 분쟁이 확대되고 있어 방치하면 '피의 복수 원리' 때문에 자멸할 수밖에 없는 상태였다. 피의 복수는 부족의 구성원이 다른 부족에 의해 살해되었을 경우 반드시 가해 부족의 구성원을 같은 수만큼 살해하는 이슬람 이전의 관습이다. 한편 야스리브에 살고 있는 유태교도들은 경제적인 실권을 장악하고 있어 메디나의 정세는 결코 안정되지 않았다. 그들 아랍인은 메디나에서의 아랍간의 분쟁의 조정자 역할을 기대했고 무함마드는 알라를 궁극의 주권자, 알라의 사도 무함마드를 지상의 대리자로 인정하는 이슬람 공동체 신정 국가를 건설해야 한다고 생각하여 메디나 이주를 결심했다.

622년 무함마드는 미리 메카에 있었던 이슬람교도들을 메디나에 이주시킨 후 그를 신뢰하는 교우 아부 바크르와 함께 메카 쿠라이시 부족의 눈을 피하여 메디나로 이주했다. 이 해를 이슬람력 원년으로 하고 '헤지라'력이라 부른다. 헤지라란 아랍어로 이주를 뜻하는데, 이 해가 이슬람 역사의 출발점으로 헤지라력을 이슬람 세계에서는 사용한다.

헤지라가 갖는 결정적 의미는 메카에서 타율적이고 불안정한 이슬람 집단이 이슬람적 이상에 따르는 진정한 자율적 공동체로 바뀌는 계기가 되었다는 것이다.

아라비아 반도의 통일

이슬람 세계에서 사용되고 있는 달력을 헤지라력이라고 부르는데, 헤지라란 '고향을 떠나 다른 지방에 이주하는 것'을 의미하는 아랍어이다.

서력(西曆) 622년이 헤지라력의 원년(元年)으로 되어 있는 것은, 이 해에 무함마드가 메카에서 야스리브(메디나)로 이주했기 때문이다.

그런데, 야스리브로 이주한 무함마드는 세심한 주의를 기울여 시내의 복잡한 정치 정세를 파악한 후, 마침내 그 행동을 적극적인 방향으로 돌린다.

전리품(戰利品)의 소득과 메카의 번영에 타격을 줄 목적으로 쿠라이시족 대상을 빈번히 습격한 것도 이 시기이다. 그의 생애에 결정적인 영향을 끼친 바드르의 싸움도 그 일환으로 생각할 수가 있다.

그날(624년 3월 15일), 1천마리의 낙타로 구성된 쿠라이시족 대상이 시리아에서 메카로 향하고 있는 중이라는 정보를 들은 무함마드는 3백여명의 이슬람교도를 거느리고 습격을 가하려 했다.

무함마드의 습격을 미리 안 쿠라이시족이 메카에서 950명의 군대를 동원하여 이들과 맞붙어 싸운 것은 물론이다.

그 결과 무함마드의 대승리로 끝났다. 쿠라이시족은 70명 가까운 포로와 거의 같은 수의 전사자(戰死者)를 남기고 패주한 데 비해서, 무함마드 쪽의 전사자는 겨우 14명에 지나지 않았다.

이듬해 3월, 무함마드와 동년배로 메카에서 정계(政界)의 지도권을 잡은 아부 수프얀은 무함마드에게 복수를 하려고 3천명의 대군(大軍)을 이끌고 메디나로 진격해 왔다.

그러나, 메디나 변두리의 우후드 언덕에 진을 친 무함마드 쪽이 유리했으나, 이슬람군 손실도 받았다. 이 싸움은 쌍방이 비긴 결과로 끝났다. 이것이 우후드 싸움이다.

그후에 무함마드는 메디나 주변의 유목민을 자기 편으로 하기 위한 적극적인 노력을 계속하면서, 한편으로는 그 행동 범위를 확대해서 이슬람을 받아들이지 않는 이웃 부족을 공격했다.

그런데, 메카의 쿠라이시족도 우후드 싸움 후에 많은 유목민을 자기 편으로 끌어들이는 데 노력하여, 1만의 연합군을 조직해 가지고 또 메디나로 진격해 왔다. 627년 3월의 일이다. 이때 무함마드가 동원한 군대는 3천명에 불과했다고 한다.

그러나, 쿠라이시족의 출격을 안 무함마드는 적이 접근해 오기 전에 메디나 주변을 말이 뛰어넘을 수 없을 만큼 참호(塹壕)로 둘러싸고, 한 사람의 적도 메디나 안으로 들여보내지 않았다.

이 때문에 연합군의 사기는 떨어지고, 부족 사이에 분열이 생겨 연합군은 메디나 공략을 단념하고 2개월 후에 흩어졌다. 이것을 한다크 싸움이라고 부르는 것은, 참호를 아랍어로 한다크라고 말하기 때문이다.

이 싸움 후, 무함마드의 행동반격은 점점 적극성을 더해 간다. 군사적인 면에서도 그후 1년간에 이슬람군의 원정이 17회에 이른 것도 한 가지 보기이다.

그리고 628년 3월 13일, 그는 1천 수백명의 교도들을 이끌고 메카 순례의 길을 떠났다. 이를 안 메카측은 기마대 2백명으로 그들의 진로를 차단하려고 메카 교외의 후다이비아에서 대기하고 있었다.

그러나, 실제로는 싸움하는 일 없이 교섭 끝에 양자 사이에는 후다이비아 맹약(盟約)으로 알려진 조약이 체결되었다.

맹약 내용은 이슬람교도와 쿠라이시족은 10년간의 휴전(休戰)을 지킬 것, 또 이 해는 순례를 하지 않고 이대로 메디나로 돌아가지만, 다음해부터 메카 시민이 거리에서 떠나 있는 3일 동안에 무함마드와 이슬람교도들은 카바 신전에의 참배를 하고 순례할 수 있는 것 등이다.

그리고 629년 3월, 그는 후다이비야의 맹약에 따라 2천명의 이슬람 교도와 함께 메카 순례를 실행하였다. 그것이 정연한 질서 속에 행해진 것은 말할 나위도 없다.

그런데, 이 해의 연말에 이르러 같은 유목민 사이에서 발단된 분쟁이 파문(波紋)을 불러일으켰는데, 그것은 쿠라이시족에 대한 무함마드의 불신과 연결되었다.

여기서 그는 드디어 메카 정복을 생각하여, 630년 1월(이슬람력 8년 라마단달) 부하를 거느리고 메디나를 출발하였다. 그런데, 도중에서 참가한 유목민 때문에 그가 메카 교외에 도착했을 때의 군세는 1만 대군으로 팽창해 있었다고 한다.

이 대군을 본 쿠라이시족은 저항할 것을 단념하고 무조건 항복하였다.

아침 일찍, 메카에의 무혈입성(無血入城)을 달성한 무함마드는 즉시 카바 신전으로 가서 그 열쇠를 요구하여, 직접 그 문을 열고 안에 줄지어 놓여 있던 수많은 우상들을 모두 때려부쉈다.

그리고, 흩어져서 어지러운 사신(邪神)의 잔해 위에 서서, 모여든 군중에게 사교 시대는 끝났다는 것을 선언하였다.

이 무혈정복을 계기로 해서 무함마드의 이름이 아라비아 반도 전토에 널리 퍼져 나간 것은 말할 나위도 없다.

2년 후인 632년 3월, 무하마드는 4만의 신도와 더불어 메카를 순례했다. 그곳은 그의 출생지이며, 쫓겨난 거리이며, 또 정복한 도시이다. 그러나, 순례를 위해 그곳을 방문하는 것은 그에게는 처음의 일이었다. 그리고 그것이 최초이며, 최후의 순례가 되리라고 누가 예기(豫期)했겠는가.

순례에서 돌아온 해 5월, 그는 갑자기 고열을 내며 자리에 엎드린 채 두통을 호소하였다. 그리고 6월 8일, 기분이 좋아 안뜰에 나온 그는 신자들과 함께 예배를 끝내고 돌아와 밤에 조용히 숨을 거두었다. 그의 최후를 지켜본 것은 그의 어린 처 아이샤 단 한 사람뿐이었다고 한다.

무함마드의 풍모(風貌)에 대한 많은 이야기들이 전해지고 있다. 그리고 그것들을 종합하면, 체격은 보통이며, 어깨와 가슴이 특히 넓고, 약간 곱슬기가 있는 검은 머리는 길게 어깨까지 늘어져 있었다. 또 안광(眼光)은 날카롭고, 코 모양은 흔히 말하는 매부리코이며, 턱은 수염으로 덮여 있었다. 언제나 조용하고, 말이 적고, 큰 소리로 말하지도 웃지도 않았다고 한다. 다만, 약간 붉은기를 띤 얼굴의 미간(眉間)에는 굵은 정맥이 보이고, 그가 격하면 그 고동이 사람에게 잘 보였다고 전해진다.

어쨌든 파란만장(波瀾萬丈)한 생애란 바로 그와 같은 삶을 해 온 인간에게 어울리는 말이 아닐까.

코란의 성립

"코란은 알라의 말 그 자체이다."라고 말하는 사람도 설마 알라가 펜을 들고 그것을 썼다고는 생각하지 않을 것이다. 또, "그것은 본시부터 천상(天上)에 있었던 것이다."라고 말하는 사람도 아직 종이가 발명되지 않았던 시대에 그것이 천상에 마련되어 있었다고는 믿기 어려울 것이다. 더구나 글 한 자 배운 일이 없어서 읽지도 쓰지도 못했다고 전해지는 무함마드가 그것을 썼을 리 없다.

이슬람교의 교단(敎團) 최고 책임자로서 무함마드의 뒤를 이은 자를 칼리프(교주)라고 부른다. 그리고 무함마드가 사망한 후, 최초에 그 지위를 계승한 사람은 아부 바크르(재위 632~634년)이다. 그는 무함마드의 입에서 나온 가지가지의 계시가 흩어져 없어지고, 또 사람들로부터 잊혀지는 것을 염려하여 서기(書記)인 자이드 빈 사비트에게 그것들을 모아서 기록하도록 명령하였다.

사비트는 즉시 그 작업에 착수하여, 신자들에게 기억되고 있는 무함마드의 말을 듣고 기록하여 그것을 수집하는 일부터 시작하였다. 또 양피(羊皮), 야자수 잎, 낙타 뼈, 널빤지, 돌조각 등에 적혀 있던 것들을 모아 그것을 편집하여 만들어진 것이 코란의 원형(原形)이다.

그러나, 거기에는 메카와 메디나의 방언이 섞여 있었기 때문에 이해하기 어려운 부분이 있고, 또 그 중에는 정말로 무함마드의 입에서 나온 것인지 아닌지 의심스러운 것도 발견되었다. 게다가 아라비아어의 철자법의 특질로서 상하의 모음 부호를 적지 않고 쓰여진 문장은 읽기에 따라서 그 의미가 달라진다. 그래서, 제3대 칼리프인 우스만(재위 644~656년)의 명령에 의하여 다시 자이드 빈 사비트가 그 편집을 고쳐서 좀더 정확한 것을 만들었다. 그후에도 여러번의 작은 정정(訂正)을 되풀이한 후, 700년대 초에 이르러 겨우 오늘날과 같은 코란의 형태가 되었다.

코란은 114장으로 되어 있다. 다만, 어떻게 된 이유에서인지 잘 알 수 없으나, 편집 과정에서 114장 가운데 그것이 긴 것일수록 앞쪽에 놓여졌다. 제2장 이후는 긴 것에서 짧은 것으로 대개 차례가 되어 있다.

그리고, 그 긴 장의 내용은 그가 메디나에 살고 있던 시대의 것이다.

메디나 시대의 무함마드는 이슬람군의 지도자인 동시에 재판관이며, 또한 정치가이기도 하였다. 따라서, 그 시대의 계시에는 서술적인 것이 많고, 야무진 곳이 빠져 있다. 일종의 신들린 상태 속에서 무함마드의 입에서 나오는 엄한 말은 오히려 코란의 뒷부분에 많다.

코란의 편찬은 장구(章句)와 장단(長短)에 따라 이루어졌고 긴 장은 앞쪽에 있고 짧은 장은 뒤쪽에 배열된 편집 형태이다. 대개 무함마드가 이슬람 포교 초기에 활약했던 메카시대의 계시 구절은 운율이 장엄하고 종교적 이미지가 강렬한 느낌을 준다.

"코란은 뒷부분을 읽을수록 맛이 난다."

이런 말들을 하는 것은 종교가로서의 마호메트의 면목(面目)이 그곳에서 보다 많이 엿보이기 때문일 것이다.

코란의 지혜와 신비

初版 印刷●2002年 12月 16日
初版 發行●2002年 12月 20日

編著者●金 容 善

發行者●金 東 求

發行處●明 文 堂
서울특별시 종로구 안국동 17~8
대체 010041-31-001194
전화 (영) 733-3039, 734-4798
(편) 733-4748
FAX 734-9209
Homepage www.myungmundang.net
E-mail mmdbook1@myungmundang.net
등록 1977. 11. 19. 제1~148호

값 9,000원
ISBN 89-7270-709-0 03280

國學 東洋思想文學 代表選集

의 생애와 사상 金學主 著 신국판

와 맹자의 철학사상 安吉煥 編著 신국판

와 道家思想 金學主 著 신국판

흐름에 거역하지 말라 莊子 安吉煥 編譯 신국판

庸이 멀리에만 있는 것이드냐 孔子傳 김전원 編著

섬기기가 그토록 어렵더냐 孟子傳 安吉煥 編著

신선들의 이야기 神仙傳 葛洪稚川 著 李民樹 譯

現代詩研究 許世旭 著 신국판 양장

樂天詩研究 金在乘 著 신국판

人이 쓴 文學概論 王夢鷗 著 李章佑 譯

詩學 劉若愚 著 李章佑 譯 신국판 양장

의 文學理論 劉若愚 著 李章佑 譯

超 毛以亨 著 宋恒龍 譯 신국판 값 4000원

인의 哲學的 思考와 그 삶의 세계 宋恒龍 著

洋의 사상과 종교를 찾아서 林語堂 著·金學主 譯

의 茶道 金明培 譯著 신국판

의 哲學思想 金星元 編著 신국판

譯 史記列傳精解 司馬遷 著 成元慶 編譯

史記講讀 司馬遷 著 진기환 譯 신국판

淮南子(上,中,下) 劉安 編著 安吉煥 編譯 신국판

語新講義 金星元 譯著 신국판 양장

孔子 李長之 著 김전원 譯

改訂增補版 新完譯 論語 張基槿 譯著 신국판

中國古典漢詩人選 1 改訂增補版 新譯 李太白 張基槿 譯著

中國古典漢詩人選 2 改訂增補版 新譯 陶淵明 張基槿 譯著

개정증보판 中國 古代의 歌舞戲 金學主 著 신국판 양장

중국고전희곡선 元雜劇選 (사)한국출판인회의 이달의 책 선정도서(2002. 1·2월호) 金學主 編譯 신국판 양장 값 20,000원

修訂增補 樂府詩選 金學主 著 신국판 양장

修訂新版 漢代의 文人과 詩 金學主 著 신국판 양장

漢代의 文學과 賦 金學主 著 신국판 양장

改訂增補 新譯 陶淵明 金學主 譯 신국판 양장

改訂增補版 新完譯 書經 金學主 譯著 신국판

改訂增補版 新完譯 詩經 金學主 譯著 신국판

修訂增補 墨子, 그 생애·사상과 墨家 金學主 著 신국판 양장

중국의 희곡과 민간연예 金學主 著 신국판 양장

改訂增補版 新完譯 孟子(上·下) 車柱環 譯著 신국판

新完譯 論語-경제학자가 본 알기쉬운 논어- 姜秉昌 譯註 신국판

新完譯 한글판 論語 張基槿 譯著 신국판

국내최초 한글판 완역본 코란(꾸란:이슬람의 聖典) 金容善譯註 신국판

戰國策 김전원 編著 신국판

宋名臣言行錄 鄭銘祜 編著

基礎漢文讀解法 제34회 문화관광부 추천도서(2001. 11. 6) 崔完植·金榮九·李永朱·閔正基 共著

漢文讀解法 崔完植·金榮九·李永朱 共著 신국판

基本生活漢字 제33회 문화관광부 추천도서(2000. 11. 17) 최수도 엮음 4·6배판

東洋古典41選 安吉煥 編著 신국판

東洋古典解說 李民樹 著 신국판 양장